STOP, INTEGRATED CIRCUITS

AF236909

#59 / SOMMER 2019

#59, Sommer 2019   www.lotek64.com   info@lotek64.com   ISSN 2307-7085

DIE REDAKTION

STEFAN
stefan_egger2000@
yahoo.de

GEORG
redaktion@
lotek64.com

CRUDLA
redaktion@
lotek64.com

ARNDT
adettke@
lotek64.com

MARLEEN
marleen@
lotek64.com

MARTIN
martinland@
lotek64.com

STEFFEN
steffen@
lotek64.com

JENS
jens@
lotek64.com

LARS
lars@
lotek64.com

IMPRESSUM

Herausgeber, Medieninhaber:
Georg Fuchs
Waltendorfer Hauptstr. 98
A-8042 Graz/Austria
E-Mail: info@lotek64.com
Web: Jens Bürger
Lektorat: Arndt Dettke
Hosting: vipweb.at Thomas Dorn
Herstellung und Verlag: BoD - Books
on Demand, Norderstedt
ISBN: 978-3-7526-8794-1

Versionscheck (Stand: 05.07.2019)			
Name	**Version**	**Emuliert**	**Webseite**
WinUAE	4.2.1	Amiga	http://www.winuae.net
VICE	3.3	C64, C128, Plus/4, PET, C64DTV	http://vice-emu.sourceforge.net
CCS64	V3.9.2	C64	http://www.ccs64.com
Hoxs64	v1.0.21.1	C64	http://www.hoxs64.net
Emu64	4.30	C64	http://www.emu64.de
Frodo	4.1b	C64	http://frodo.cebix.net
MAME/MESS	0.211	Automaten und Heimcomputer	http://mamedev.org
Z64K	1.0	C64, C128, VIC20, Atari2600	http://www.z64k.com
Yape	1.1.6	Plus/4	http://yape.homeserver.hu
ScummVM	2.0.0	Div. Adventures	http://www.scummvm.org
DOSBox	0.74 -3	MS-DOS	http://www.dosbox.com
Boxer	1.4.0	MS-DOS (unter Mac OS X)	http://boxerapp.com

LIEBE LOTEKS!

Mehr oder weniger pünktlich zur Urlaubszeit können wir die bereits 59. Ausgabe vorlegen. Lotek64 gibt es nun bereits so lange, wie Commodore Computer verkauft hat.

Stefan Egger stellt seine journalistischen Aktivitäten in der Retro-Welt weitgehend ein. Als Besitzer einer umfangreichen Sammlung von Commodore-Geräten hat er immer wieder exklusive Beiträge verfasst und sehr seltene Hardware vorgestellt. Wir bedanken uns für all die spannenden Berichte und die Arbeit, die Stefan in Lotek64 gesteckt hat!

Das gilt natürlich auch für alle anderen, die dazu beitragen, dass Lotek64 seit so vielen Jahren erscheinen kann. Auch wenn wir eine kleine Publikation sind, die Aufgaben sind vielfältig: Wir brauchen Autorinnen und Autoren, Lektor, Layouter, Webmaster, Social-Media-Betreuung, Koordination. Deshalb freuen wir uns auf eure Beiträge und laden euch ein, aktiv zu werden. Wir danken allen, die diesem Aufruf für diese Ausgabe wieder gefolgt sind.

Georg Fuchs
für die Redaktion

PS: Eine gedruckte Version dieser Ausgabe wird im Dezember 2019 zusammen mit Heft 60 als Sammelband über BoD zum Kauf angeboten.

INHALT

Drean: Klon mit Besonderheiten

In Argentinien kamen aus Gründen, auf die im Artikel detaillierter eingegangen wird, eigens für den nationalen Markt entwickelte Modelle der 8-Bit-Computer von Commodore und anderer Hersteller zum Einsatz. Das war mit vielen praktischen und konzeptionellen Schwierigkeiten verbunden.

von The_WOZ/Soft154i

Wie die meisten C64-User aus leidvoller Erfahrung wissen, gibt es verschiedene Fernsehnormen zur Übertragung von Bildern auf analoge Fernsehgeräte. In den USA, wo der Commodore 64 entwickelt wurde, war seit den 1950er-Jahren NTSC im Einsatz, in den meisten Ländern Europas, in denen C64 verkauft wurden, wurde hingegen seit den 1960er-Jahren das in Deutschland entwickelte PAL-System eingesetzt. Die Unterschiede zwischen den beiden Systemen betreffen unter anderem die Bildwiederholfrequenz, die Bildschirmauflösung und die Übertragung von Farben. Das hat auch unmittelbare Auswirkungen auf den C64, da Programme an das jeweilige System angepasst werden müssen. Hätte Commodore keine PAL-Version entwickelt, wäre in Deutschland ein Betrieb am heimischen Fernsehgerät, eines der Erfolgsrezepte der Heimcomputer, nicht möglich gewesen. Einen Monitor konnten und wollten sich angesichts der hohen Preise viele nicht leisten. Von sehr vielen Spielen mussten deshalb zwei Versionen – eine für NTSC, eine für PAL – entwickelt werden, sonst wären sie aufgrund des unterschiedlichen Timings der beiden Systeme nicht störungsfrei gelaufen.

Soweit, so bekannt. Doch die Sache ist bei näherer Betrachtung noch komplizierter. In Frankreich war ebenso wie in Osteuropa, Griechenland und in vielen afrikanischen Staaten das mit PAL nicht vollständig kompatible SECAM-System im Einsatz. Um einen handelsüblichen C64 in Frankreich betreiben zu können, musste man ihn dort deshalb mit einer zusätzlichen kleinen Platine ausstatten. Meist waren die Geräte im Handel bereits umgerüstet. Doch das ist noch nicht alles: In Lateinamerika kamen Abarten des PAL-Systems zum Einsatz, in Brasilien etwa PAL-M. In Argentinien, Paraguay und Uruguay wurde die Norm PAL-N genannt. PAL-N verwendet unverändert 625 Zeilen, jedoch mit einer Farbträgerfrequenz, die eng mit NTSC verwandt ist. In Argentinien wurde eine eigene Linie von C64-Modellen entwickelt. Dies war mit unterschiedlichen Herausforderungen verbunden, auf die hier eingegangen werden soll.

Zölle und Klone

Das Zollrecht im Argentinien der 1980er-Jahre (auch in anderen südamerikanischen Staaten) erhob sehr hohe Steuern auf den Kauf importierter Computer. Das führte dazu, dass schnell kopierte bzw. geklonte Versionen ausländischer Computer in Argentinien und Brasilien auftauchten. In Brasilien, eins der Länder mit den restriktivsten Gesetzen, wurde eine ganze Reihe von bekannten Computermodellen nachgebaut: Sinclair ZX-81 und Spectrum (von Microdigital Eletronica), Apple II und Macintosh (von Microdigital, Unitron und anderen) und der Standard-MSX-Computer (von Gradiente und Sony). Alle wurden direkt vor Ort entworfen und hergestellt.

In Argentinien lief das etwas anders. Einige Firmen erhielten Lizenzen von den ausländischen Herstellern und fingen an, Computerbauteile zu importieren und die endgültigen Geräte erst in Argentinien zusammenzusetzen. Auf diese Weise konnten die argentinischen Firmen die Einfuhrzölle auf Computer umgehen. Beispiele:

Czerweny (die eigentlich Elektromotoren herstellten) bauten den Sinclair ZX-81, TS-1500-Klone (CZ 1000/1500) und lokale Versionen von Spectrum (CZ-2000) und Spectrum+ (CZ-Spectrum+). Letzterer verwendete die Originalplatinen, wurde aber in Argentinien mit einem RF-Modulator versehen, der die dortige Fernsehnorm beherrschte.

Die Firma Skydata importierte Atari-Bauteile und veränderte eigentlich nur den Video-Ausgang auf PAL-N. Talent/Telematica (Hersteller von Haushaltsgeräten) baute MSX- und MSX2-Rechner von Daewoo zusammen und fügte dabei eine Schaltung hinzu, die PAL-N-Zugang erlaubte. Telematica entwickelte auch Hardware und Zusatzgeräte für die Originalausgaben dieser Computer. Texas Instruments, im Lande bereits vertreten, baute den TI-99/4A PAL – das gleiche Gerät, das sie auch in Europa verkauften, aber mit externem Modulator für PAL-N.

Und dann gab es da Drean, eine Ende der 1940er-Jahre gegründete Firma, die Waschma-

■ Der Drean C16 war der erste argentinische Commodore-Klon

schinen und andere Haushaltsgeräte herstellte. Im Jahr 1985 erhielt Drean die Lizenz und Erlaubnis, Commodore-Produkte in Argentinien zu bauen, allerdings mit einem besonderen Dreh: Drean durfte ein eigenes Logo neben den Commodore-Logos auf den Verpackungen und auf den bei sich gebauten Geräten anbringen.

Das PAL-N-Land

Das Farbfernsehen kam im Jahre 1978 nach Argentinien, als Neuheit im Zuge der Fußballweltmeisterschaften. Dabei fiel die Wahl auf PAL-N aus verschiedenen Überlegungen heraus: Die großen Entfernungen, die die Signale im Land überbrücken müssen, sprachen für PAL. Und es war eine Bildwiederholrate von 50 Frames pro Sekunde für das Schwarz- und

- Der DC-C64 war ein großer Erfolg.

Weißsignal implementiert. Schon aus diesem Grund wurde die NTSC-Norm verworfen. Allerdings lag das Audio-Carrier-Signal in Argentinien an der gleichen Stelle wie im PAL-B-System, daher war es nicht möglich, genau dieses europäische System zu übernehmen. So entschied man sich für PAL-N, wo der Carrier fast wie bei NTSC-M liegt. Diese Besonderheit des argentinischen Fernsehsystems machte die Drean-Commodore-Computer noch interessanter, wie wir gleich sehen werden.

Drean Commodore Computers

Drean machte Werbung für seine Computer als „in der Provinz San Luis hergestellt". Diese Provinz liegt etwa 800 km von der Hauptstadt entfernt. In Wahrheit war die Werbung eine Lüge. Alle Computer wurden in Buenos Aires, in der Brandsenstraße, zusammengebaut. Die Produktionsstätte dort war allerdings als Lagerhaus registriert, denn in diesem Stadtteil war der Betrieb einer Fabrik verboten.

Drean behauptete auch, dass der Anteil beim Einsatz lokal gefertigter Komponenten zwischen 60 und 80 Prozent läge, wodurch sie nur die ICs für die Herstellung der Computer hätten importieren müssen. Aber auch diese Aussage war jenseits aller Realität...

Der erste in Argentinien gefertigte Commodore-Computer war der Commodore 16, Anfang 1985, unter dem Namen Drean Commodore 16 (DC-16). Die argentinische Version verwendete einen speziellen TED, der ein PAL-N-Signal abgab: den TED 8365. Abgesehen vom TED, der Verpackung, dem spanischen Handbuch und dem Drean-Commodore-Logo war das System identisch mit dem original C16. Das Gehäuse und die ICs kamen aus den USA und wurden vor Ort zusammengebaut. Der Bau dieser Maschine wurde beendet, kurz nachdem der Drean Commodore 64 eingeführt wurde.

Drean Commodore 64 (DC-64)

Die Produktion dieses Rechners begann im Mai 1985 und ist heute der weitest verbreitete Drean Commodore. Wie auch beim DC-16 wurden hier sämtliche Bauteile aus den USA importiert.

Jeden Monat reiste ein Drean-Techniker in die USA zu Commodore und suchte RevA- oder RevB-Boards aus, die die erste Qualitätskontrolle nicht geschafft hatten. Er entfernte alle gesockelten ICs und schickte die Computer und die ICs in getrennten Paketen nach Argentinien. Dann in Argentinien wurden sie wieder zusammengebaut und die Fehler, derentwegen sie von Commodore USA ausgemustert worden waren, behoben. Darum ist es nicht ungewöhnlich bei DC-64ern, wenn sie unterschiedliche Tastaturen aufweisen, die üblichen braunen bis hin zu den orangenen VC20-Tastaturen, sogar die cremefarbenen vom C64C.

Der DC-64 hatte auch eine eigene Version des VIC-II, den 6572. Es gab zwei Ausführungen, den R0 und den R1, beide sowohl in Plastik als auch in Keramik. Diese VIC-II-Version ist wirklich etwas Besonderes. Das PAL-N-System verwendet einen Farbträger ähnlich dem von NTSC-M, daher ist der Taktgenerator im NTSC-Modus konfiguriert und arbeitet mit einem 14,3282-MHz-Kristall. Wie beim VIC 6569 erzeugt der 6572 311 Rasterlinien und 50 Frames pro Sekunde, aber die Anzahl der Taktzyklen pro Scanline ist nicht 63, sondern 65, genau wie beim VIC 6567 NTSC. Darum ist der DC-64 vollständig kompatibel mit NTSC-Software und trotzdem in der Lage, Software auszuführen, die für PAL-B-Maschinen geschrieben wurde. Eine weitere Besonderheit des DC-64, die sich vom 6572 herleitet, ist, dass die Taktfrequenz des Systems 1,02344 MHz beträgt, etwas schneller als ein NTSC-C64.

Die Netzteile wurden in Argentinien gefertigt und waren größer und schwerer als die

▪ Drean-Label am DC-64

Originalnetzteile, eingegossen in thermoplastischem, ziemlich brüchigem Kunststoff.

Drean Commodore 64C (DC-64C)

Der DC-64C kam im Dezember 1986 heraus, gleichzeitig mit dem C64C aus den USA. Diese Maschine hatte noch RevA- und RevB-Boards eingebaut, da Commodore keine NMOS2-Version des 6572 herstellte. Außerdem sollte dieser Computer überhaupt nicht von Drean hergestellt werden, zumindest ein Jahr lang. Die Gussform für das Gehäuse des DC-64C schuf Drean selbst, übersetzte GEOS ins Spanische und verkaufte die Maschinen ohne Commodores Erlaubnis. Letztendlich führte dieses Manöver dazu, dass Commodore die Partnerschaft mit Drean aufkündigte.

Das Gehäuse des DC-64C war praktisch identisch mit dem Original, nur von geringerer Qualität. Der Hauptunterschied war eine runde Power-On-LED, ähnlich wie beim normalen C64.

Einige Tastaturen wurden ebenfalls vor Ort von der Firma Peek hergestellt. Peek vertrieb auch Original-Commodore-Software und -Hardware. Die Tastaturen waren schlechter in der Qualität, schwergängig und Shift-Lock ragte über die anderen Tasten hinaus, weil der

40/AT, PC 60/40 und den PC 60/80. Ebenfalls neu waren der Amiga 500 und der Amiga 2000.

Drean Commodore und DreanComm-Peripheriegeräte

Drean führte auch einige Peripheriegeräte ein, etwa die Laufwerke C-1541 und C-1571 und die Drucker MPS-1000 und MPS-1200. Frühe Exemplare dieser Produkte wiesen noch das Drean-Commodore-Logo auf, nach dem Release des DC-64C führte Drean aber die Drean-Comm-Produktlinie ein, jetzt ohne Commodore-Logo. Diese Geräte waren:

- DC-120: eine generische Datassette
- DC-220: der Drucker Seikosha GP-500VC (MPS-801)
- DC-320: Diskdrive Excelerator+

Einrastmechanismus zu groß war und deshalb nicht wirklich passte.

Weitere Commodore-Produkte von Drean

Der Drean Commodore 128 (DC-128) wurde erstmals im September 1987 herausgegeben und war eigentlich ein Commodore 128 NTSC, versehen mit einem Drean-Logo, einer neuen Verpackung und einem spanischen Handbuch. Er wurde komplett in den USA gefertigt und ist der seltenste Drean-Computer. Er wurde nur einige hundert Mal verkauft.

Der Drean Commodore PC Compacto war gedacht als Computer für Schulen. Das Bundle bestand aus einem DC-64C oder einem DC-128, einem Grünmonitor, einem DC-220-Drucker und einem Gehäuse, das wie ein Desktop-PC aussah. Dazu gab es das Diskettenlaufwerk DC-320. Ursprünglich wurde dieses System „MiniPC" genannt. Es ist nicht bekannt, ob irgendwo auf der Welt noch eine dieser Maschinen existiert, oder ob es sich gar um Vaporware handelte (also ob MiniPCs überhaupt jemals gebaut wurden).

Im Mai 1988 gab Drean PC-Klone heraus: den PC 1, den PC 10-III, den PC 20-III, den PC

Software und Literatur

Neben den Computern veröffentlichte Drean eine Drean-Commodore-Software- und Steckmodulreihe, die im Wesentlichen aus schlecht übersetzten Versionen der Originalsoftware bestand. GEOS 1.2 wurde ebenfalls ins Spanische übersetzt und zusammen mit dem DC-64C ausgeliefert.

Von Dezember 1985 bis März 1988 gab Proedi S.A. (auch Herausgeber des Multiplatform-Magazins K64) das offizielle Drean Commodore User Magazin heraus. Die Hauptthemen darin waren Programmieren, Pro-

grammlistings und Newsartikel. Vereinzelt gab es Hardwareprojekte und Software-Rezensionen.

Kulturelle und wirtschaftliche Auswirkungen

Da Drean in seinem eigentlichen Metier, der Herstellung von Haushaltsgeräten, sehr erfolgreich war, bestand von vornherein ein Vertriebsnetzwerk bei allen großen Verkaufsstellen von Haushaltsgeräten. Ihre Marketingkampagnen (besonders die für den DC-64C) im Zusammenwirken mit dem weltweiten Bekanntheitsgrad der Commodore-Computer schafften es, dass Drean in den 80er-Jahren zur populärsten Computermarke in Argentinien aufstieg.

Anscheinend bemerkte Commodore gegen Ende 1987 den Betrug mit den DC-64C-Rechnern. Es entzog daraufhin Drean Anfang 1988

die Herstellungslizenz. Im Weiteren musste das Drean Commodore Magazin im März 1988 aufgegeben werden, außerdem wurden die Werbekampagnen in allen argentinischen Computermagazinen ausgesetzt.

Es gibt Hinweise darauf, dass die Commodore-PC-Klones und die Amiga 500 und 2000, die Drean eine Zeit lang verkaufte, von dritter Seite aufgekauft wurden, nicht aber von Commodore selbst. Die letzte Erwähnung eines Drean Commodore in einem Computermagazin war in der K64-Ausgabe #40 vom Juli 1988. Im selben Jahr hörte Drean auf, Computer herzustellen. Insgesamt sollen schätzungsweise 300.000 Rechner der Modelle DC-64 und DC-64C hergestellt worden sein.

Nachdem Drean Commodore die Produktion der C64-Rechner aufgab, wechselte der Markt schon bald zum IBM-PC und seinen Klonen. Selbst Talent gab die Entwicklung und

Herstellung seiner MSX-Computer kurz darauf auf. Außer Computern stellte Drean Fernsehgeräte, Videorekorder und andere Haushaltsgeräte her, kehrte jedoch nach dem Verkauf an José Alladio e Hijos S.A. im Jahre 1995 zurück zu den ursprünglichen Waschmaschinen.

Der C64 war auf der ganzen Welt beliebt, und in Argentinien ist „La Commodore" tief verwurzelt in den Herzen aller, die in den 1980er-Jahren begannen, sich mit Informationstechnologie zu beschäftigen. ∎

VIC 6572r0. ∎

Dieser Artikel ist eine Anfang 2019 vom Autor überarbeitete Fassung eines Beitrags im polnischen Magazin „C&A Fan", veröffentlicht in Ausgabe 4 (August 2009). Übersetzung ins Englische und Ergänzungen: Toshi de los Prados; Einleitung von Georg Fuchs. Aus dem Englischen übersetzt von Arndt Dettke.

Über den Autor

The_WOZ kommt aus Bahia Blanca, Buenos Aires, Argentinien und wurde 1978 geboren.

Er ist sein Leben lang schon Commodore-Fan, arbeitete ursprünglich als Elektrotechniker und ist heute im Holz bearbeitenden Handwerk tätig. Er wohnt in Trelew (Patagonien). Er ist Admin bei retrocomputacion.com und Coder bei der Demoszenegruppe PVM. Er lebt und arbeitet seit 2018 in Österreich.

Über sich selbst schreibt The_WOZ:

„Mein erster Computer war ein Commodore Drean 64, angeschlossen an einen Schwarz-Weiß-Fernseher. Stellt euch die Aufregung vor, als meine Familie den Fernseher auf Farbe upgradete! Ich erinnere mich, dass ich früher zu einem Computershop in der Nähe ging und nach Spielelistings fragte. In dem Laden konnte man Spiele kriegen, von denen man nur den Namen kannte oder die von anderen empfohlen wurden.

Ich habe immer toll gefunden, mir die Scroller in den Cracktros anzuschauen, wenn ein Spiel geladen wurde. Die Leute, die die Spiele kopierten, änderten die Cracktro-Texte fast immer ins Spanische, üblicherweise verbunden mit Werbung für neue Releases."

C64: Ein Emulator für das iPad

Für das iPad ist ein vielseitiger, quelloffener C64-Emulator in Entwicklung. Er hört auf den schlichten Namen C64 und verfügt über eine durchdachte Dateiverwaltung. Unterstützt wird auch ein C64-Lightpen, der einfach durch den Apple Pencil ersetzt wird.

C64 basiert auf der aktuellen Version von VICE und wird von Spider Lab entwickelt. Ziel ist es, dass die Erfahrung so nah wie möglich an einen echten C64 herankommt. Das schließt unter anderem die Laufwerksgeräusche der 1541 ein. Darüber hinaus werden eine Vielzahl weiterer Peripheriegeräte und Hardwareerweiterungen unterstützt. C64 emuliert auch IDE64, 1581, FD2000 und FD4000 sowie sämtliche REUs, sogar die hypothetischen 16 MB REUs, mit denen man NUVIEs abspielen kann.

Kurz- und mittelfristig ist die Unterstützung weiterer Hardware (SuperCPU, RAM-Link etc.) und das Speichern und Wiederherstellen des Emulatorzustands (ähnlich einer Freezer-Funktion), CRT-Simulation für die Video-Ausgabe für authentischeres Look and Feel, und vieles mehr geplant.

Genial ist das Konfigurationsmenü: Statt in einem Menü Parameter einzugeben, wird die gewünschte C64-Konfiguration einfach in grafischer Form zusammengestellt. Wird die Tastatur benötigt, kann sie eingeblendet werden. Dabei stehen mehrere Versionen zur Verfügung, die grafisch die unterschiedlichen Modelle widerspiegeln. Per Drag and Drop wird zum Beispiel die gewünschte Version des SID in den C64 geschoben. Verschiedene Joysticks werden per Touchpad emuliert. Ein Modell fühlt sich leichter an als ein anderes (zum Beispiel Quickshot II gegen Competition Pro). Es können auch verschiedene Mäuse (1351, Amiga-Maus, Atari ST-Maus etc) gewählt werden:

Wenn ein Programm diesen Input annimmt, wird das vom Emulator unterstützt. Koala Pad und Co. sind am Emulator sowieso eine Selbstverständlichkeit. Sogar diverse Multiplayer-Adapter wie der 4-Player-Adapter von Protovision können gewählt werden. Darüber hinaus können verschiedene Freezer-Module und JiffyDOS eingebunden werden. Und anders als bei VICE kann eine Software-Bibliothek erstellt, sortiert und gefiltert werden.

Über Apples App Store kann das Programm in der vorliegenden Form nicht angeboten werden, da man damit sideloaden kann – die Disketten-Images im d64-Format werden direkt am iPad per Drag & Drop eingefügt. Da der Emulator quelloffen ist, können aber andere Anbieter ihre Spiele und Programme damit in den App Store stellen, also quasi preloaden. Wer den Emulator auf seinem iPad installieren möchte, findet auf Github Hinweise, wie das zu bewerkstelligen ist.

Es werden übrigens Entwickler gesucht, die sich am Projekt beteiligen wollen! ∎

Links:
https://spiderlab.at/c64/
https://github.com/Spider-Lab/C64

C64 am iPad in Aktion ∎

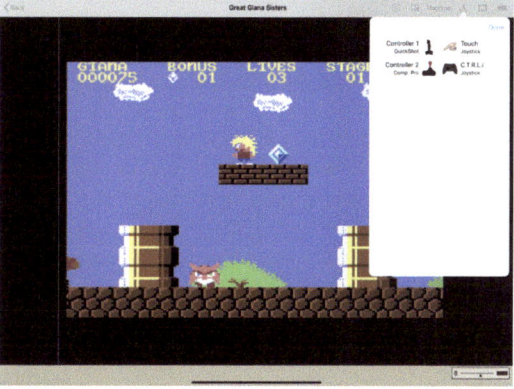

Mikrokosmos aus Plastik

Ich erfüllte einfach alle Voraussetzungen. Aufgewachsen in den 80er Jahren in Graz. Einer nicht allzu großen, ziemlich grünen Stadt im Südosten Österreichs. Aber eben trotzdem Stadt, also schrumpfender Lebens- und Spielraum für Kinder, immer stärker werdender Autoverkehr und damit die allgegenwärtige, vorrangig von Eltern wahrgenommene Gefahr. Freunde, die man ohne die motorisierte Mithilfe der Erziehungsberechtigten gar nicht lebend erreichen konnte. Und dann natürlich der Fernseher als das Leitmedium. SF 1 und SF 2, Testbild, noch einige Schwarzweiß-Fernseher (für meinen C64 bis Anfang der 90er im Einsatz) und das Kabelfernsehen – eher Gerücht denn greifbare Realität. Dafür aber ein Videorekorder mit Kabelfernsteuerung. Hörspiele auf Schallplatte und MC. Und Spielzeug. Viel Spielzeug aus viel Plastik. Monster, Mutanten und Muskelprotze. Der miniaturisierte Spielraum im Wohnzimmer. Ein Rück- und Quer- und Nachblick.

von **Klemens Franz**

Sprechen über Spielzeug

Anlässlich einer Veranstaltung zum Thema 80er Jahre, bei der ich über den Bereich Spielwaren sprechen durfte, brachte es mein Vorredner Harald Havas – (Comic-) Autor und irgendwie Experte für Pop- und Lebenskultur – sehr passend auf den Punkt: Durch die mediale Landschaft ganz allgemein, die Anzahl der verfügbaren Kanäle, die Stellung des Öffentlich-Rechtlichen und auch die wirtschaftliche (Import-) Struktur konnte sich in den 80ern – für ihn zwischen 1975 und 1985 – zum letzten Mal so etwas wie eine kollektive Erinnerung bilden. „Wickie, Slime und Paiper" nennt sich das Buch, an dessen Entstehung Havas maßgeblich beteiligt war. Kurz vor der Jahrtausendwende löste es in Österreich einen kleinen nostalgischen Retro-Boom aus. Das Buch richtete den Blick auf die späten 70er und frühen 80er. Flankiert wurde es kurz darauf von

„Faserschmeichler, Fönfrisuren, die Ölkrise" (70er) sowie „Neon, Pacman und die Yuppies" (80er) – und anderen Titeln zu anderen Jahrzehnten. Die Bücher sind sehr persönliche, sehr fragmentarische Rückblicke. Oral History auf ein Maximum reduziert und in kleine appetitliche, visuell starke Häppchen zerteilt.

Deutlich sperriger war da schon der gesamte Titel der Veranstaltung: Der „3. interaktive Thementag der 80er-Jahre-Bildungsreihe in Kooperation mit der ARGE Jugend gegen Gewalt und Rassismus zu den verschiedenen Lebenswelten und dem gesellschaftspolitischen und sozialen Wirken einer revolutionären Dekade". Sie fand Ende 2018 in Kooperation mit der Grazer Ludothek Ludovico statt. Für mich eine der seltenen Möglichkeiten, über „infantiles Kinderzeugs" halbwegs ernsthaft referieren zu können. Grundsätzlich wird natürlich schon ernsthaft über Spielzeug gesprochen

In einer fernen Zukunft und einer fernen Galaxis: die Welt des Luke Skywalker und Darth Vader mit all den Verbündeten, Rebellen, Monstern und Kampfflugzeugen. Wer wird siegen? – Du entscheidest!

933354 **At-At** bewaffneter Transporter für jedes Gelände. Mit geländegängigen Beinen, lenkbarem Kopf und beweglichen Seitenkanonen. Nimmt bis zu 10 Star Wars Figuren auf (nicht inbegriffen). S 1.995,–

933535 **B-Wing Fighter** Raumjäger der Rebellen aus den Filmen „Krieg der Sterne" und „Rückkehr der Jediritter" mit verstellbaren Flügeln, Cockpit mit Abdeckung. Kampfgeräusche und bedienbare Landeeinrichtung. S 1.998,–

933388 **X-Wing Fighter** Flügel in Angriffsposition geöffnet, einziehbare Landekufe S 698,–

933505 **Scout Walker Vehicle** drehbarer Kopf, Seitenkanonen klicken und bewegen sich, Beine „gehen", wenn der Steuerknopf betätigt wird. S 695,–

Mehr als 80 verschiedene detailgetreue Einzelfiguren sind erhältlich.

933361 **Snow-Speeder** durchsichtiges Cockpit, einziehbare Kufen, batteriegesteuerte Laserkanonen mit Licht und Kampfgeräuschen S 998,–

933562 **Endor Forest Ranger** Das schwerkraftbewegte Cockpit läßt sich öffnen und besitzt eine bewegliche Landeeinrichtung. S 225,–

933506 **Speeder-Bike** Aufklärungsdüser im erdnahen Einsatz mit automatischen Bremsflossen am Heck und Lenkstange. S 298,–

28

■ Army Building im Katalog. Zwar sah man in keinem der Star-Wars-Filme viele der rot gewandeten Royal Guards, aber das tat der angeheizten Sammelleidenschaft keinen Abbruch.

und auch geforscht; aber dabei dreht es sich meist, wenn schon nicht um antikes, doch immerhin um historisches Spielzeug. Die verfügbaren Kataloge konzentrieren sich auf Holz- und Blechspielzeug, Eisenbahnen und Puppen, aber nur sehr selten auf Spielzeug der letzten fünf Jahrzehnte. Zwar schaffen es mittlerweile spannende Publikationen (dank Crowdfunding und Books on Demand) und natürlich diverse Websites, so etwas wie eine grundle-

gende Dokumentation zu sichern; und auch einige wissenschaftliche Abschlussarbeiten beleuchten diesen scheinbar noch zu aktuellen Rand der Popkultur, aber trotzdem bleibt die Arbeit vorrangig bei den privaten Sammlern. Zum Unterschied zu digitalen Spielereien, hat sich nie eine breite, erwachsene Basis gebildet. Zwar stellen die Kinder von damals als Sammler mittlerweile eine vor allem auch kaufkräftige Zielgruppe dar, aber ein gesellschaftlicher

Spiel/zeug/ware/artefakt/wasauchimmer

Die Begrifflichkeiten zum Thema Spielzeug werden im Gespräch selbst kreuz und quer verwendet. Eine genaue Aufteilung ist nicht wirklich notwendig, aber eine klare Strukturierung hilft, vor allem auch bei der nachträglichen Bewertung und Betrachtung. Also der Reihe nach: Im Kern steht die Spielhandlung, also der Akt des Spielens. Im Rahmen dieser Aktivität kann eigentlich jedes Objekt zum sogenannten Spielding werden. Das Spiel bekommt also einen Spielgegenstand; womit aber eben nicht das Objekt gemeint ist, sondern der (thematische) Inhalt der Spielhandlung. Spielsachen (Spielzeug) hingegen haben schon einen Spielgegenstand; sie sind also im Gegensatz zum Spielding keine „zweckentfremdeten" Objekte, sondern sie wurden für das Spiel geschaffen. Spielsachen und Spieldinge werden im Begriff Spielmittel zusammengefasst. Werden Spielsachen für einen kommerziellen Zweck gefertigt, sprechen wir schließlich von Spielwaren. Und um abschließend zur Spielhandlung zurückzukommen: Das, was dabei ganz individuell entsteht – also etwa ein Lego-Gebäude, das Gespräch zweier Puppen beim 5-Uhr-Tee oder auch ein Longplay-Video – nennt sich Spielartefakt. Und eben diese Artefakte sind für eine Betrachtung ausgesprochen spannend, aber oft vergänglich.

Durchbruch, der mit dem digitaler Spiele vergleichbar wäre, hat nicht stattgefunden. Die Aufmerksamkeit der Nische bleibt einer Minderheit vorbehalten.

Dabei stellen aber gerade die 80er Jahre und auch die 80er Jahre in Österreich im Kontext Spielzeug ein spannendes Betrachtungsfeld dar. Gesellschaftliche, wirtschaftliche und politische Entwicklungen spiegeln sich auch immer in Pop- und Trivialkultur wider. Selten – und darin liegt auch der Reiz – so offen, verdichtet und bisweilen fast schon naiv wie in Spielwaren.

Und für jedes Land – trotz internationaler Produkte – ganz individuell. Die spannende Situation Österreichs ergab sich aus der damaligen wirtschaftlichen Einbettung. Österreich trat erst 1995 der EU bei. Dies bedeutete, dass kaum eine große Firma eine Niederlassung vor Ort hatte, sondern viel mehr (General-) Importeure eine Vorauswahl trafen. Dazu reisten Vertreter auf internationale Messen, wie die in Nürnberg oder Tokyo, sahen sich vor Ort die neuesten Produkte an und trafen sehr individuelle Entscheidungen. Dies führte zu durchaus spannenden Situationen. Manche Spielwaren, die es im EG-Großraum nicht gab, tauchten in Österreich auf. Genauso gab es hier kaum Vorschriften bezüglich Gewalt im Spielzeug. Wo Deutschland als Kriegsverlierer einen sehr kritischen Zugang zum Thema hatte, sah sich Österreich in den 80ern noch als Kriegsopfer. Indizierte Computerspiele konnten erworben werden, und etwa auch Actionfiguren, die in Deutschland nicht erhältlich waren, wurden hier problemlos verkauft. Dabei war ein gewisser Filter seitens Deutschlands aber dennoch spürbar. Vieles, was für den deutschen Markt angepasst wurde, kam in dieser Form auch in Österreich auf den Markt. Aber eben nicht alles. Und dann die geografische Lage: Nachbar Italien als Spielzeugparadies, Nachbar Jugoslawien als Quell zahlreicher Bootlegs (das ist quasi raubkopiertes Spielzeug). Der Ost-West-Konflikt wurde nach dem Urlaub auch im Spielzeug spürbar. All dies wurde freilich erst mit der nötigen zeitlichen Distanz sichtbar, und damit haben wir auch den Grund, der die Betrachtung von Spielwaren so wertvoll macht. In sehr kompakten Objekten lassen sich historische Entwicklungen nachverfolgen und aufgefasst als historische Texte analysieren. Im Folgenden fünf Betrachtungen der Spielzeuglandschaft der 80er und ihrer bis heute spürbaren Auswirkungen:

Die Rückseite des Katalogs zeigte 1986 den Novag Schachcomputer und „LCD-Spiele", in Österreich eher als „Tric o tronic" bekannt und ja eigentlich „Game & Watch" betitelt. Die Idee des Klappdoppelbildschirms revitalisierte Nintendo für den DS.

1.) Star Wars – von Ölkrisen und der Erfindung des Merchandisings

Die Geschichte ist gut dokumentiert: George Lucas verzichtete Ende der 70er auf einen Teil seiner Star-Wars-Gage, um dafür die Rechte an der Vermarktung abseits des Films zu erhalten. Was für das Studio auf den ersten Blick ein guter Deal war, entpuppte sich für Lucas selbst als genialer Schachzug. Im Grunde erfand sein Film den Blockbuster – und er das dazugehörige Merchandising. Neben Comics, Büchern und allerlei Krimskrams waren es vorrangig die

MB — Knuffelbunt Familie
ab 3 Jahre

1 Papchen
Art Nr. 12049   S 395,—

2 Mamchen
Art Nr. 12048   S 395,—

Ein herzhaftes Drücken — Mamchen und Papchen leuchten vor Glück.

3 Liebchen
Art Nr. 12050   S 238,—

4 Seelchen
Art Nr. 12053   S 238,—

5 Herzchen
Art Nr. 12051   S 238,—

6 Bengelchen
Art Nr. 12054   S 238,—

Die vier liebenswerten Kinder kichern wenn man sie schüttelt. Alle Knuffelbunts haben ihren eigenen Haarschmuck, ihre Haarbürste und das farbige Knuffelbunt-Büchlein.

MB — Transformers
Die Welt der Verwandlung
ab 4 Jahre

1 Autobot Communicator — Blaster
Art. Nr. 19115   S 795,—

2 Dinobots
Serie besteht aus 4 Modellen
Art. Nr. 19108   S 748,—

3 Decepticon Planes
Serie besteht aus 3 Modellen
Art. Nr. 19109   S 598,—

4 Insecticons
Serie besteht aus 3 Modellen
Art. Nr. 19102   S 298,—

5 Jump Starters
Serie besteht aus 2 Modellen
Art. Nr. 19103   S 298,—

■ Verworrene Import-Situationen: Knuffelbunt (im engl. SnuggleBumms, von Playskool) und thematisch dazu passend Transformers (von Hasbro bzw. Takara), beide von MB, importiert von „Berg Toy Import" und abgedruckt in einem Stadlbauer-Katalog. Alles klar?

kleinen knapp 10 cm großen Spielfiguren, die für ordentlich Umsatz sorgten. Aber der Reihe nach: Lucas trat mit seiner Idee, im großen Umfang kleine Sammelfiguren für Kinder zu produzieren, zuerst an die Großen der Branche heran. Mego, Mattel und auch Hasbro lehnten ab. Der bis dahin relativ unbekannte und kleine Spielzeughersteller Kenner aus Cincinnati sagte zu. Und unterschätzte die Nachfrage massiv. Der Film kam im Mai 1977 in die Kinos und in der Vorweihnachtszeit verkaufte Kenner das so genannte „Early Bird Certificate Package", eine sehr elegante Umschreibung für eine leere Box. Die Figuren – Luke, Leia, R2D2 und Chewbacca – wurden später im Jahr 1978 nachgereicht. Heute – wo Spielzeuglizenzen zu

Filmen schon früh vergeben werden – unvorstellbar. Die Größe der Figuren war für damalige Verhältnisse eher klein. G. I. Joe und auch die Mego-Figuren zu diversen Superhelden waren deutlich größer und erinnerten eher und auch nicht zufällig an die Barbie-Puppe. Aber die Ölkrisen 1973 und dann Ende der 70er machten den Rohstoff teuer. Die geringe Größe brachte Star Wars dennoch zwei wesentliche Vorteile. Einerseits wurde das Sammeln von identischen Figuren begünstigt; gerade das Filmvorbild im Hinterkopf, machte es absolut Sinn, nicht nur einen Sturmtruppler zu kaufen, sondern gleich so viele, wie das Geldbörserl der Eltern hergab. Heute spricht man von Army Building. Und auf der anderen Seite wurden große Fahrzeuge und Playsets in einem zu den kleinen Figuren halbwegs realistischen Verhältnis möglich. Ein AT-AT Walker wäre bei der bis dahin üblichen Figurengröße von 25 bis 30 cm absolut undenkbar gewesen. Die Größe der Figuren etablierte sich. G. I. Joe zog in den 80er Jahren nach (bei uns damals bekannt als Action Force). Und andere Linien – wie M.A.S.K. oder Dino Riders – legten die Figuren zugunsten der Fahrzeuge noch kleiner an. Ach ja: Mego versuchte nach dem Erfolg von Star Wars, Actionfiguren mit starken Lizenzen nachzuziehen. Moonraker, Buck Rogers, Das Schwarze Loch oder auch Star Trek. Die Qualität der Figuren stimmte, aber Mego hatte den Anschluss verpasst. Die Firma sperrte Anfang der 80er zu. Und Mattel? Die rauften sich die Haare und suchten verzweifelt nach einer neuen konkurrenzfähigen Spielzeuglinie. Heraus kamen dabei die Masters of the Universe.

2.) Masters of the Universe – Kinder brauchen Märchen

Über den tatsächlichen Erfinder der Masters gibt es von den damaligen Akteuren durchaus unterschiedliche Geschichten bzw. Ansprüche. Es dürfte aber auch eine Grundstimmung im Unternehmen gewesen sein, die für viele ähnlich gerichtete Impulse sorgte. Was nicht stimmt, ist das Gerücht, dass sich die Masters aus einer kurzfristig gekippten Conan-Toyline heraus entwickelt hätten. Mattel hatte die Lizenz, nachdem sie dort den Schwarzenegger-Film gesehen hatten, doch nicht umgesetzt. Geplant waren damals aber noch Figuren in der Big-Jim-Größe (~25 cm). Aber vermutlich hat auch dies den Nährboden für die Fantasyhelden begünstigt. Schlussendlich lagen bzw. standen drei Konzepte für He-Man auf dem Tisch: Weltraum (mit leicht modifiziertem Boba-Fett-Helm), Militär (mit Panzerrohr-Kopf, sic!) und Fantasy (mit kuscheligem Plüschumhang). Es wurde schlussendlich

Stadlbauer als Wächter über das Kinderzimmer

Im Jahr 2013 saß ich mit dem mittlerweile verstorbenen Dr. Stadlbauer in der Firmenzentrale in Puch bei Salzburg zusammen und wir blätterten in unseren Katalogen „Das gute Spiel". Manche Jahrgänge hatten bei mir überlebt, andere sammelte Dieter Stadlbauer in einem Schuhkarton, den er sorgsam in seinem Büro lagerte. Es war natürlich etwas Wehmut dabei, aber er bezeichnete die kleinen quadratischen Publikationen, die damals in jedem österreichischen Spielzeuggeschäft auslagen, als viel mehr als bloße Werbung. Für ihn war es ein Querschnitt, ein Dokument über die Spielwelten der 80er. Dass er im Grunde selber durch seine Auswahl definierte, was in den 80ern in unseren Kinderzimmern herumlag, spielte da weniger eine Rolle. Das Unternehmen wurde 1953 als Großhandel von Hermann Stadlbauer gegründet. 1966 trat sein Sohn Dr. Dieter Stadlbauer in das Unternehmen ein und entwickelte das Unternehmen hin zu einem der einflussreichsten Spielwarenimporteure Österreichs. Nach der Öffnung der Märkte spezialisierte sich Stadlbauer immer stärker auf den Zukauf und Aufbau eigener Marken. 1999 übernahm man die Marke Carrera Rennbahnen, die nach wie vor der Fokus des Unternehmens ist. Spannend für Lotek64-Leser und -Leserinnen: Stadlbauer führte den Gameboy 1990 in Österreich ein und war parallel auch an der Markteinführung in Deutschland maßgeblich beteiligt. Die exzellenten Beziehungen zu Nintendo hielten bis 2014. Als Nintendo seine Niederlassung in Wien gründete, musste Stadlbauer den Exklusivvertrieb aufgeben.

Fantasy mit einer Prise Science-Fiction, eine der bis heute erfolgreichsten Produktlinien für Mattel. Von 1982 bis 1986 kletterte der US-Umsatz auf 400 Millionen Dollar. 1987 brach er auf sieben Millionen ein. Mattel hatte den Markt massiv übersättigt.

Der Griff nach unseren Kindern

Ein besonderes, bizarres Schmankerl ist das Buch „Der Griff nach unseren Kindern – Einblicke in ein (un)heimliches Erziehungsprogramm" von Katrin Ledermann und Ulrich Skambraks. Die Autoren orten dabei in den fantastischen Medienwelten der 80er ein geheimes New-Age-Umerziehungsprogramm. Zum ersten Mal 1988 veröffentlicht, liegt es mit der 8. (sic!) Auflage aus dem Jahr 1993 vor. Der christlich-fundamentale Zugang sorgt für Kopfschütteln, Schmunzeln und ehrliche Erschütterung. Ein totaler Blödsinn, der aber als extreme Wahrnehmung der neuen fantastischen Spielwelten (ja, auch Computerspiele werden verteufelt) durchaus als historische Momentaufnahme durchgeht und vielleicht erahnen lässt, was damals in den Köpfen mancher Eltern vorgegangen sein mag.

Im deutschsprachigen Raum sorgen die Masters zu Beginn für schockierte Eltern und besorgte Pädagogen. Eine Diskussion, frappierend ähnlich der rund um die Ego-Shooter Jahre später, wurde losgetreten. Mattel konterte mit selbst in Auftrag gegebenen Studien, die in einem „Kinder brauchen Märchen" kumulierten. Beruhigt war niemand, aber die Faszination der Kinder an den für die damalige Wahrnehmung grauslichen Figuren ungebrochen. Skelettgesichter, Schlangenmonster und zweiköpfige Unholde – Mattels Designer schöpften aus dem Vollen und zitierten archetypische Motive aus Mythen und Märchen. Einige der Kreationen waren für die zuständigen Vertriebsleute sogar so unheimlich, dass sie erst gar nicht im deutschsprachigen Raum veröffentlicht wurden.

3.) Friedensspiel im Kinderzimmer – von Blutsaugern, Dinos und TV-Satelliten

Das Thema Gewalt, Militär und Krieg (im medialen Kontext) war vor allem in Deutschland in den späten 70ern und frühen 80ern noch sehr traumatisch konnotiert. „Brutalo Spielzeug auf dem Vormarsch" titelte der Spiegel 1975 anlässlich der Markteinführung des Action Teams (G. I. Joe). Die Sorge um das Wohl der Kinder trug im Nachhinein durchaus bizarre, aber im historischen Kontext schlüssige Blüten. Die Teenage Mutant Ninja Turtles wurden – initiiert durch die BBC – in Teenage Mutant Hero Turtles umbenannt und auch in Deutschland so übernommen. Der blutsaugende und tatsächlich eine rote Flüssigkeit pumpende Mosquitor der Masters of the Universe nur im europäischen Umland veröffentlicht und bei dem M.A.S.K.-Logo wurde die gerade abgefeuerte Rakete aus dem Schriftzug entfernt – und im Pate stehenden Spielzeug zu einem TV-Satelliten umfunktioniert. In Österreich ergab sich durch die nicht einheitliche Importstruktur ein unregelmäßiges Bild. Die M.A.S.K.-Ver-

5-12 Jahre

LEGOLAND®

6970   S 565.-
Interplanetarische **Kommando-Zentrale**
mit Gleitschlitten, Raketensystem und Astronauten

6930   S 340.-
Weltraum-Versorgungszentrum mit Kontrollraum,
beweglichem Dach und Astronauten

Im Weltraum...

Mit dem LEGOLAND®
Raumfahrtprogramm kannst
Du Deine Abenteuerreise in
den Weltraum beginnen. Du
kannst auf entlegenen
Planeten landen und die
Astronauten zu Erkundungs-
flügen ausschicken, während
Du im neuen 3-stufigen
Kommandoschiff die Reise zu
noch entfernteren Planeten
antrittst.

6980   S 730.-
Weltraum-Kommandoschiff
mit Mutterschiff, Labor, Transporteinheit und Astronauten

6950   S 445.-
Fahrbare **Startrampe** für Trägerrakete mit
Schubgerüst und instrumentaler
Systemüberwachung

Krater in Sicht!

Planeten haben eine ganz
eigentümliche Oberfläche.
Dazu gehören die Krater. Mit
den LEGOLAND Basisplatten
kannst Du Dir Deine eigene
Krater-Landschaft bauen.

928   S 730.-
Raumkreuzer mit
Funkzentrale, Kontroll-Radar, Basisplatten und Astronauten

6929   S 295.-
Transplanetarischer
Raum-Transporter mit Astronaut

6927   S 255.-
Mobile Meßstation mit Technikern

24   ☆ **Neu 1983 – Lieferbar ab Februar**

■ Auch Lego (und Playmobil) konnten sich Star Wars nicht entziehen. Irgendwie passend: Mittlerweile hat Lego Star Wars den Platz der kleinen bunten Astronauten im Konzern übernommen.

packungen zeigten das entschärfte Logo, aber Kataloge zu der Spielzeugserie bildeten das Original ab. Und wo in Deutschland bei den Dino Riders der Untertitel als „Die Welt der Dinosaurier" übersetzt wurde, fand man auf den Verpackungen hierzulande das ursprüngliche „Harness the Power of the Dinosaurs".

4.) Von Transformersmedia Storytelling und Worldbuilding

Die offizielle Version* besagt, dass Hasbro-Mitarbeiter 1983 auf einer Spielzeugmesse in Tokyo auf zwei Produktlinien der Firma Takara stießen, die sich beide um Verwandlungsroboter drehten. Die eine konzentrierte sich auf Fahrzeuge, die andere auf Alltagsgegenstände. Der Grund, warum sich Transformers in so unterschiedliche Dinge wie Auto, Kassettenrekorder, Flugzeug oder Pistole verwandeln, war also nicht geplant, sondern reiner Zufall. Hasbro wollte diesen Kontrast aber in einen narrativen Rahmen einbetten und beauftragte Marvel damit, für die Roboter eine Hintergrundgeschichte zu entwickeln. Heraus

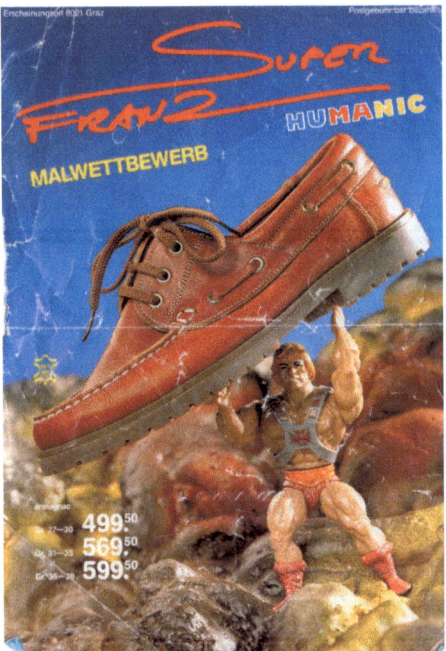

■ Bizarre Kooperationen: In den Werbeheftchen der Masters fanden sich immer wieder Schuh-Werbungen mit He-Man und She-Ra. Wie Salamander-Testimonial Lurchi dazu stand, ist nicht überliefert.

auch kleine Geschichten. Beigelegt wurden Minicomics. Flankiert wurde all dies von Comics, VHS-Videos (in den USA liefen die dazugehörigen Serien regelmäßig) und durch ein im deutschsprachigen Raum besonders ausgeprägtes Medium: dem Hörspiel.

5) Gehörte Welten

Es dürften unterschiedliche Faktoren gewesen sein, die das Hörspiel in den 80er Jahren im deutschsprachigen Raum so erfolgreich machten: Ein ziemlich großer Markt, wenig mediale Konkurrenz im Kinderzimmer, die breite Verfügbarkeit, sowie inhaltlich und preistechnisch geschickte Produktionsfirmen (allen voran Europa). All dies kumulierte in einer Blütezeit des Kinder- und Jugendhörspiels, die es in keinem anderen Sprachkreis in einer vergleichbaren Ausprägung gab. Und damit lag es auch nahe, zu erfolgreichen Spielzeugserien Hörspiele zu produzieren. Actionfiguren (Masters of the

kam dabei, wenn auch schlussendlich stark gekürzt, die bis heute gültige Grundstruktur der beiden sich bekämpfenden außerirdischen Roboterfraktionen Autobots und Decepticons. Und gerade die Stringenz, mit der sich diese in den verschiedenen Medien findet, legte den Grundstein für ein stabiles Markengerüst. Und in gewisser Weise auch für das, was wir heute unter Transmedia Storytelling verstehen. Die Kanäle, um durch die Geschichte eine Sogkraft zu erzeugen, waren beschränkt und so wurde aus der Not eine Tugend gemacht: Verpackungen zeigten die Charakterprofile der Figuren (Transformers, G. I. Joe), dynamische Illustrationen (Masters of the Universe) oder

Lebendige Spielzeugforschung

In der über Crowdfunding finanzierten Publikation „Toys that Time Forgot – A visual History of unproduced Action Figures" von Blake Wright finden sich Indizien eines alternativen Ursprungs der Transformers: Der amerikanische Spielzeugproduzent Knickerbocker plante 1982 die „Vehicle Mysterians The Mobile Force", die sich in Fahrzeuge umwandeln konnten und nahezu 1:1 einigen Modellen der Microman-Fahrzeuge entsprachen. Ob dabei die Japaner das Konzept zweimal verkauft hatten, oder ob es eine Idee Knickebockers war, bleibt ungewiss. Das „M" auf den Fahrzeugen wurde bisher immer für das Kürzel für „Microman" gehalten. Es könnte aber eben auch „Mysterians" bedeutet haben. Knickebocker wurde 1982 von Hasbro gekauft, die geplanten Fahrzeugroboter nie veröffentlicht und 1984 die Transformers der westlichen Welt präsentiert. Der Rest ist Geschichte.

■ Das Gute Spiel '86: Der regelmäßige Besuch im Spielzeuggeschäft des Vertrauens sicherte den Informationsnachschub. Der Katalog und die Auslage als primäre Informationsquellen.

Universe, Bravestarr, M.A.S.K.), Playmobil (Professor Mobilux), Lego (die Hörspiele zu Piraten Lego wurden sogar ohne Lizenz neu aufgelegt) oder sogar Brettspiele (Scotland Yard, Heimlich & Co) – geschickt wurden die mal mehr, mal weniger vorgegebenen Inhalte mit einer meist qualitativ hochwertigen Pro-

duktion kombiniert: Bei den Masters musste der Hörspielautor H. G. Francis aus wenig zur Verfügung gestelltem Material seine eigene Geschichten basteln. Dabei veränderten sich viele Details im Laufe der 37 Episoden und wurden immer wieder angepasst, um den Spielzeug- und Cartoonvorlagen besser zu ent-

Kinder: Brutalo-Spielzeug im Vormarsch

Als harte Männer, die alles können, treten seit dem Herbst (entgegen allen aufgeklärten Erzieherwünschen) einige deutsche Varianten männlicher Funktionspuppen (Ahnfrau: Anziehpuppe Barbie) auf — und wurden prompt zu Verkaufsschlagern des Weihnachtsgeschäfts: militantheroische James-Bond-Typen, „vollbeweglich und lebensecht durch 16 Gelenke" — sie heißen Hard Rock (mit) und John Steel (ohne Bart) und werden produ-

Action-Puppen

ziert von der Mannheimer Firma Schildkröt, die einst so liebliche Babypuppen schuf. Dieses sogenannte Action Team imitiert die amerikanischen Gewaltmänner Big Jim und seine Freunde (Hersteller: Mattell), die bereits seit Jahren auch in der BRD auf Knopfdruck Karateschläge austeilen oder durch Armbeugen den Bizeps schwellen lassen. Hard Rock und John Steel ergreifen alle Handfeuerwaffen aus dem reichhaltigen Zubehörprogramm mit elastischer Faust, lassen sich für allerlei kühne Expeditionen und Spezialkommandos, für „Geheimdienst" (Schulterhalfter) oder „Spionageabwehr" (Sprenggerät, Kabel, Dynamit) teuer ausrüsten. Sie seien daher, suggeriert der Produzent, „ein ideales und lehrreiches Dauergeschenk". (Hersteller: Schildkröt; Figuren-Grundpreis: 24,50 Mark.)

Rechte Seite: Mattel inserierte im eigenen Masters Comic und ließ Eltern wissen, dass eh alles in Ordnung war. ■

■ Funktionspuppen und ein Tippfehler bei Mattel. Der Autor der Spiegel Meldung tat sich sichtlich schwer mit dem Thema. (Spiegel 1975)

---

sprechen. Ebenfalls von Francis geschrieben, wurde die Playmobilserie Professor Mobilux. Sehr geschickt wurde als zentrales Motiv das Zeitreisen des schrulligen Akademikers und seines irischen Assistenten genutzt, um die verschieden Playmobil-Themenwelten einzubinden. Die Ähnlichkeit der Protagonisten zu Doc Brown und Marty McFly aus Zurück in die Zukunft dürfte wohl nicht ganz zufällig gewesen sein. Wo einerseits bei Europa aber Produktionen mit viel Liebe und wirklich tollen Sprechern umgesetzt wurden, gab es andererseits aber auch Hörspiele, die auf die Tonspur der TV-Cartoons zurückgriffen, sie vielleicht noch mit einem Erzähler unterlegten und damit unfreiwillig zeigten, wie unterschiedlich die Medien bearbeitet werden mussten. Die Hörspiele etwa zu Transformers und

Märchen sind für Kinder wichtig...

Denn Märchen helfen einem Kind, die Realität besser zu verstehen.

Was zunächst wie ein Widerspruch klingt, ist in einer amerikanischen Studie überzeugend belegt worden. Die Überzeichnung der Realität, wie sie im Märchen stattfindet, die Darstellung charakterlicher Polaritäten – hier der strahlende Held, dort der Bösewicht – macht es einem Kind leichter, die Gegensätze zwischen gut und böse richtig zu begreifen.

Es lernt, daß das Leben nicht nur eine Sonnenseite, sondern auch eine Schattenseite hat. Und es lernt – an der Seite eines sympathischen Helden –, daß man sich eben etwas einfallen lassen muß, will man mit den Widrigkeiten des Lebens fertig werden. Was nicht nur den Sinn für die Realität schärft, sondern auch Phantasie und Kreativität eines Kindes fördert. Vor allem dann, wenn das Märchen zum Rollenspiel wird.

Ein Märchen zwischen Gestern und Morgen: He-Man und die Masters of the Universe.

Helden, die ihren Mut und Einfallsreichtum immer von neuem im Kampf gegen Widrigkeiten und Widersacher unter Beweis stellen müssen: Das sind die Giganten des Universums. Denn auch He-Man und seine treuen Gefährten haben – ebenso wie die Helden in unseren Märchen – allerlei Prüfungen zu bestehen.

Aber He-Man ist mutig und einfallsreich: Das Urbild eines Helden. Mit ihm kann sich ein Junge identifizieren. Mit ihm erfüllt er sich Phantasien von eigener Kraft und Stärke. Und das ist gut so. Mit ihm durchlebt er alle Mühen und Wirren, um dann mit ihm zu triumphieren, wenn die Tugend schließlich doch belohnt wird.

He-Man und die Masters of the Universe: Ein Spiel, das Kreativität und Phantasie anregt. Mit Helden, wie sie ein Junge braucht.

COPS sind sehr mühsam; zu sehr entspricht deren Rhythmus den stressigen Schnitten der Fernsehoriginale. Trotzdem verkauften sich auch diese Umsetzungen sehr gut. Die Echten Ghostbusters etwa brachten es auf immerhin 30 Folgen, während es die unbekannteren Filmation's Ghostbusters, zwar gut produziert, auf nur ein Drittel dessen schafften. Als (Beg-) Leitmedium in den Kinderzimmern der 80er bleiben die Hörspiele aber ein bemerkenswerter „speziell gelagerter Sonderfall."

Was bleibt?

Was bleibt abschließend von den fantastischen Welten in den Kinderzimmern der 80er Jahre? Es war der Aufbruch in neue Welten.

Inhaltlich, aber vor allem strukturell. Das erzählerische und unternehmerische Potenzial transmedialer Marken zeigte sich zum ersten Mal in einer Deutlichkeit, die als Blaupause für die folgenden Jahrzehnte dienten. Vor allem aber spiegelte sich im Kleinen das Weltgeschehen – politisch, wirtschaftlich, gesellschaftlich – wider. Fantasyfilme der 80er waren technisch gut getrickst, der kalte Krieg schafft klare Schwarz-Weiß-Bilder, die sich wunderbar verarbeiten lassen. Dennoch drängt ein steigendes Umweltbewusstsein gegen Ende des Jahrzehnts auch in die Unterhaltungsindustrie. Mutanten, nicht dargestellt als böse Monster, sondern vielmehr als tragische Opfer, lassen die X-Men neu entstehen, die Turtles zum

Phänomen werden und Captain Planet gegen Umweltverschmutzer antreten. Tschernobyl hatte die Art, wie die Welt gesehen wurde, verändert. Mit ein wenig Verzögerung wirkte dieser Blickwinkel auch in die verspielten Bereiche des Lebens hinein. Die Turtles kamen 1988 auf den Markt, Captain Planet drei Jahre später, Anfang der 90er. Wobei die Grenzen nicht so scharf gezogen werden dürfen. Die X-Men wurden 1975, nach einem Einbruch der Verkaufszahlen, zu einem multikulturellen Team umgebaut, erreichen ihren Höhepunkt aber erst Anfang der 80er. Und hier bestätigt sich auch die zu Beginn erwähnte Aussage von Harald Havas, dass die 80er, so wie wir sie in der kollektiven Erinnerung haben, nicht unbedingt von 1980 - 1989 dauerten, sondern eher von 1975 bis 1985. Tatsächlich endete das letzte Jahrzehnt kollektiver Erinnerungen mit Kabelfernsehen und der Liberalisierung der Medienmärkte, also einem immer größer werdenden Angebot. Auch beim Spielzeug.

Literatur

Wer die Augen offen hält und vor Englisch nicht zurückschreckt, findet doch einiges und auch immer mehr Material zu dem Thema. Besonders hervorzuheben sind die kleinen Bücher zu sehr speziellen Themen von Phillip Reed – battlegrip.com.

Für die inhaltliche Absicherung dieses Beitrags wurden u.a. folgende Publikationen herangezogen. Einige sind nurmehr gebraucht erhältlich:

- Viel mehr als Plastik, Niederrheinisches Freilichtmuseum
- Das Erbe der Kassettenkinder, Anette Bastian
- Wickie, Slime und Paiper, Susanne Pauser, Wolfgang Ritschl
- Neon, Pacman und die Yuppies, Pauser, Ritschl, Havas, Kolisch
- Die Welt der Meister – Der Hörspielband,

Miriam Kasner, Mark Knobloch
- Toys that Time forgot, Blake Wright
- Transmedia Storytelling, Patrick Reichert Young, Florian Baar
- Transformers Vault, Pablo Hidalgo
- Toy Time, Christopher Byrne
- Lego – Bausteine einer volkskundlichen Spielkulturforschung, Tobias Hammerl

Ein besonderer Dank an die Community von planeternia.de für ihr großzügig geteiltes Schwarmwissen! ∎

Der Autor

Klemens Franz hat früher für Lotek64 geschrieben. Jetzt illustriert er analoge Spiele und nimmt sich ganz fest vor, kein Spielzeug mehr zu sammeln.

Entdeckung in den Niederlanden

In einer niederländischen Spielhalle konnte man erkennen, dass neben dem auf dem Dreamcast basierenden SEGA-NAOMI-Board (ab 1998) auch das spätere auf der Xbox basierende SEGA-Chihiro-Board (ab 2002) auf GD-Discs als Datenträger setzt. Wurde also leider nix mit „House of the Dead III"...

Umfangreiches C64-Mini-Buch erschienen

Drei Hacks für den C64 Mini

Der C64 Mini erschien 2018. In Lotek64 #57 stellte Stefan Egger den mit moderner Hardware nachgebauten Miniatur-C64 mit Fake-Tastatur uns Lesern vor. Umfangreiches Informationsmaterial und Tipps rund um den Computer im Schrumpf-Gehäuse aus Internet und Eigenerfahrung trug Autor Holger Weßling in einem Buch zusammen. Lotek64 veröffentlicht in Zusammenarbeit mit dem Verfasser exklusiv Auszüge daraus, etwas überarbeitet für den Abdruck hier.

von Holger Weßling

Ja, der Mini läuft auf einem Linux-Betriebssystem. Hier wird gezeigt, wie du mit ein paar raffinierten Werkzeugen tief in den Mini einsteigen kannst.

Hack 1: UART, serieller Root-Zugriff

Mit diesem Hack können Spiele direkt im Mini abgelegt oder ausgetauscht werden.

Wenn du eine größere Veränderung am Mini vornehmen möchtest, musst du als erstes einen UART-Anschluss hinzufügen. Du erhältst damit Zugriff auf die interne Software. Erforderlich sind grundlegende Lötkenntnisse und ein einfacher Lötkolben, den du in fast jedem Elektronikgeschäft erhältst. Ich würde nicht mehr als ein 30W-Eisen empfehlen, um die empfindlichen Kupferbahnen nicht zu beschädigen.

Vorbereitungen
Du brauchst
- einen Adapter USB auf 3.3V TTL RS232 mit 3,3V für die Tx-Leitung.
- (Sei vorsichtig, denn einige haben 5V und können den Mini beschädigen! Verwende ein Multimeter zur Kontrolle.)

- Lötkolben mit feiner Spitze (auch möglich: mit feinem Meißel)
- Multimeter (optional, aber empfehlenswert zum Testen der Tx-Leitung des Adapters)
- Lot (60/40 und dünner Durchmesser, vielleicht .7)
Stiftleisten, die abknicken können.

Durchführung
Öffne den C64 Mini, indem du ihn umdrehst, die vier Gummifüße abziehst und die freigelegten Schrauben entfernst. Zieh vorsichtig die beiden Stecker von der Leiterplatte ab: den zur Stromzufuhr und den an dem Schalter an der Unterseite des Gehäuses.

Löse die Schrauben, die die Leiterplatte am Gehäuseunterteil halten.

Such die vier Durchgangslöcher auf der Leiterplatte, in der Nähe des A20-Chips. Diese Anschlüsse sind für die serielle Schnittstelle und hier werden die kurzen Enden des Leiterplattensteckers eingelötet.

Leg den längeren Abschnitt der vier Leiterplattenstifte auf die Seite, auf der sich keine Chips befinden, und löte sie an. Setz danach die Leiterplatte wieder ein und zieh die Schrauben fest.

Folge den Anweisungen, die mit dem USB-zu-TTL-Konverter geliefert werden. Installiere den Treiber (falls erforderlich), steck den Konverter an einen freien USB-Port und schließ die seriellen Anschlüsse an die soeben installierten UART-Pins an. Du musst folgende Verbindungen herstellen:

- 64Mini UART / USB TTL
- Adapter: GND / GND
- Tx / Rx
- Rx / Tx
- 3,3V / Keine

Lade PuTTY (https://www.chiark.greenend. org.uk/~sgtatham/putty/latest.html) oder ein anderes serielles Terminalprogramm herunter und stell dort die Baudrate auf 115200 und das

Datenformat auf 8,N,1 ein. Der COM-Port ist abhängig von der speziellen Einstellung deines Computers. Meiner war laut Gerätemanager COM3.

Stell sicher, dass du seriell (Connection type: Serial) gewählt hast, damit du die Werte auch eingeben kannst.

Verbinde den Mini mit HDMI und Strom. Wenn du alles richtig gemacht hast, sollte die Konsolenausgabe im Terminalprogrammfenster zu sehen sein.

In den U-Boot-Prompt gelangen

Der Mini muss nicht an einen Fernseher oder Monitor angeschlossen werden, man braucht nur PuTTY, um ihn anzuschließen, und UART natürlich...

Der nächste Schritt ist etwas umständlich, weil man zwei Dinge gleichzeitig machen muss. Der einfachste Weg wäre, jemanden kurz um Hilfe zu bitten (er muss die Taste „s" auf der Tastatur drücken). Mit ein bisschen Fantasie kriegt man es aber auch irgendwie selbst hin.

Du musst nun dein Terminalfenster ausgewählt haben und die Taste „s" auf deiner PC-Tastatur gedrückt halten. Dann den Mini mit dem Micro-USB-Stecker mit Strom versorgen. Dadurch wird der Bootvorgang des Mini gestoppt. Denk daran, sobald der UART-Adapter an den Mini angeschlossen ist, kannst du ihn nicht mehr mit dem Netzschalter aus- und einschalten. Wenn es beim ersten Mal nicht funktioniert, musst du nur den Netzstecker ziehen, wieder einstecken und alles wiederholen.

Wenn nicht, überprüfe, ob die Verbindungen korrekt sind (d.h. ob Tx an Tx und Rx an Rx angeschlossen ist) und ob das Terminalprogramm für den richtigen COM-Port konfiguriert ist. Ein grundlegender Test, den du hierfür durchführen kannst, ist, das serielle Kabel vom Mini zu trennen und dessen Tx- und Rx-Leitungen miteinander zu verbinden.

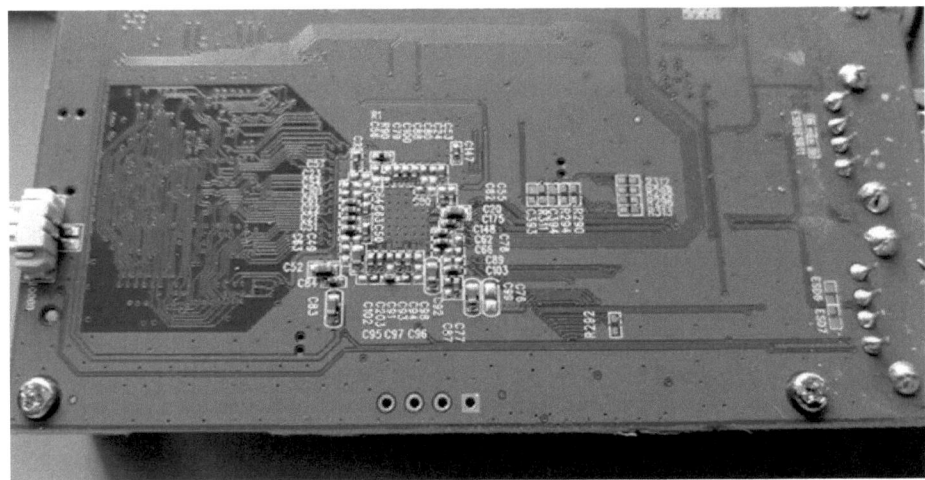

Gib dann auf der Tastatur etwas ein. Diese Eingabe sollte dann im Terminalfenster zu sehen sein. Andernfalls musst du die Kommunikationseinstellungen überprüfen.

Mit etwas Glück hast du nun Zugriff auf das interne Betriebssystem und die Software des Mini.

Hack 2: Software-Root-Zugriff

Mit diesen Schritten erhältst du Root-Zugang zum Mini.

Bevor du startest, lade dir den VICE-Emulator herunter und installiere ihn:
- WINVICE 2.4 (für Linux-he: NO SDL VICE!)

Außerdem brauchst du noch
- Bildbearbeitungssoftware wie Photoshop, das kostenlose Irfanview tut's aber genauso:
- http://irfanview.com
- einen guten Texteditor – ich empfehle Notepad++:
- http://notepad-plus-plus.org
- und 7-zip zum Komprimieren der VICE Snapshots: http://7-zip.org

Wichtig! Festlegen des Root-Passwortes:

Verbinde zunächst deinen Mini via UART mit deinem Computer. Nun benötigst du den Root-Login und ein eigenes Passwort. Dann kannst du dich auch ohne Unterbrechung auf dem Mini als root einloggen.

Hinweis: Wer mit den folgenden Zeilen Probleme hat, kann hier auf die Quellen zurückgreifen:
1. *https://gurce.net/c64mini/how_to_mod_the_c64_mini_to_add_extra_games*
2. *https://www.forum64.de/index.php?thread/81736-thec64-mini-modding-eigene-spiele-hinzuf%C3%BCgen-eine-kleine-anleitung/*

Schritt für Schritt:
setenv nand_root /dev/sda
boot
insmod /lib/modules/3.4.39/nand.ko
mount /dev/nandb /mnt
passwd
(Gib ein Passwort ein) [Der Cursor bewegt sich nicht, die Eingabe wird maskiert]
(Passwort bestätigen) [Der Cursor bewegt sich nicht, die Eingabe wird maskiert]

mv /mnt/etc/shadow /mnt/etc/shadow.old
cp /etc/shadow /mnt/etc
umount /mnt
Hier zur Kontrolle der gesamte Dialog, wie er sich bei dir abspielen könnte (fettgedruckt ist das, was du also selbst eingibst – statt „redquark #" bzw. „/ #" als Prompt erscheint natürlich der Name deines Computers, kursiv sind die Ausgaben von Linux):
redquark # **setenv nand_root /dev/sda**
redquark # **boot**
read boot or recovery all
[48.085] sunxi flash read: offset 1000000, 11549075 bytes OK
[48.100] ready to boot
[48.103] [mmc]: MMC Device 2 not found
[48.107] [mmc]: mmc not find, so not exit
NAND_Uboot
Exit
NB1 : NAND_LogicExit
[48.111] Starting kernel ...
[0.991847] rtc_hw_init
(416) err: set clksrc to external losc failed! rtc time wants to be wrong
[1.001419] sunxi_rtc_gettime (34): err, losc_err_flag is 1 [1.076451]
[hdmi] hdmi module init
[1.082448] ## fb init: w = 1280, h = 720, fbmode = 0
[1.099610] sunxi_rtc_gettime (34): err, losc_err_flag is 1
[1.105737] sunxi-rtc sunxi-rtc: hctosys: unable to read the hardware clock
root = /dev/sda
wait /dev/sda ready
wait /dev/sda ready
wait / dev/sda ready
wait /dev/sda ready
[4.953983] sd 0: 0: 0: 0: [sda] No Caching mode page present
[4.960123] sd 0: 0: 0: 0: [sda] Assuming drive cache:
/ # **insmod /lib/modules/3.4.39/nand.ko**

/ # **mount /dev /nandb/mnt**
[65.852040] EXT4-fs (nandb): could not mount as ext3 due to feature incompatibilities
[65.944133] EXT4-fs (nandb): could not mount as ext2 due to feature incompatibilities
/ # **passwd**
New password: (Passwort eingeben)
Retype password: (Passwort noch einmal eingeben)
Password for root changed by root
/ # **mv /mnt/etc/shadow /mnt/etc/shadow.old**
/ # **cp /etc/shadow /mnt/etc**
/ # **umount /mnt**
/ #

Dann resette den Mini und log dich mit dem login: root und deinem Passwort ein. Nun hast du Root-Zugriff auf den Mini.

Sicherung des NAND-Speichers und der vorhandenen Spiele:
Als nächstes würde ich eine Sicherungskopie des Nand-Speichers und aller Spiele auf dem USB-Stick erstellen. Man weiß nie, ob man das später vielleicht braucht. Da die Jungs von Retro Games, dem Hersteller des C64 Mini, am Mount-Standard herumgefummelt haben, muss der USB-Stick etwas anders integriert werden. Als root bist du bereits eingeloggt, gib nun Folgendes ein:
    mount /tmp/usbdrive/sda1 /mnt
Dann kopierst du die Nand-Sachen auf den USB-Stick mit:
    cp /dev/nand* /mnt
Und jetzt die Spieldateien:
    cp /usr/share/the64/games/*.tsg /mnt/games/
    cp /usr/share/the64/games/games/* /mnt/games/games/
    cp /usr/share/the64/games/covers/* /mnt/games/covers/
    cp /usr/share/the64/games/screens/* /mnt/games/screens/

Und welche Joysticks unterstützt werden, kopierst du mit der folgenden txt-Datei:

cp /usr/share/the64/ui/data/gamecontrollerdb.txt /mnt

Dann trenne den USB-Stick mit:

umount /mnt

Jetzt den Mini herunterfahren mit

poweroff

und den Stromstecker ziehen. Jetzt kannst du den USB-Stick abziehen, an deinen PC anschließen und die gesicherten Dateien endgültig an einen anderen Ort kopieren.

nanda: Linux-Kernel
nandb: root filesystem, ext2-Format
nandc: ? wahrscheinlich zusätzlicher Speicher, enthält nichts.
gamecontrollerdb.txt

Soviel zu Root und jetzt mach das Backup.

Zusätzliche Schritte, wenn du deine zusätzlichen Spiele nur auf dem USB-Stick haben möchtest:

• Den USB-Stick in den Mini einstecken,
• den Mini einschalten,
• als root einloggen.
• Mache den Root-Pfad beschreibbar mit:
  mount -o remount,rw /
• Erstell einen neuen Ordner, um später diese zweite Partition zu mounten:
  mkdir /mnt2
• Erstell ein Backup von „/etc/fstab" wie folgt:
  mount /tmp/usbdrive/sda1 /mnt
  cp /etc/fstab /mnt
  umount /mnt
• Bearbeite „/etc/fstab" und füge die im Folgenden fettgedruckten Zeilen hinzu (ich benutze „vi /etc/fstab", um diese Bearbeitung vorzunehmen):

 # <file system> <mount pt> <type> <options>
<dump> <pass>
/dev/root / ext2 rw,noauto 0 1

/dev/sda2 /mnt2 ext4 rw,nofail 0 0
/mnt2/usr/share/the64 /usr/share/the64 none bind,nofail 0 0
/mnt2/var/lib/the64 /var/lib/the64 none bind,nofail 0 0
proc /proc proc defaults 0 0
devpts /dev/pts devpts defaults,gid=5,mode=620 0 0
tmpfs /dev/shm tmpfs mode=0777 0 0
tmpfs /tmp tmpfs mode=1777 0 0
tmpfs /run tmpfs mode=0755,nosuid,nodev 0 0
sysfs /sys sysfs defaults 0 0

• Füge ein Startskript „/etc/init.d" hinzu, um sicherzustellen, dass die Verzeichnisse gemountet sind:
  cat >/etc/init.d/S98mountusb
  #!/bin/sh (das ist der Prompt)
  mount -a
  <CTRL>-D (Tastenkombination drücken)
  chmod a+x /etc/init.d/S98mountusb
  Nun sind wir fertig:
  poweroff
• Kopiere mit diesem Befehl den Inhalt von nandb auf deine zweite Partition auf dem USB-Stick:
  dd if=/dev/nandb of=/dev/sda2

Du hast das NAND erfolgreich gesichert.

Wichtige Verzeichnisse
  Der Emulator: /usr/bin/the64. Dies scheint eine Kombination aus einem VICE-Clone und einem Menü/Spiele-Lader zu sein.

Spieldaten
Spielbeschreibungsdateien: /usr/share/the64/ Games – jedes Spiel hat eine <gamename. tsg>-Textdatei, die den Spieltitel, die Beschreibung in verschiedenen Sprachen, das Spiel-Cover und Bildschirmfotos, Joystick-Einstellungen usw. enthält. Spiele-Cover liegen in /usr/share/the64/Games/covers, Bildschirm-

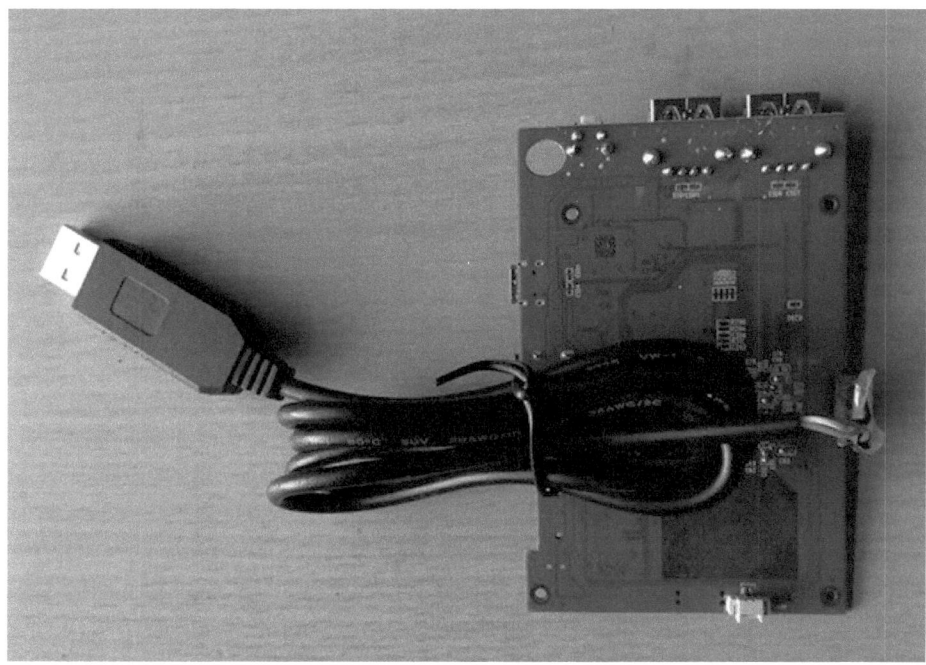

fotos in / usr/share/the64/Games/screens. Der Spiel-Code liegt in /usr/share/the64/Games/Games. Jedes Spiel ist eine komprimierte VICE-Snapshot-Datei, die aber nicht kompatibel ist mit dem Standard-VICE 3.1 oder 2.4. Joysticks werden erkannt, wenn sie in /usr/ share/the64/ui/data/gamecontrollerdb.txt gefunden werden. Spiel-Schnappschüsse werden in einem Verzeichnis pro Spiel /var/lib/the64/ profile/0/saves/<gamename> gespeichert.

Spiele hinzufügen
Der einfachste Weg, ein Spiel hinzuzufügen, ist, es zuerst über BASIC zu laden und dann einen VICE-Schnappschuss zu speichern. Du kannst dann die <slot#>.vsf als /usr/share/ the64/Games/Games/<gamename>.vsf. und die Bildschirmfotos <slot#>.png nach /usr/ share/the64/Games/ Games/<gamename>-01.

png kopieren. Dann musst du auch eine Datei /usr/share/the64/Games/<gamename>.tgs erstellen, wobei du einfach eine bestehende als Beispiel nimmst.

Hinzufügen von Joysticks
Wichtig sind nur die Joystick-Einstellungen. Die Initialisierungszeile (oder zwei Zeilen in 2-Joystick-Spielen) ist jedoch immer wie folgt aufgebaut:
J1 (*) / 2 (*):
JU, JD, JL, JR, linke Taste, rechte Taste, LEFT shift pad, right shift pad, Y, B, A, back (= BACK / SELECT Taste), X

An jeder Position musst du immer angeben, was die Joystick-Tasten tun sollen und welche Tasten auf der C64-Mini-Tastatur sie auslösen Die Abkürzungen stehen für:

- J1 = Joystick 1
- JU, JD, JL, JR (die Richtungen: up, down, left, right)
- Buchstaben/Zahlen A,B,C... = entsprechende Taste
- JF = Joystick Feuer / Feuertaste
- F1 .... F8 = F-Tasten
- RS = RUN/STOP
- SP = Leerzeichen / Leertaste
- EN = Eingabe / Rückgabe / Enter

Die ersten vier Richtungsabkürzungen (JU, JD, JL, JR) können auch beschriftet werden, um z.b. alte Spiele zu spielen, die nur Tasten zur Steuerung unterstützen. Das beste Beispiel ist wohl Frogger. Eine Joystickzeile könnte so aussehen:

J: 2 * : W, S, A, D, Y, N ,,, F ,, S, F1, JF
- W, S, A, D auf dem Dpad
- Y, N auf den Auslösetasten L / R
- F auf Y-Taste
- S wieder auf A-Taste
- F1 auf Zurück oder Auswahltasten
- Taste FIRE (Feuer) auf X

Schlüssel, die nicht verwendet werden, müssen auch nicht gemappt werden, aber die Zeile muss immer die 13 variablen Größen nach dem Doppelpunkt haben, getrennt durch Kommas.

Um z.b. den begehrten Speedlink Pro hinzuzufügen, füge die folgende Zeile in /usr/share/the64/ui/data/gamecontrollerdb.txt ein:

030000000b0400003365000000010000,
Speed-Link Competition Pro,a:b1,b:b5,x:b6,y:b7,-
back:b3,start:b2,lefttrigger:b0,righttrigger:b4,-
leftx: a0,lefty:a1,platform:Linux,

Die 32-stellige Nummer identifiziert den Joystick und basiert darauf, wie sich der Joystick auf USB einschließlich der HID-Version identifiziert. Z.B. meldet sich mein Speedlink (bei dmesg) als:

generic-USB 0003:040B:6533.0002: input: USB HID v1.00 Joystick [A SPEED-LINK Competition Pro]

Um die Nummer in umgekehrter Reihenfolge (2 Byte) der ersten drei Zahlen zu erhalten, füge viermal 0 nach jeder Zahl hinzu und füge die HID-Versionsnummer in umgekehrter Reihenfolge plus weitere vier 0 hinzu. Dann musst du mit der Tasten- (b0..x) und Achsenzuordnung (a0..ax) experimentieren. Für den Speedlink habe ich den linken Feuerknopf als Feuer, den rechten Feuerknopf als ‚Load‘ (linker kleiner roter Knopf auf dem originalen Joystick) und die beiden dreieckigen Knöpfe als ‚menu‘ und ‚save‘ verwendet.

Hack 3
Dem Karussell Spiele hinzufügen und die Musik ändern

Du hast dem Mini bereits einen UART-Anschluss hinzugefügt und damit eine Verbindung hergestellt. Erzeuge nun einen Ordner namens „gamesnew" auf deinem USB-Stick und in diesem die Unterverzeichnisse „cover", „screens" und „games". Für jedes Spiel, das du verwenden möchtest, müssen alle Dateinamen bis auf die Dateiendung exakt gleich sein. Statt „gamename" verwendest du im Folgenden einen entsprechenden Namen.

In „covers" lege ein Bild des Spielecovers als .png an: Größe 122x175 Pixel, Farbtiefe 32 Bit. In „screens" wird ein Bild des Startbildschirms als „gamename-00.png" und ein Screenshot des Spiels als „gamename-01.png" eingefügt: Größe 320x200, Farbtiefe 24 Bit. In „games" lege das Spiel als gepackte Vice-Snapshot-Datei ab, umbenannt in „gamename.vsf.gz", gepackt mit gzip: http://gnuwin32.sourceforge.net/packages/gzip.htm. Und im Hauptordner lege die .tsg-Datei entsprechend dem Spiel als „gamename.tsg" ab.

Jetzt kannst du starten:
1) Kopiere den Ordner „gamesnew" in das Stammverzeichnis des USB-Sticks. Kopiere nur die tsg-Dateien, die du hinzufügen möchtest, und beachte, dass das Karussell nur maximal 100 „tsg"-Dateien unterstützt.
2) Steck den Stick in den Mini und schalte ihn ein.
3) Warte auf die Login-Abfrage und gib dein Passwort ein.
4) Starte dann diese Befehle:

mount /tmp/usbdrive/sda1 /mnt
(Dies mountet den Inhalt des USB-Sticks auf /mnt.)

ls /mnt
(Dies zeigt die Dateien auf dem Stick an.)

mount -o remount, rw /
(Dies macht den Mini-Ordner beschreibbar.)

cp /mnt/gamesnew/*.tsg /usr/share/the64/ games
(Alle .tsg Dateien in den Mini kopieren.)

cp /mnt/gamesnew/covers/* /usr/share/the64/ games/covers
(Alle Cover kopieren.)

cp /mnt/gamesnew/games/* /usr/share/the64/ games/games
(Alle Spiele kopieren.)

cp /mnt/gamesnew/screens/* /usr/share/the64/ games/screens
(Alle Bildschirmdateien kopieren.)

5) Überprüfe, ob du vielleicht mehr als 100 tsg-Dateien hast. Dazu starte:

ls /usr/share/the64/games
(Anzeigen der tsg-Dateien.)

6) Wenn du die Karussellmusik ändern möchtest, musst du die Datei „menu.wav" austauschen. Diese wav-Datei muss mono, 22050 Hz, 16bit sein. Benenne die alte .wav in .old um (dann geht sie nicht verloren).
mv /usr/share/the64/ui/sounds/menu.wav /usr/ share/the64/ui/sounds/menu.old
cp /mnt/NEW.wav /usr/share/the64/ui/sounds
(Kopiere „NEW.wav" - oder wie immer du deinen Sound genannt hast - vom USB-Stick in den internen Ordner.

mv /usr/share/the64/ui/sounds/ocean.wav /usr/ share/the64/ui/ sounds/menu.wav
(Rename "NEW.wav" to "menu.wav" - Großbuchstaben beachten!)

7) Zum Abschluss starte:

mount -o remount, ro /
(Mini-Ordner auf „readonly / nur lesbar")

umount /mnt
(Entmounten des Sticks)

poweroff
(Ausschalten des Minis)

8) Warte auf die Abschaltung, zieh den Stick ab und spiele dann deine neuen Spiele.

Eine „kurze" Checkliste
• GAME.tsg (in "games.new/") GAME
• GAME-cover.png (in "games.new/covers/")
• GAME-00.png, GAME-01.png (in "games. new/screens/")
• GAME.vsf.gz (in "games.new/games/")

Wenn du das alles erledigt hast, kannst du den USB-Stick mit den Dateien auf den Mini stecken und die serielle Verbindung sowie die Verbindung mit dem UART-Adapter herstellen und PuTTY starten. Danach musst du nur noch deine Dateien auf den Mini kopieren.

- Melde dich zuerst als root an.
- Mounte den USB-Stick:
  mount /tmp/usbdrive/sda1 /mnt
- Das Root-Laufwerk wird als READ-ONLY gemountet. Du musst es ändern, um darauf schreiben zu können:
  mount -o remount, rw /
- Dann kopiere deine Dateien von deinem Stick auf das Root-Laufwerk:
  cp -i /mnt/games.new/.tsg /usr/share/the64/games/*
  cp -i /mnt/games.new/covers/ /usr/share/the64/games/covers/*
  cp -i /mnt/games.new/games/ /usr/share/the64/games/games/*
  cp -i /mnt/games.new/screens/ /usr/share/the64/games/screens/*
  (-i veranlasst, vorher zu fragen, ob eine Datei überschrieben werden soll, manchmal gewünscht, manchmal nicht)
  (-f bewirkt, dass ohne Aufforderung überschrieben wird)
  (-r wäre ein Verzeichnis mit Copy-Unterverzeichnissen, aber ich ziehe es vor, ein wenig mehr Kontrolle zu haben und einen Ordner nach dem anderen zu kopieren.)
  Gib vielleicht erst einmal nur einfach cp (copy command) ein, um zu sehen, welche Optionen du verwenden kannst.
- Nach dem Kopieren setz das Root-Laufwerk wieder in den Zustand READ-ONLY:
  mount -o remount, ro /
- Und entferne den USB-Stick mit:
  umount /mnt

Zuletzt schalte den Mini aus und zieh den Stromstecker wieder ab.

Jetzt kannst du den Mini wieder zusammenschrauben (ich habe meinen eigenen immer offen). Jetzt kannst du den Mini und den Fernseher einschalten und hoffentlich neue Spiele genießen.

Leider nicht zu machen: schnellere CPU

Frage: *Kann das ganze System oder die On-Board-CPU beschleunigt werden, um z.B. SuperCPU-Spiele zu spielen?*

Antwort: Das ist leider nicht möglich. Das Timing der Hardware macht dies unmöglich und es wurde bei der Planung nicht berücksichtigt, da dies spezielle Lösungen für dann sehr viel weniger Spiele erforderlich gemacht hätte.
Mehr dazu liest du hier:
http://supercpu.cbm8bit.com/

∎

Zum Autor

Meinen C64 kaufte ich im Oktober 1983 von meinen ersten beiden Lehrlingsgehältern in meiner Ausbildung zum Funkelektroniker für 598.- DM beim Kaufhof in Düsseldorf, zusammen mit meiner ersten Datassette. Ganz stolz war ich, als ich im gleichen Jahr zu Weihnachten von meiner Familie die 1541 (799.- DM) als einziges Geschenk bekam, abgesehen von Keksen. Es war das beste Geschenk, das ich bis heute je erhielt.
Durch einen Zufall lernte ich meinen Vorgänger bei Data Becker kennen. Er sagte mir, dass er die Stelle aufgeben würde, und so bewarb ich mich und wurde 1991 angenommen. Das war der Anfang meiner Laufbahn im Verlagswesen als Produktmanager/Lektor für Software und Bücher im Bereich Commodore. In den dreieinhalb Jahren bei Data Becker hatte ich viele tolle Begegnungen mit Programmierern und Musikern wie Chris Hülsbeck und erhielt ersten Kontakt und Einblicke in die Szene, dank des berühmt-berüchtigten Data Becker Demomakers von Red Sector (damals noch nicht TRSI). Mein eigentliches Arbeitsfeld war aber mehr der Amiga, z.B. mit Beckertext 3.0 und der letzten Auflage des Amiga Intern. Auch heute besuche ich Szenepartys wie die Revision, Evoke und X-Party.

Weiterbasteln

Weitere Hacks und viele andere Informationen, Tipps und Basteleien rund um den C64 Mini gibt es in diesem Buch zu lesen:

Holger Weßling, Das Bastler-Handbuch für den THEC64 Mini, 2018, Acorn Books (200 Seiten, Kindle-Edition 7,50 Euro).

Kindle Edition (7,50 Euro):
Englisch – The Hobbyist's Guide to THEC64 Mini:
https://www.amazon.de/gp/product/B07KXV7HV5

Deutsch – Das Bastler-Handbuch zum THEC64 Mini:
https://www.amazon.de/dp/B07LBT2T61

ePub Edition, English & Deutsch:
https://play.google.com/store/search?q=holger%20we%C3%9Fling%20thec64&c=books

S.E.U.C.K.-Spiel: Intruder Alert

Der 1987 von Sensible Software für den C64 veröffentlichte Shooter-Baukasten S.E.U.C.K. war eines der einfachsten Werkzeuge, um ohne Programmierkenntnisse eigene Spiele zu erschaffen. Amateure erstellten damit Hunderte von Spielen, einige wurden sogar kommerziell vertrieben.

Ben Vinzenz Gratzl, Lotek64-Lesern bekannt als junger Fan des guten alten Shoot-'Em-Up Construction Kit für den C64, ist begeisterter S.E.U.C.K.-Fan und hat wieder ein neues Ballerspiel vorgelegt. In Intruder Alert greifen Außerirdische die Erde an, um ihre Bewohner zu versklaven. Eine kleine Gruppe leistet Widerstand: Nur mit einer Schusswaffe bewaffnet stellt sich unser Sprite-Held den Invasoren entgegen und läuft in nördlicher Richtung durch abwechslungsreiche Levels, um möglichst viele der lustigen Retro-Aliens zur Strecke zu bringen.

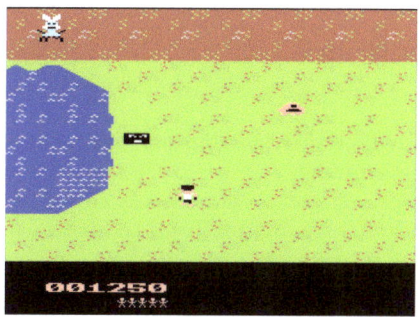

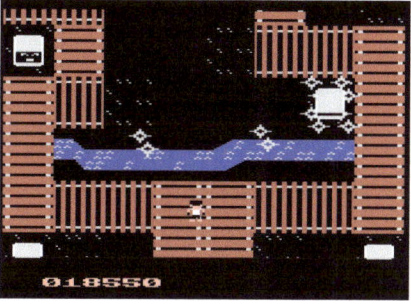

Sommer, Sonne, Jahres-urlaub!

Ich habe mir gedacht, ich kann ja mal ein paar mögliche Urlaubsziele zusammenstellen, damit sich der Kauf der Pacman-Badehose (siehe Lotek #57) auch gelohnt hat. Wie wäre es zum Beispiel mit einer Indiana-Jones-Sightseeing-Tour? Da kommt man weltweit ganz schön rum! Deswegen werde ich heute „nur" zwei Reiseziele vorschlagen, die ich beide bereits höchstpersönlich gründlich getestet habe.

von Marleen

Venedig, Italien (aus: Indiana Jones and the Last Crusade)
In Venedig gibt es viel zu bestaunen, doch für mich standen Indiana-Jones-Locations ganz oben auf der Liste.

In „Indiana Jones und der letzte Kreuzzug" muss Indy in einer Bibliothek den Zugang zu den Katakomben finden, um dort einige Rätsel aus seines Papas Tagebuch zu lösen. Tatsächlich handelt es sich bei dem Gebäude um die

■ … im Spiel

■ … im Film

Kirche „San Barnaba", die glücklicherweise sehr einfach zu finden ist.

Die Innenaufnahmen wurden allerdings in einem Studio in England gedreht, so dass die Kirche von innen der Bibliothek aus dem Film und dem Spiel leider gar nicht ähnelt.

Dafür haben mein Mann und ich zum Spaß auch noch eine Szene aus dem Film nachgestellt. Die war aber, soweit ich mich erinnere, leider nicht im Spiel!

■ … in meinem Urlaubsfoto

Eine vollständige Liste der Drehorte aus dem Film findet Ihr hier:
http://www.theraider.net/films/crusade/filming_locations.php

Indiana Jones and the Last Crusade: The Graphic Adventure
Developer & Publisher: Lucasfilm Games
Release:
1989: DOS, Amiga, Atari ST
1990: Macintosh, FM Towns
2009: Steam

Kreta, Griechenland (aus: Indiana Jones and the Fate of Atlantis)

Einige Jahre zuvor hatte ich mir schon einen Traum erfüllt und auf Kreta die minoischen Ruinen von Knossos besucht. Das kostet ungefähr 15 Euro Eintritt. Ins unterirdische Labyrinth klettern darf man aber nicht.

Das Vermessungsgerät und diverse Ochsenstatuen waren mir noch in lebhafter Erinnerung, und so freute ich mich besonders über die „Steinhörner".

Die roten Säulen, Durchgänge, Tonkrüge und Wandmalereien habe ich auch sofort wie-

dererkannt. Orichalcum fand ich leider keins, obwohl ich schon sehr genau hingesehen habe...

Mehr Informationen über den Palast von Knossos:
https://de.wikipedia.org/wiki/Knossos

Indiana Jones and the Fate of Atlantis
Developer & Publisher: LucasArts
Release:
1992: Amiga, FM Towns, MS-DOS, Macintosh
2009: Steam, Wii

Alternativen für den schmalen Geldbeutel
Wem für die Reisen nach Venedig und Kreta die notwendigen Ressourcen fehlen, für den gibt's hier noch einen kleinen Cheatcode:

Assassin's Creed II (2009) führt den Spieler nach Venedig. Die Chiesa di San Barnaba ist, glaube ich, nicht im Spiel abgebildet – dafür aber viele andere Sehenswürdigkeiten dieser interessanten und geschichtsträchtigen Stadt.

Assassin's Creed: Odyssey (2018) spielt in Griechenland, und unter anderem kann man auch den Palast von Knossos auf Kreta besuchen und sich alles aus der Nähe ansehen. ∎

Dan Dare, Pilot und Abenteurer

Abwechslungs- reiche Trilogie

Am 16. September 2018 wurden alle drei Dan-Dare-Spiele für den C64 in einem EasyFlash-Image veröffentlicht. Wie bei der Rick-Dangerous-Duology steckt die Gruppe Excess hinter dem Release. Lohnt es sich, die etwas obskuren Oldies wieder einmal zu spielen?

von Georg Fuchs

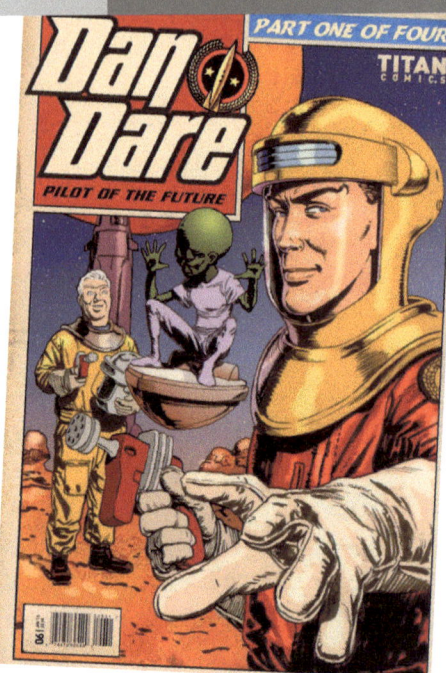

D er Superheldenboom der vergangenen Jahre hat viele Charaktere aus grauer popkultureller Vorzeit an die Oberfläche gespült, die längst der Vergessenheit anheimgefallen waren. Solange die Kasse klingelt, werden immer wieder neue Helden erfunden oder aus der Versenkung geholt. Kein Plot kann infantil genug sein, um nicht als Stoff für Film, Serien und Spiele zu dienen. Sogar für Leute, die sich mit dem Genre gar nicht anfreunden können, gibt es superheldenkritische Superheldenliteratur wie etwa Watchmen von Alan Moore und Dave Gibbons.

Gänzlich unberührt vom medialen Rummel um Wolverine, The Hulk und Co. verbringt der Superheld Dan Dare ein Leben abseits des Rampenlichts. Die britische Version von Buck Rogers wurde 1950 erstmals im Magazin Eagle vorgestellt und erschien als kolorierter Strip wöchentlich bis 1969. Frank Hampson (1918-1985), Schöpfer des Dan-Dare-Universums, legte die Handlung in die 1990er-Jahre, also in

eine nicht allzu ferne Zukunft. Die Geschichten, in denen sich der Weltraumpilot austoben durfte, hoben sich durch seine komplexen Handlungsstränge von den meisten vergleichbaren Comics ab.

Nach dem Tod Hampsons blieb es jahrelang still um den Helden, doch aufgrund einer gewissen Popularität, die die Figur erlangt hatte, gab und gibt es immer wieder Neuveröffentlichungen aus dem Dan-Dare-Universum. Obwohl er von Syd Barrett, David Bowie, Elton John und The Mekons – deren Name aus dem Comic stammt – besungen wurde, dauerte es eine Weile, bis Dan Dare seine erste große Renaissance erlebte. In den 1980er-Jahren gab es Neuauflagen und Wiederveröffentlichungen, Dan Dare wurde in der Werbung eingesetzt und erhielt schließlich eine Reihe von Computerspielen.

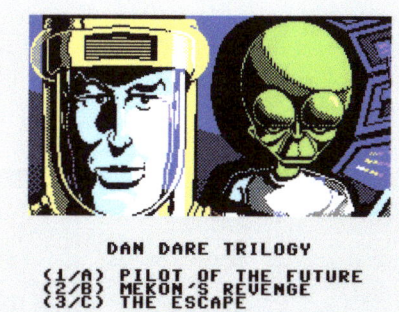

DAN DARE
PILOT OF THE FUTURE   POINTS.....136   TIME..12:35:38

Ein Titel, zwei Spiele

Das erste erschien 1986 und nennt sich Dan Dare – Pilot of the Future. Veröffentlicht wurde der Titel von Virgin Games. Seltsamerweise ist die Fassung für Spectrum und CPC ein Shooter mit Adventure-Elementen, während in der C64-Version das Adventure-Element dominiert. Hier muss Dan Dare ohne Schusswaffe auskommen und sich auf seine Boxkunst verlassen. Die Handlung, die beiden Spielen zugrunde liegt: Der Schurke Mekon will die Erde mit einem riesigen Asteroiden zerstören. Dan Dare und sein Sidekick, ein hundegroßes, mit einem Rüssel ausgestattetes außerirdisches Haustier namens Stripey, landen auf dem Asteroiden, um dort den Bösewicht mit Bomben (Spectrum, CPC) bzw. einem granatengestützten Handgemenge (C64) zu besiegen.

Die C64-Fassung des Spiels, die nun zusammen mit den beiden Fortsetzungen in einem Cartridge-Image zusammengefasst wurden, ist zweifellos ein faszinierendes, gut aufgemachtes und noch immer interessantes Spiel. Lediglich die zahlreichen Boxeinlagen sind nicht spannender als die vergleichbar repetitiven Kämpfe in The Last Ninja und leiden unter einer unberechenbaren Steuerung. Dafür gibt es viele kleine Rätsel, die nicht allzu schwer zu lösen sind, und ein Zeitlimit, die zusammen für viel Nervenkitzel sorgen, sofern man die Boxkämpfe überlebt. Der Umfang des Spiels ist überschaubar, dafür ist alles grafisch solide und ansehnlich umgesetzt und mehr oder weniger selbsterklärend.

Zwei sehr unterschiedliche Nachfolger

Der Nachfolger des kommerziell erfolgreichen ersten Teils der Trilogie, Dan Dare II – Mekon's Revenge – erschien 1988 und verlässt den Pfad des ersten Teils: Der Titel ist ein reiner Shooter, in dem Dan Dare auf einer Art Anti-Schwerkraft-Scooter durch einen Alien-Gebäudekomplex saust. Obwohl die Steuerung exakt, die Grafik gut und die Soundkulisse nett anzuhören ist, verwirrt das Spiel mehr, als dass es unterhält. Dan Dare II ist schnell, chaotisch und sehr schwierig. Ein brutales Zeitlimit sorgt für zusätzliche Frustration, sodass der Griff zum Reset-Knopf nur bei sehr geduldigen Spielern länger ausbleibt.

Dan Dare III – The Escape ist das dritte und letzte Spiel aus der Reihe, das für den C64 er-

schienen ist. Mit Probe Software, die u.a. für die C64-Versionen von Golden Axe Chase HQ II, Trantor, Solomon's Key, Back to the Future III und Smash T.V. sorgten, wurde ein erfahrenes Team engagiert. Dieser Teil bleibt dem Shooter-Genre treu, kehrt aber von der ultraschnellen Action von Teil 2 ab und lässt Dan Dare wieder zu Fuß und mit einem Jetpack ausgerüstet auf die Reise gehen.

Das Gameplay erinnert an Spiele wie Trantor und Exolon, die Hintergrundgrafik ist schön und detailreich ausgeführt. Dan Dare ist mit einer Laserwaffe ausgerüstet, die wie bei Spielen à la R-Type und Katakis durch längere Betätigung des Feuerknopfs aufgeladen werden kann, um einen mächtigeren und durchschlagenderen Schuss abzugeben. Diesmal gibt es sogar Hintergrundmusik von Jeroen Tel, die dem Spiel zusätzliche Spannung verleiht. Punkte können gegen Extraleben und Ausrüstung getauscht werden, als Zwischensequenzen dienen eher schwach umgesetzte 3D-Passagen, in denen der Held nach dem Vorbild von Master of the Lamps durch Rechtecke navigieren muss.

Den Hintergrund der Geschichte bildet die Entführung eines Freundes von Dan Dare durch den noch immer nicht weniger bösen Mekon, der sein Opfer mittels Gentechnik zum Meerschweinchen umformt. Weltraumpilot Dare entkommt, muss aber Treibstoff für sein Raumschiff finden und dabei Legionen von Aliens niedermetzeln. Anders als bei Cybernoid, dessen Grafiker Hugh Binns auch bei Dan Dare III am Werk war, scrollen die Levels nun in alle vier Richtungen.

Fazit

Die Spiele der Dan-Dare-Reihe sind spielerisch und technisch sehr unterschiedlich. Die Trilogie stellt einen bunten Genre-Mix dar, deren Teile nicht alle im selben Maß ansprechen werden. Der älteste Teil ist der originellste und zu-

dem ein exklusives C64-Spiel, da die anderen erschienenen Fassungen reine Shooter sind. Das Arcade-Adventure ist auf jeden Fall einen Blick wert.

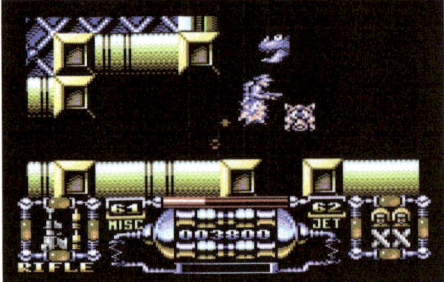

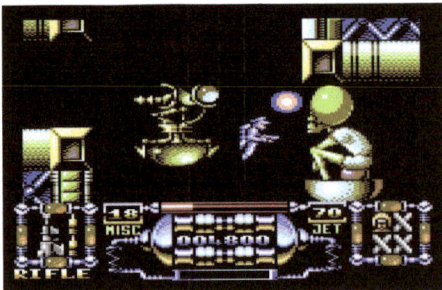

Link
https://csdb.dk/release/?id=168374

Frantic Freddie 2 (C64)

Des alten Alfreds neue Kleider

Im April erschien ein Remake des C64-Klassikers Frantic Freddie aus dem Jahr 1983. Mit generalüberholter Grafik und Musik sowie neuen Levels ist das einfache, aber äußerst erfrischend spielbare Frantic Freddie 2 eine positive Überraschung für Fans solider Joystickakrobatik.

von Georg Fuchs

Das von Lode Runner inspirierte Original wurde 1983 von einer Firma namens Commercial Data Systems veröffentlicht, deren bekanntester C64-Titel der Schachcomputer Colossus Chess war. Seltsamerweise tritt der Programmierer von Frantic Freddie, Kris Hatlelid, danach nur noch ein einziges Mal als C64-Coder in Erscheinung, und das mit einem beträchtlichen zeitlichen Abstand: 1989 ist er Teil des Teams, das Test Drive II – The Duel auf den C64 bringt. Als SID-Musiker hat er Spuren hinterlassen: Die C64-Versionen von Castlevania, Grand Prix Circuit, Metal Gear, Teenage Mutant Ninja Turtles, Wings of Fury und einige weitere mehr oder weniger bekannte Spiele verdanken ihm ihren Soundtrack. Die ebenfalls an Frantic Freddie beteiligten Coder Gregor und Brian Larson hingegen scheinen an keinen weiteren kommerziellen C64-Veröf-

fentlichungen mehr beteiligt gewesen zu sein. Dafür veröffentlichte das Trio Hatlelid-Larson-Larson 1983 eine Instrumental-Coverversion des Queen-Songs Crazy Little Thing Called Love.

Schwer zu schlagen
Frantic Freddie läuft auf statischen Bildschirmen über Plattformen, die von Leitern unterbrochen sind. Diese stellen gleichzeitig

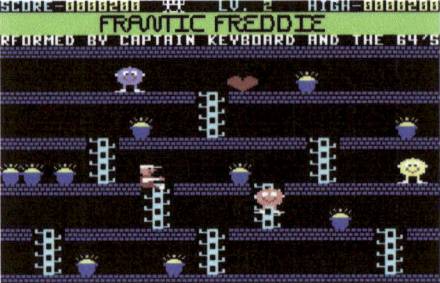

■ Oben das Original aus dem Jahr 1983 und unten das Remake (2019).

Erhöhung der Punktezahl eingesammelt werden können.

Zwischen den Levels gibt es immer wieder cartoonartige Zwischensequenzen, die für ein richtiges Arcade-Feeling sorgen. Frantic Freddie ist grafisch sehr einfach gehalten. Auch der Soundtrack ist nicht an modernen SID-Standards zu messen, doch er ist abwechslungsreich und bietet in jedem Level eine neue Melodie. Zu hören sind Ragtime-Kompositionen von Scott Joplin, eine Variation der Fünften von Beethoven, Queen, ELO und Paul Simon. Ob diese Melodien alle auf legale Weise verwurstet wurden oder ob es den Rechtinhabern einfach entgangen ist, ist eine Frage, die sich damals wohl die wenigsten gestellt haben.

Trotz der einfachen Aufmachung gilt Frantic Freddie als C64-Klassiker, der allerdings aufgrund des hohen Schwierigkeitsgrades den einen oder anderen Spieler frustriert. Ohne Übung und Geduld scheitert man schnell.

Taktik vor Glück

Taktik ist ein wichtiges Element, will man Frantic Freddie bezwingen. Die Möglichkeit, Gegner zu überspringen oder gar mit einer Waffe aus dem Bildschirm zu befördern, wie es in anderen Spielen üblich ist, gibt es keine: Der Feuerknopf des Joysticks wird lediglich zum Starten des Spiels sowie zum Eintragen des Kürzels in die Highscore-Liste verwendet. Die Bewegungen der Monster sind nicht immer einfach vorherzusagen, aber sie können nur am Rand des Bildschirms und bei Leitern die Richtung ändern und sie folgen immer demselben Muster. So ist es beispielsweise unbedenklich, ihnen direkt zu folgen, solange keine Leiter im Weg steht.

Ein etwas enttäuschender Aspekt des Originals ist, dass es kein richtiges Ende gibt. Wer Level 15 gemeistert hat, was ohne Cheat nur wenigen gelingt, kann in Level 16 nur noch einen Topf einsammeln, weil es keine Leitern

Hindernisse dar und können nicht einfach durchlaufen werden. Will man also an einer Aufstiegsstelle vorbei, muss man zuerst hinauf- und dann auf der anderen Seite wieder hinunterklettern. Das gibt den verschiedenen Monstern, die sich auf die Jagd nach Freddie gemacht haben, viel Zeit, um sich gefährlich anzunähern. Freddie muss mit Gold gefüllte Töpfe einsammeln, die an verschiedenen Stellen des Bildschirms platziert wurden.

Hat sich Freddie alle Goldtöpfe geschnappt, geht es mit dem nächsten Bildschirm weiter und das Vergnügen geht von vorne los. Der Schwierigkeitsgrad steigt dabei stetig an. Wie bei Pac-Man, der offensichtlich bei der Gestaltung des Covers der ersten auf Datassette veröffentlichten Auflage des Spiels Pate gestanden hat, gibt es zusätzlich Bonusobjekte, die über den Bildschirm sausen und bei Berührung zur

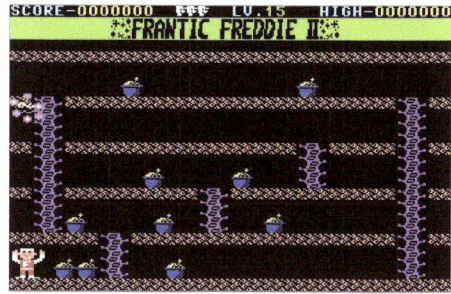

mehr gibt, die restlichen Objekte aber auf unerreichbaren Plattformen platziert sind. Auf der obersten Ebene tanzt ein Freddie-Klon den Moonwalk in Zeitlupe.

Remake überrascht

35 Jahre nach Veröffentlichung des Originals ist am 27. April 2019 Frantic Freddie II erschienen. Seit Sommer 2017 wurde an Frantic Freddie II gearbeitet. Für den Code zuständig war Dan Hotop, Grafik und Musik stammen von nm156 und zusätzliche Grafik besorgte John Henderson.

Ob es eher eine Fortsetzung oder ein Remake ist, ist nebensächlich. Das Spiel ist grafisch aufpoliert, bleibt aber dem einfachen Stil des Klassikers treu. Musikalisch wurde Frantic Freddie II ebenfalls generalüberholt. Die neuen Melodien sind wesentlich besser umgesetzt als im Original und hören sich wirklich gut an. Von ABBA bis Black Sabbath sind wieder viele bekannte Melodien vertreten. Damit es durch verschiedene Versionen des SID-Chips zu keinem unangenehmen Hörerlebnis kommt, gibt es bei Spielstart die Möglichkeit, aus drei Settings das passende zu wählen.

Frantic Freddie II begnügt sich nicht damit, das alte Spiel mit neuen Melodien, Sprites und Leveldesigns zu versehen. Große Teile des Codes wurden neu geschrieben. So kann Freddie nun, wenn er von einem Monster erwischt

wird und in den Abgrund stürzt, noch alle Töpfe einsammeln, die er im freien Fall berührt. Das ist in späteren Levels eine unschätzbare Erleichterung, da einem, wenn man auf diese Weise den letzten Topf abräumt, sogar der Verlust eines Lebens erspart bleibt. Das wurde laut Programmierer absichtlich so umgesetzt, um den Frustfaktor des nach wie vor äußerst schwierigen Spiels zu verringern.

Neben einer Vielzahl an Melodien gibt es bei Frantic Freddie II nicht weniger als acht Zwischensequenzen. Das neue Spiel hat auch ein richtiges Ende, um geduldige Spieler zu belohnen. Der einzige Kritikpunkt: Manchmal scheint sich Freddie bei Leitern nicht so präzise steuern zu lassen wie im Original. Dafür bewegen sich die Monster nun in komplexeren Bahnen, was sie noch unberechenbarer werden lässt. Im Remake hat Geschicklichkeit also einen etwas höheren Stellenwert als die Taktik.

Wer vom Schwierigkeitsgrad überfordert ist, findet im Netz auch einen Trainer von Triad. Darüber hinaus gibt es eine C128-Version, die sich durch kürzere Ladezeit, eine automatische Erkennung des SID-Typs und einen schnelleren Bildschirmaufbau auszeichnet.

Fans präziser, harter Joystickarbeit werden ihre Freude an diesem Spiel haben. ∎

Links
Frantic Freddie II: https://csdb.dk/release/?id=177173
C128-Version: https://csdb.dk/release/?id=177300

Rick Dangerous Duology +5DH

Einstudieren statt reagieren

Rick Dangerous ist eines der unterhalt-samsten Jump-,n'-Run-Spiele für klas-sische Computer. Im Juni 2018 erschien eine für EasyFlash-Module vorbereitete Version der Gruppe Excess, die Teil 1 und 2 des Spiels in einem File vereint. Eine gute Gelegenheit, das Spiel wieder einmal auszuprobieren.

von Georg Fuchs

Rick Dangerous wurde ursprünglich 1989 von Core Design für Amiga, Atari ST, MS-DOS, Amstrad CPC, Commodore 64 und Sinclair ZX Spectrum veröffentlicht, Rick Dangerous 2 folgte ein Jahr später. Die Titelfigur ist ein Held vom Zuschnitt eines Indiana Jones, der auf der Suche nach Schätzen ägyptische und mesoamerikanische Pyramiden ebenso erforscht wie Raketensilos und futuristische Städte. Dabei ist er selbstverständlich allerlei Gefahren ausgesetzt.

Die C64-Version des Spiels habe ich nie zuvor gesehen, ich habe Rick Dangerous in den frühen 90er-Jahren auf dem Amiga oft und gerne gespielt. Mein erster Eindruck beim Ausprobieren der C64-Version war, dass sie der 16-Bit-Version nicht viel schuldig bleibt und ebenso gut spielbar ist. Grafisch gibt es keine wesentlichen Unterschiede, auch wenn die Amiga-Fassung naturgemäß eine höhere Auflösung und mehr Farben aufbieten kann. Musik und Soundeffekte klingen auf dem

16-Bit-Computer ebenfalls besser, die SID-Version der wenigen Melodien, die am Beginn des Spiel und jedes neuen Levels erklingen, sind weniger gut umgesetzt und die Effekte während des ohne Hintergrundmusik auskommenden Spiels klingen ausgesprochen dürftig. Der gesampelte Schrei beim Tod des titelgebenden Helden fehlt auf dem C64, was äußerst bedauerlich ist.

Rick Dangerous ist ein Jump-,n'-Run-Spiel klassischen Zuschnitts, bei dem ein Bildschirm nach dem anderen durchquert wird. Die Levels sind meist mehrere Screens groß und schalten um, sobald man am Bildschirmrand ankommt. Gescrollt wird nicht. Der Held verfügt nicht nur über einen Stock und eine Schusswaffe, auch Dynamitstangen gehören zu seiner Aus-

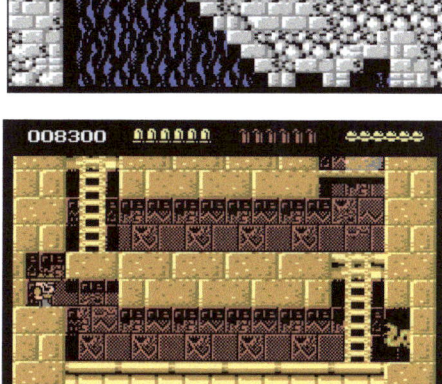

rüstung, um Gegner aufzuhalten oder auszuschalten. Das Dynamit explodiert zeitverzögert, kann also nicht nur zum Sprengen von Fallen und Mauern eingesetzt, sondern mit dem richtigen Timing auch wirkungsvoll gegen Gegner verwendet werden.

Außer dem Stock sind die Waffen nur begrenzt einsetzbar, da von Sprengstoff und Patronen jeweils nur sechs Stück Verfügung stehen. Zum Glück kann hin und wieder in herumstehenden Kisten Nachschub eingesammelt werden. Schießt man versehentlich auf eine Munitionskiste, explodiert diese und es gibt keinen Nachschub.

Da unsere guten alten Joysticks bekanntlich über nur einen Feuerknopf verfügen, ist etwas Arbeit nötig, um Stockbewegungen, Dynamit und alle anderen Abläufe (Springen, Kriechen) flüssig zu beherrschen. Die Steuerung ist aber gut durchdacht und gelingt nach wenigen Versuchen problemlos.

Manche sehen das als Nachteil: Die Levels stecken voller gemeiner Fallen, unverhofft herabfallender Steine, bösartiger Tiere und anderer Gefahren, auf die beim Spiel manchmal gar nichts hinweist. Die einzige Möglichkeit, das Spiel zu bezwingen, ist es also, die gefährlichen Stellen einzustudieren. Wie ich beim Testen bemerkt habe, haben sich die Informationen hartnäckig in meinem Kopf festgesetzt: Mehr als die Hälfte der gefährlichen Stellen aus Teil

1 habe ich auf Anhieb richtig gemeistert, weil ich auch ein Vierteljahrhundert nach der letzten Partie noch den Bewegungsablauf abrufen kann. Rick Dangerous ist also zum Teil mehr Gedächtnisübung als Geschicklichkeitsspiel.

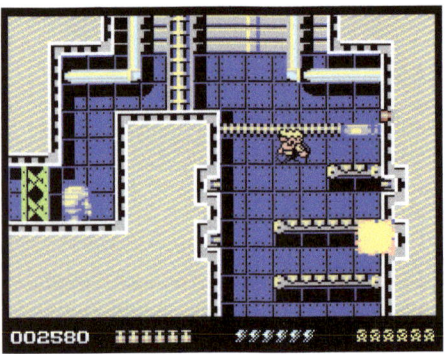

RICK ATTEMPTS TO TELEPORT
DIRECTLY TO THE FAT GUY'S
HEADQUARTERS ...

Fortsetzung mit Tücken

Durch die liebevolle Umsetzung und die schöne Grafik hat man schnell das Gefühl, ein besonders edles Programm vor sich zu haben. Die 1990 erschienene Fortsetzung, die einfach den Namen Rick Dangerous 2 trägt, ist noch aufpolierter als Teil 1. Auf den ersten Blick ist es einfach eine Sammlung neuer Levels. Der wichtigste Unterschied ist, dass die fünf Welten beim Spielstart direkt angesteuert werden können. So bleiben ungeduldigeren Spielern die höheren Stufen zumindest nicht komplett verborgen.

Titelmelodie und vor allem die Sounds sind wesentlich besser als im Vorgänger. Doch auch grafisch wurde noch mehr aus dem C64 herausgeholt, das Spiel macht wirklich einen herausragenden optischen Eindruck. Leider wurde das Gameplay nicht im selben Maß verbessert. Das Spiel ist von Anfang an hektisch und es gibt viel mehr unfaire und kaum schaffbare Stellen als im ersten Spiel.

Die auch im ersten Rick Dangerous zu findenden kurzen „Videosequenzen", die alle Levels einleiten, sind nun größer und können, wie auf den 16-Bittern, per Feuerknopf beschleunigt werden. Das ist praktisch, wenn man die Filmchen schon hundertmal gesehen hat. Zumindest bei C64-Spielen ist das ein untypisches Element, das positiv hervorgehoben werden muss.

Mit der „Rick Dangerous Duology +5DH" legte die Gruppe Excess vor rund einem Jahr eine EasyFlash-Version vor, die beide Teile ohne Ladezeit, dafür aber mit Anleitung und einem üppigen Trainer ausgestattet, bequem neu erlebbar macht. Für Fans des Genres lohnt es sich garantiert. ∎

Link
Rick Dangerous Duology +5DH https://csdb.dk/release/?id=165405

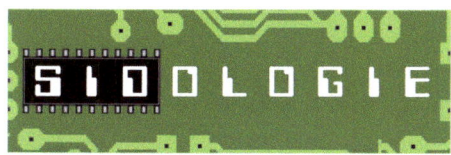

Die famose Klangwelt des Commodore 64 anhand zweier konkreter Beispiele aus dem goldenen Zeitalter und der Neuzeit des SID-Chips
– von Martinland

Going Round (1993), geschaffen von PRI alias Volker Meitz:

Juchhu! Voller Freude kann ich die Entdeckung eines Stückes klassischen SID-Klanges, welches im Rahmen des Intro-Wettbewerbs zu Beginn des Jahres in „Oozay's Baster Rars" veröffentlicht worden ist, verkünden. Wie unlängst beim Commodore-Meeting in Wien demonstriert, verursacht dieses Schleifenkarussell in zwei Teilen von etwas über einer Minute Länge (zumindest bei mir) unbeschreibliche Glücksgefühle und wird deshalb hier trotz seiner Kürze aufgenommen.
http://csdb.dk/sid/?id=23426
http://csdb.dk/release/?id=173709
(Der zweite Link führt zum nostalgischen, doch neuen Intro.)

Electric Starbounce (2011), geschaffen von Kulor alias Richard Armijo:

Was könnte zu obigem Instant-Klassiker passen? Genau: Noch ein kurzes, modernes Stück im selben Habitus, ebenfalls mit Modulation zwischen zwei Teilen, das sich ebenso herrlich zur Stimmungssteigerung immer wieder und wieder und wieder nahtlos in Schleife genießen lässt. Bitte ob beider Stücke nicht die Außenwelt vergessen und nach stundenlangem Zirkulierenlassen in selbige zurückkehren!
http://csdb.dk/sid/?id=45288
http://csdb.dk/sid/?id=46172
(Der zweite Link führt zum „Old Radio"-Mix! Nicht unbedingt zum Dauerhören.) ∎

Retro Treasures

Toki (Nintendo Switch)

Die Serie Retro Treasures beschäftigt sich mit seltenen oder ausgefallen Produkten der Video- und Computerspielgeschichte und befasst sich in dieser Ausgabe mit Toki (Nintendo Switch).

von Simon Quernhorst

Das Jump'n'Run „Toki" erschien erstmals 1989 als Spielhallenautomat der japanischen Firma TAD Corporation, anschließend folgten Umsetzungen für diverse Homecomputer- und Videospielsysteme. Die Computerversionen für C64, Amiga und Atari ST wurden von der britischen Firma Ocean programmiert (mehr zum C64-Modul in Lotek64 Nr. 24). Interessanterweise hatte Ocean auch Exemplare für ZX Spectrum, Amstrad CPC und sogar Atari Jaguar angekündigt, aber diese wurden nicht veröffentlicht. Die NES-Umsetzung wurde von Taito realisiert. Erschienen ist auch eine Ausgabe für Atari Lynx und vor einigen Jahren wurde ein unveröffentlichter PAL-Prototyp für Atari 7800 gefunden. Von allen erschienenen Umsetzungen ist wohl SEGAs MegaDrive-Umsetzung „Toki: Going Ape Spirit" am weitesten vom Original entfernt.

Danach wurde es viele Jahre lang ruhig um den zum Affen verwandelten Prinzen, 2009 erschien eine iOS-Umsetzung und in den folgenden Jahren wurde immer mal wieder ein Release für PC, Xbox, PlayStation oder Wii angekündigt... Rechtzeitig zum letzten Weihnachtsgeschäft 2018 erschien nun tatsächlich „Toki" für Nintendos Switch. Weitere Versionen für aktuelle Systeme sollen in diesem Jahr folgen.

■ Retro + Collector = Retrollector

Der Umfang der „Retrollector-Edition" für Switch ist wirklich schön: neben dem Spiel, einem zweisprachigen Comic-Heft, Aufklebern und zwei Lithografien ist ein Bausatz für ein Switch-Arcade-Gehäuse enthalten. Die Holzteile lassen sich leicht zusammenstecken und mit Gummiringen befestigen – ganz ohne Klebstoff, Nägel oder Schrauben. Auf diese Weise lässt sich das Bauwerk auch problemlos wieder zerlegen.

Das eigentliche Spiel bietet hingegen nur einen sehr geringen Umfang. Im Hauptmenü lässt sich lediglich der Schwierigkeitsgrad einstellen. Es gibt leider keinen anderen Spielmodus, weder freischaltbare Inhalte noch weitere Optionen. Außerdem kann „Toki" nur von ei-

■ Hat etwas von IKEA: das Toki-Cabinet

Das puristische Hauptmenü ■

nem Spieler gesteuert werden und der Spielstand lässt sich nicht speichern. Der ursprüngliche Levelaufbau des Automaten wurde sehr gut nachgebildet, das Spiel sieht super aus, macht großen Spaß und bietet viele kniffflige Stellen. Durch Konzentration und Auswendiglernen der Passagen hat man die sechs Level recht schnell durchgespielt und die Bossgegner besiegt. Wenn man dann alle Welten und Animationen gesehen hat, gibt es anschließend leider eigentlich keinen Wiederspielwert... aber das Holzgehäuse für die Switch sieht auch bei der Verwendung anderer Spiele weiterhin hervorragend aus.

Der japanische Originalname des Arcade-Spiels „JuJu Densetsu" lässt sich übrigens mit „Die Sage von Juju" übersetzen, wie der namensgebende Affe in Japan hieß. ■

Der Autor
Simon Quernhorst, Jahrgang 1975, ist begeisterter Spieler und Sammler von Video- und Computergames und Entwickler von neuen Spielen und Demos für alte Systeme. Zuletzt durchgespielter Titel: Axiom Verge (PC).

„A little bit of history repeating"

Super Mario ist nach jahrelanger Arbeit auf dem C64 gelandet – und wurde von Nintendos Rechtsabteilung schneller aus dem Verkehr gezogen, als wir „Giana Sisters" sagen konnten. Lotek64 hat einen Blick auf die C64-Fassung von Super Mario Bros. geworfen, einer programmiertechnischen Leistung, die für viel Aufsehen gesorgt hat.

von Georg Fuchs

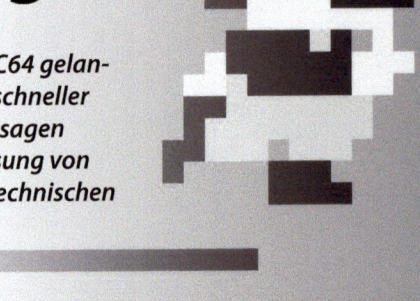

*Legalize it – that's the best thing you can do
Doctors play it, nurses play it, judges play it
Even lawyers, too*

Seit 2012 arbeitete der Coder, der sich Zeropaige nennt, an der Portierung von Super Mario Bros. auf den Commodore 64. Nein, es geht nicht um ein Spiel wie das von Nintendo umgehend aus dem Verkehr gezogene The Great Giana Sisters von Rainbow Arts, das den Spielablauf und das „Look and Feel" möglichst befriedigend nachahmt. Es geht um nicht weniger als eine möglichst exakte Umsetzung des 1985 erstmals in Japan veröffentlichten Spieleklassikers Super Mario Bros. für die Famicom-Konsole, die mit einigen Änderungen außerhalb Japans als NES (Nintendo Entertainment System) vertrieben wurde. Am 18. April 2019 legte Zeropaige das Ergebnis vor.

Das NES ist zwar wie der Commodore 64 ein 8-Bit-System mit maßgeschneiderten Chips für Grafik, Sound und andere Funktionen, doch sind die Unterschiede beträchtlich, was eine vollkommene 1:1-Umsetzung technisch

unmöglich macht. Auch bei der Steuerung müssen andere Wege gegangen werden, da der Standard-NES-Controller über zwei Aktions-Buttons verfügt, der C64-Joystick, der den Atari-2600-Standard aus dem Jahr 1977 übernahm, bekanntlich nur über einen.

Die C64-Umsetzung enthält sowohl die europäische PAL-Version des Spiels als auch die in Japan und den USA veröffentlichte Originalfassung. Bei Spielstart wird automatisch festgestellt, ob es sich um einen PAL- oder NTSC-C64 handelt. Darüber hinaus werden drei SID-Versionen erkannt und unterstützt,

es gibt aber auch Support für zwei SIDs und für diverse Turbokarten. Auch der C128 wird unterstützt, da dessen 2-MHz-Modus genutzt wird.

Im Startmenü kann ausgewählt werden, ob man die Originalfassung oder den europäische Release spielen will. Die Originalfassung läuft selbst auf PAL-Rechnern in der korrekten Geschwindigkeit, auch die Musik ist nicht verzerrt. Das hat den Vorteil, dass man ohne das eine oder andere Ruckeln spielen kann, denn die europäische Version führt auf einem unbeschleunigten PAL-C64 unvermeidlich zu kleinen Verzögerungen, da die Hardware nicht immer mithalten kann. Der Grund dafür ist die schnellere Taktung des NES-Prozessors, des auf dem MOS 6502 basierenden Ricoh 2A07, der mit 1,77 MHz getaktet ist (NTSC: Ricoh 2A03, 1,70 MHz).

Die Grafik- und Soundhardware der beiden Systeme unterscheidet sich grundlegend. Während der VIC II des C64 im Multi-Color-Modus 160x200 Pixel darstellen kann und die Farbpalette auf insgesamt 16 Farben beschränkt ist, kann der PAL-Grafikchip des NES 256x240 Bildpunkte darstellen und dabei auf 16 von 48 Farben zurückgreifen. Statt acht unterstützt die NES-Hardware 48 Sprites. Die fünf Soundkanäle sind beim NES in die CPU integriert und durchaus leistungsfähig, wie zahlreiche musikalische Meisterwerke belegen, die auf NES-Hardware geschaffen wurden. Dass der

SID des C64 ein hervorragender Soundchip ist, muss hier nicht hervorgehoben werden. Aber ist er auch in der Lage, Super Mario Bros. so klingen zu lassen, dass es dem Original nahekommt?

Ein Testspiel

Aufgrund der Leistungsfähigkeit der NES-Hardware in manchen Belangen wirkt das Unterfangen, Super Mario Bros. auf den C64 zu bringen, also alles andere als trivial. Nicht umsonst nahm das Projekt sieben Jahre in Anspruch. Aber war es die Arbeit wert? Wir wagen ein Testspiel.

Dazu greife ich zu einem Competition Pro, den beliebtesten C64-Joystick. Super Mario Bros. 64 kann auch mit 2-Button-Sticks wie dem C64GS-Stick gespielt werden, ein solcher steht mir aber nicht zur Verfügung. Im Multiplayer-Modus steuert der zweite Spieler Luigi. Sprünge werden mit einem normalen Ein-Button-Stick durch eine Bewegung nach oben durchgeführt, so wie bei vielen anderen Jump'n'Run-Spielen auf dem C64 (Wonder Boy, Turrican, Giana Sisters...). Auch die Schwimm-Passagen werden so gemeistert. Der Feuerknopf dient zum Schießen, falls das Upgrade aktiv ist, und zum schnelleren Laufen, wenn er länger gedrückt bleibt. Ein Umstecken des Joysticks ist übrigens nicht nötig, da die Belegung per Funktionstaste getauscht werden kann. Auch die Lautstärke kann per Tastatur reguliert werden.

Abgesehen von einigen kleinen Details, die aufgrund der unterschiedlichen Hardware unvermeidlich sind, läuft Super Mario 64 erstaunlich rund und originalgetreu. Der Spielablauf entspricht erwartungsgemäß dem Original, das als bekannt vorausgesetzt werden darf. Sogar die berühmte „Minus World" ist enthalten. Die Grafik sieht der NES-Vorlage erstaunlich ähnlich, trotz der Einschränkungen der Farbpalette. Hervorragend ist auch die musikalische Umsetzung, die nur im direkten Vergleich von der NES-Version zu unterscheiden ist. Auf dem C128 läuft das Spiel übrigens spürbar flüssiger, ein solcher ist leichter zu finden (bzw. zu emulieren) als eine SuperCPU, die aber neben weiteren Turbokarten unterstützt wird.

Nintendo ist nicht erfreut

Der Release rief schon nach wenigen Tagen die Rechtsabteilung von Nintendo auf den Plan. Wie Lars Sobiraj am 25. April auf tarnkappe. de berichtete, wurden die Image-Files bereits nach weniger als einer Woche von den meisten Hostern entfernt, weil Nintendo sie zur Löschung der Daten aufgefordert hat. Dass Nintendo kein Interesse daran hat, seine Produkte als kostenlose Titel auf diversen Plattformen wiederzufinden, liegt auf der Hand. Schließlich wird mit alten Spielen gutes Geld gemacht. Der japanische Spielekonzern geht nicht nur gegen unlizenzierte Veröffentlichungen äußerst restriktiv vor, sondern auch gegen YouTuber, die in ihren Videos erklären, wie z.B. Homebrew-Spiele auf Nintendo-Hardware gebracht werden können. So wurden zuletzt gleich vier Videos entfernt, weil darin angeblich gegen Urheberrecht verstoßen wurde. In einem der Videos wurde gezeigt, wie man Spiele für Nintendos N64-Konsole mittels eines Emulators auf der Nintendo Switch spielen kann.

So hat Super Mario Bros. 64 nach wenigen Tagen dasselbe Schicksal ereilt wie einst The Great Giana Sisters – mit dem feinen Unterschied, dass mit dem neuen Port keinerlei kommerzielle Interessen verfolgt wurden. Es sollte lediglich gezeigt werden, dass es technisch möglich ist, Super Mario Bros. auf dem C64 zu spielen, ohne große Abstriche machen zu müssen. Das ist auf beeindruckende Weise gelungen, wie es wohl nur wenige für möglich gehalten hätten. Gleichzeitig hat wieder einmal ein Coder bewiesen, dass der C64 auch am Ende des zweiten Jahrzehnts des 21. Jahrhunderts in der Lage ist, uns alle zu überraschen.

Apropos Technik: Es gibt Hinweise darauf, dass das Spiel einige C64-Modelle zum Absturz bringt. In diesem Fall hilft nur der Griff zu einem anderen Gerät oder zum Emulator. Super Mario Bros. 64 wurde sowohl als 1541-Diskette (im .d64-Format) als auch als Steckmodul (.crt) veröffentlicht. Letzteres läuft, auf echte Hardware übertragen, auch auf der seltenen C64GS-Konsole.

Zeropaige hat eines der beliebtesten Spiele aller Zeiten beinahe originalgetreu auf den C64 übertragen und dabei unzählige Schwierigkeiten überwunden. Natürlich gibt es vielfältige Möglichkeiten, Super Mario Bros. legal auf diversen Plattformen zu spielen. Eine solche Portierung, die dem Coder wie dem Commodore 64 alles abverlangt, verfolgt sicher

nicht das Ziel, ein Spiel, das die meisten Fans vermutlich weit mehr als nur einmal erworben haben, illegal zugänglich zu machen. Es geht vielmehr um den Beweis der Machbarkeit. Dieser ist erbracht und das verdient höchsten Respekt. Auch wenn das Ergebnis leider nicht legal verteilt werden darf. Hier wiederholt sich die Geschichte vor den Augen mancher nicht mehr ganz junger C64-User, die 1987 mit einem gewissen Spiel von Armin Gessert, Manfred Trenz und Chris Hülsbeck das Spielerlebnis von Super Mario Bros. auf ihrem Heimcomputer nachempfinden wollten. ∎

Links

Artikel von Lars „Ghandy" Sobiraj:
https://tarnkappe.info/super-mario-bros-nintendo-liess-c64-umsetzung-loeschen/

Video-Review:
https://youtu.be/BD6PADRH8pA

Fire! – Neues Spiel für den VC-20

Am 1. Juli, nach Redaktionsschluss dieser Ausgabe von Lotek64, wird das Spiel Fire für den VC20 erscheinen. Der kanadische Publisher Doublesided Games veröffentlicht das Spiel von Rainer Kappler auf Diskette.

Fire ist ein actionreiches Spiel, in dem ein Feuerwehrmann gesteuert werden muss, um Menschen aus brennenden Gebäuden zu retten. Diese müssen in Zwischensequenzen erst mit dem Löschfahrzeug erreicht werden, ohne im Verkehr stecken zu bleiben. Die Geschwindigkeit steigert sich – wenn man so lange durchhält – in 65 Stufen. Fire läuft auf PAL- und NTSC-Systemen. Die Box enthält zwei Bonusspiele, eine englische Anleitung und eine digitale Version.

Quelle:
https://doublesidedgames.com/shop/commodore/commodore-vic-20/fire/

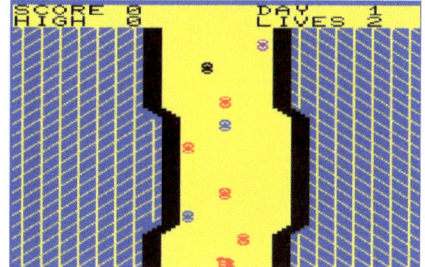

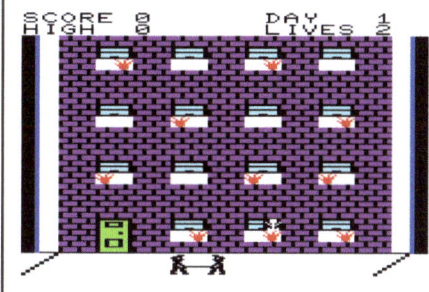

NOVEMBER 2018

02.11.2018
Die SNES-Konsole als Retrogehäuse für den
Raspberry Pi:
https://www.heise.de/make/meldung/
Konsolenklassiker-SNES-als-Retrogehaeuse-
fuer-den-Raspberry-Pi-4209153.html

08.11.2018
Go Retro! Portable, eine Handheld-Konsole im
Game-Boy-Look, wird angekündigt. Sie enthält 260 teilweise sehr bekannte Spiele wie Tetris und Ghosts 'n Goblins und erscheint kurz
darauf im Handel. Die ungefähr 40 Euro teure
Konsole ist mittlerweile fast überall vergriffen.
https://derstandard.at/2000090871364/
Retro-Konsole-im-Gameboy-Look-mit-260-
Spielen-angekuendigt
http://retro-bit.com/goretro-portable

13.11.2018
PC Classic, eine Spielekonsole mit MS-DOS,
ermöglicht das Spielen von PC-Klassikern und
soll im ersten Quartal 2019 erscheinen.
https://unitetechno.com/dt_catalog/pc-
classic/

Einst vor Gericht gezerrt, nun im Einsatz: Die
Playstation Classic nutzt einen Fan-Emulator.
https://derstandard.at/2000091208294/
Einst-vor-Gericht-gezerrt-nun-im-Einsatz-
Playstation-Classic-nutzt

Was Google und Spotify 1988, also im Off-
line-Zeitalter, gemacht hätten:
https://derstandard.at/2000091117365/
Offline-Zeitalter-Was-Google-und-Spotify-
1988-gemacht-haetten

Nintendo einigt sich mit ROM-Anbieter auf 12
Millionen US-Dollar Entschädigung:
https://www.heise.de/newsticker/meldung/
Nintendo-einigt-sich-mit-ROM-Anbieter-auf-

12-Millionen-US-Dollar-4219660.html

Klassische Amiga-Systeme auf einem X5000
emuliert:
http://www.markround.com/
blog/2018/10/30/classic-amiga-emulation-
on-the-x5000/

Icaros Desktop 2.2.4, ein kostenloses, dem
Amiga ähnliches Betriebssystem für PCs, wurde veröffentlicht:
https://vmwaros.blogspot.com/2018/10/
icaros-desktop-224-now-available-to.html

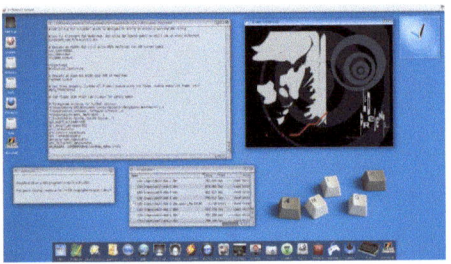

14.11.2018
„Das beste Tetris aller Zeiten": Der Klassiker
feiert mit „Tetris Effect" eine Renaissance.
https://derstandard.at/2000091247812/Das-
beste-Tetris-aller-Zeiten-Klassiker-feiert-mit-
Tetris-Effect

15.11.2018
EA: Remaster für „Command & Conquer"-Klas-
siker im Anmarsch

https://www.heise.de/newsticker/meldung/
EA-Remaster-fuer-Command-Conquer-
Klassiker-im-Anmarsch-4221754.html
https://derstandard.at/2000091409041/EA-
bringt-Command-Conquer-zurueck-dieses-
Mal-aber-richtig

Vakuumröhren, eine überraschend zeitgemäße
Technologie:
https://tedium.co/2018/11/13/vacuum-
tubes-modern-day/

20.11.2018
Eine Erinnerung an den Computerpionier Ber-
nard Weiner (1891-1942), der mit seiner Familie im Holocaust ermordet wurde.
https://blog.hnf.de/in-memoriam-bernard-
weiner-1891-1942/

Die verflixte 5 – oder: das Bilderradio, ein Vorläufer des Fernsehens.
https://www.heise.de/newsticker/meldung/
Zahlen-bitte-Die-verflixte-5-oder-das-
Bilderradio-4226073.html

Arca OS im Test: Die Auferstehung von OS/2.
https://www.golem.de/news/arca-os-im-test-
die-auferstehung-von-os-2-1811-137422.html

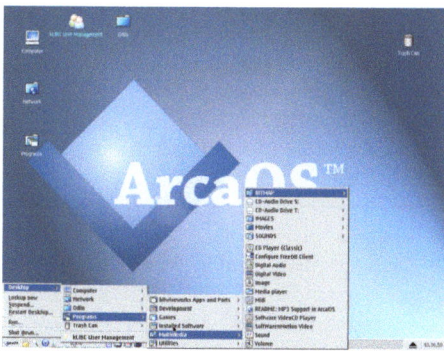

XFORMER 10, ein Atari-8-Bit-Emulator für

Windows 10:
http://www.emulators.com/xformer.
htm#XFORMER10

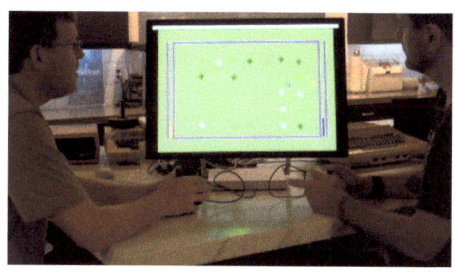

20 Jahre „Half-Life": Fan-Entwickler besche-
ren Spielern komplett neues Finale.
https://derstandard.at/2000091799439/20-
Jahre-Half-Life-Fan-Entwickler-bescheren-
Spielern-komplett-neues

21.11.2018
Der Musiker Rob Scallon baute eine Gitarre
aus einem NES:
https://www.cnet.com/news/behold-the-
guitendo-guitar-made-from-a-nintendo-game-
console/

22.11.2018
20 Jahre „Zelda: Ocarina of Time": Noch immer das beste Game aller Zeiten?
https://derstandard.at/2000091985669/20-
Jahre-Zelda-Ocarina-of-Time-Noch-immer-
das-beste

23.11.2018
Die DDR-Heimcomputerszene und die Stasi:
https://www.zeit.de/digital/games/2018-11/
computer-games-gdr-stasi-surveillance-
gamer-crowd/komplettansicht

27.11.2018
Ein Review der Sony PlayStation Classic:
https://www.cnet.com/reviews/sony-
playstation-classic-review/

28.11.2018
Die CEBIT wird eingestellt:
https://www.heise.de/newsticker/meldung/
Aus-fuer-die-Cebit-Die-IT-Messe-wird-
eingestellt-4234310.html
https://blog.hnf.de/es-geschah-auf-der-cebit/
1968 ging ein Referat als die „Mutter aller
Präsentationen" in die Geschichte ein:
https://blog.hnf.de/die-mutter-aller-
praesentationen/

Dezember 2018

01.12.2018
Die SWR3-Moderatorin Steffi Tücking ist am
1. Dezember 2018 unerwartet gestorben.
Amiga-Fans kennen sie auch für die von ihr
gestalteten Amiga-500-Gehäuse im Ball- und
Leoparden-Design, die Commodore in limitierter Auflage von 10.000 Stück in den Verkauf
brachte.

https://www.swr3.de/mehr/crew/Steffi-
Tuecking-ist-unerwartet-gestorben/-/
id=4047582/did=4926560/1my2kgj/index.
html

03.12.2018
Ein ehemaliger Sierra-Entwickler verkaufte
Original-Sourcecode, darunter jenen von Leisure Suit Larry und King's Quest.
https://www.youtube.com/
watch?v=v7AgSapZAi8

04.12.2018
Der Quellcode von PC/GEOS wurde veröffentlicht:
https://github.com/bluewaysw/pcgeos

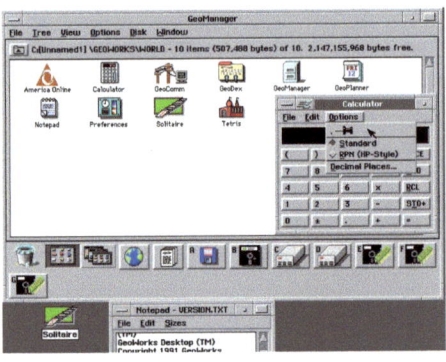

Lebenslange Obsession: Im Geschäft eines
Wiener Videospiele-Sammlers.
https://derstandard.at/2000092823067/
Lebenslange-Obsession-Im-Geschaeft-eines-
Wiener-Videospiele-Sammlers

05.12.2018
Die Computermaus wird 50 Jahre alt.
https://derstandard.at/2000093196598/Die-
Computermaus-wird-50-Jahre-alt

09.12.2018
Das C64-Spiel Maze Of Death wurde veröffent-

licht.
https://www.forum64.de/index.
php?thread/85348-neues-spiel-maze-of-death
/&postID=1326467#post1326467

Ein C64 mit Lego nachgebaut (Video):
https://www.youtube.com/
watch?v=geK6p1uXEr4

11.12.2018
defrag1541 defragmentiert C64-Disketten mit
einem 1541-Laufwerk. Eine Visualisierung ist
inkludiert und garantiert Stunden der Ent-
spannung:
https://www.pagetable.com/?p=978

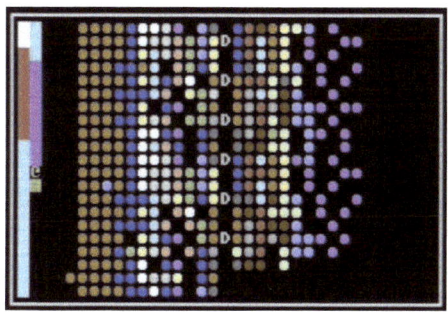

Vier Konsolen für Sammler und Bastler im
Weihnachtsgeschäft 2018:
https://derstandard.at/2000092026202/
Fuer-Sammler-und-Bastler-Vier-
Retrokonsolen-fuer-Weihnachten

13.12.2018
Sonic & Co.: Sega-Klassiker können nun auf
Amazon Fire TV gespielt werden.
https://www.heise.de/newsticker/meldung/
Sonic-Co-Sega-Klassiker-auf-Amazon-Fire-TV-
spielen-4250311.html
https://www.golem.de/news/sega-classics-
angespielt-sonic-huepft-und-springt-auf-dem-
fire-tv-1812-138232.html

Die Atari Flashback 8 Gold Deluxe im Test:
https://www.techstage.de/test/Atari-
Flashback-8-Gold-Deluxe-Retrokonsole-
im-Test-4249754.html?wt_mc=intern.
newsticker.anrissliste.techstage

Puma verkauft eine streng limitierte Neuauflage des Computer-Laufschuhs von 1986.
https://www.golem.de/news/retro-wearable-
puma-mit-neuauflage-seines-computer-
laufschuhs-von-1986-1812-138219.html

Wie man C64-Datenkassetten sicher archi-
viert:
https://www.pagetable.com/?p=1002

28.12.2018
#TGIQF – Ein Quiz für Fans der LucasArts-Ad-
ventures:
https://www.heise.de/newsticker/
meldung/TGIQF-das-Quiz-die-LucasArts-
Adventures-4258695.html

Januar 2019

08.01.2019
Die Welt der Viren unter MS-DOS:
https://blog.benjojo.co.uk/post/dive-into-the-
world-of-dos-viruses

EmuTOS ist ein kostenloses Atari-Betriebssys-
tem für 68k-Computer.
http://emutos.sourceforge.net/en/

Ein YouTuber entdeckt eine gruselige Geheim-Welt bei „The Legend of Zelda":
https://derstandard.at/2000095364680/
Youtuber-entdeckt-gruselige-Geheim-Welt-bei-The-Legend-of-Zelda

10.01.2019
AI Neural Net ist eine neue Technologie zum Upscaling pixeliger Grafiken mit überraschenden Ergebnissen.
https://twitter.com/brandonblume/
status/1082781714458574849?s=21

13.01.2019
Das C64-Spiel Wolfling wurde veröffentlicht:
https://www.lemon64.com/forum/viewtopic.
php?t=70245

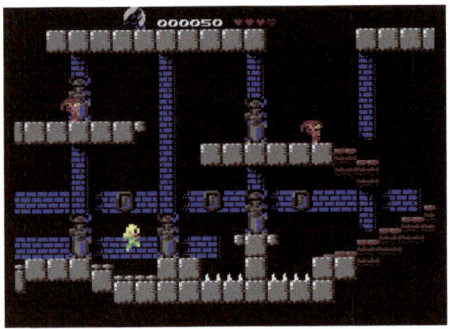

Sizzler (C64) wurde veröffentlicht und kann für 3,99 USD erworben werden.
https://psytronik.itch.io/sizzler

15.01.2019
Wie man einen IBM AS/400 internettauglich bekommt:
https://justanotherelectronicsblog.
com/?p=503

Wie ein Game-Boy-Spiel entsteht:
https://invisibleup.neocities.org/articles/18/

22.01.2019
Ein ausführlicher Test des C64 Mini: „Liebloses Remake eines Klassikers"
https://www.techstage.de/test/C64-Mini-im-Test-Liebloses-Remake-eines-Klassikers-4284550.html

Darkstar für Windows und Unix emuliert den Xerox-Star-Computer:
https://engblg.livingcomputers.org/index.
php/2019/01/19/introducing-darkstar-a-xerox-star-emulator/

zkeme80 ist ein Betriebssystem auf Forth-Basis für den grafikfähigen TI-84+-Taschenrechner.
https://github.com/siraben/zkeme80

Eine Lobeshymne auf die Icons von Windows 98:
https://alexmeub.com/old-windows-icons/

24.01.2019
Hello, I'm Macintosh – zum 35. Geburtstag des Mac:

https://www.heise.de/mac-and-i/meldung/Hello-I-m-Macintosh-zum-35-Geburtstag-des-Mac-4284924.html

29.01.19
Ein Einblick in die Bürowelt des Jahres 1930:
https://blog.hnf.de/buerowelt-1930/

Der „Ship It!"-Button von Windows 95:
https://blog.krnl386.com/index.php?post/2019/01/26/Windows-briefly-had-a-Ship-It%21-instead-of-Start-button

Vor 25 Jahren erschien der RAM Doubler, der das Leben von Mac-Usern erleichterte.
https://tidbits.com/2019/01/24/25-years-ago-in-tidbits-ram-doubler-debuts/

Der Intel 80386 und Windows NT:
https://blogs.msdn.microsoft.com/oldnewthing/20190121-00/?p=100745

31.01.2019
MSX, die von Microsoft vergessene Plattform:
https://tedium.co/2019/01/29/microsoft-msx-history

Februar 2019

05.02.2019
Hatari 2.2.0 wurde veröffentlicht und emuliert Atari ST/STE/TT/Falcon auf GNU/Linux, BSD, Mac OS X und Windows.
http://hatari.tuxfamily.org/news.html

Der Filemanager von Windows 3.0 ist nun im Microsoft Store erhältlich:
https://www.neowin.net/news/the-windows-30-file-manager-is-now-available-in-the-microsoft-store

Der Hamburger DJ Remute veröffentlichte sein neues Album auf einer Sega-Mega-Drive-Cartridge.
https://www.eurogamer.net/articles/2019-02-04-a-german-techno-dj-is-releasing-his-new-album-on-a-sega-mega-drive-cartridge

Electrologica X1, ein Computer mit Transistoren:
https://blog.hnf.de/ein-computer-mit-transistoren/

12.02.2019
PC Speaker to Eleven, ein Album für MS-DOS, das den berüchtigten PC-Speaker zum Klingen bringt:
https://habr.com/en/post/439192/

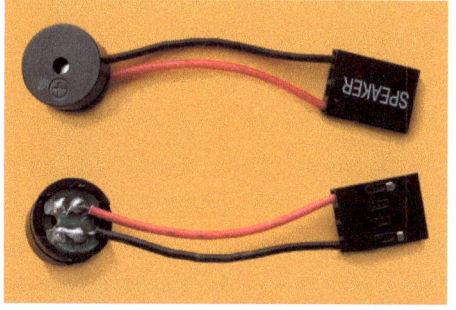

20.02.2019
Nach 13 Jahren legt Sat.1 das Gewinnspiel „Superball" neu auf.
https://www.dwdl.de/nachrichten/71105/

comeback_nach_13_jahren_sat1_legt_
superball_neu_auf/

27.02.2019
Der Retro-Shooter Cosmic Force für den C64
erhielt bei Kickstarter ausreichend Unterstützung und soll im November 2019 veröffentlicht werden. Kein Geringerer als Rob Hubbard
wird Musik beisteuern.
https://www.kickstarter.com/projects/
yousee3d/cosmic-force-c64-retro-shoot-em-
up?ref=ksr_email_user_new_friend_backing

Auf dieser Website können hunderte Levels
aus bekannten Spielen erkundet werden:
https://derstandard.at/2000098674800/
Auf-dieser-Website-kann-man-Lieblingslevels-
seiner-Kindheit-erkunden

März 2019

12.03.2019
Vor 30 Jahren erblickte das World Wide Web
das Licht der Welt – und dessen Begründer
Tim Berners-Lee warnt vor negativen Entwicklungen.
https://www.heise.de/newsticker/meldung/
Das-World-Wide-Web-wird-30-K-ein-Grund-
zum-Feiern-4332418.html
https://www.heise.de/newsticker/
meldung/30-Jahre-WWW-Die-Zaehmung-
des-Wild-Wild-Web-4333078.html
https://derstandard.at/2000099371271/30-
Jahre-WWW-Begruender-Berners-Lee-sieht-
das-Web-in

Einst waren es 9.000, nun gibt es nur noch
eine: Besuch in der letzten „Blockbuster"-Vi-
deothek der USA.
https://derstandard.at/2000099107658/
Einst-9-000-Filialen-Wie-die-letzte-
Blockbuster-Videothek-ueberlebt

13.03.2019

Doc Cosmos, ein originelles C64-Spiel von Simon Jameson, kann kostenlos bzw. gegen freiwillige Spende heruntergeladen werden.
https://shallan64.itch.io/doc-cosmos

16.03.2019
Ein komplett neu aufgebauter Commodore 64
(Video):
https://www.youtube.com/watch?v=5UX-
gqylYgQ

RasPIC64 ist ein Framework, das demonstriert, wie man einen Raspberry Pi 3B/3B+ am
Bus des C64 kommunizieren lässt, um beispielsweise eine Cartridge zu emulieren.
https://github.com/frntc/RasPIC64
https://www.forum64.de/index.
php?thread/87523-projektvorstellung-raspic6
4/&postID=1363747#post1363747

Diagnostic 586220 Harness, ein Werkzeugkas-
ten zur C64-Diagnose für weniger als 20 Euro:
https://github.com/svenpetersen1965/C64-
Diagnostic-Rev.-586220-Harness

SIDalyzer ist ein Programm, mit dem man unter die Haube des SID sehen kann:
https://github.com/svenpetersen1965/
SIDalyzer

Team Nostalgia hat das Grafik-Adventure Bla-
de of Blackpool aus dem Jahr 1982 neu ver-

öffentlicht und dabei einige Verbesserungen vorgenommen. So werden u.a. Festplatten unterstützt.
https://www.forum64.de/index.php?thread/87477-eine-neue-spielver%C3%B6ffentlichung-vom-team-nostalgia-klinge-von-blackpool/&postID=1363034#post1363034

Der Autor Player One hat seinen 2003 erschienenen Roman „Player One – 64" als kostenloses PDF veröffentlicht und zuvor einige Tippfehler korrigiert.
https://www.forum64.de/index.php?thread/87517-player-one-64-als-pdf/&postID=1363462#post1363462

19.03.2019
Ein Buch über die Superrechner der Sechziger:
https://blog.hnf.de/die-superrechner-der-sechziger/

Ein 314 Seiten starkes Buch über den C128 von Margaret Gorts Morabito ist erschienen. Der Untertitel „2019 Survival Edition" weist darauf hin, dass es sich um eine aktualisierte Neuauflage eines älteren Werkes handelt.
https://www.amazon.com/Vintage-Commodore-Personal-Computer-Handbook/dp/1090260814/

21.03.2019
Eine ZDF-Doku von 1972 zeigt mit kritischen Untertönen, wie man sich damals die Zukunft vorstellte:
https://derstandard.at/2000099746312/Doku-aus-1972-zeigt-wie-absurd-man-sich-damals-die

29.03.2019
Warcraft 1 und 2 sind jetzt auf GOG erhältlich:
https://www.gog.com/game/warcraft_bundle

April 2019

02.04.2019
Analyse eines 50 Jahre alten Modems:
https://hackaday.com/2019/03/29/teardown-of-a-50-year-old-modem/

SPARCbook 3000ST, der coolste Laptop der 90er:
http://triosdevelopers.com/jason.eckert/blog/Entries/2019/3/14_SPARCbook_3000ST_-_The_coolest_90s_laptop.html

Die Mail, die aus dem Kreml kam – und andere historische Aprilscherze:
https://blog.hnf.de/die-mail-die-aus-dem-kreml-kam/

Robotron – der sozialistische Computerkonzern
https://blog.hnf.de/robotron-der-sozialistische-computerkonzern/

The Age of Heroes, ein C64-Actionsspiel von Achim Volkers, ist erschienen und kann für 3,99 USD erworben werden.
https://psytronik.itch.io/ageofheroes

03.04.2019
Der Texaner Antonio Romero Monteiro besitzt laut Guiness-Buch der Rekorde die weltgrößte Games-Sammlung, die mit 20.139 Titeln sämtliche Spiele umfassen soll, die jemals in Nordamerika erschienen sind.
https://derstandard.at/2000100754507/20-000-Spiele-Neuer-Rekordhalter-fuer-groesste-Games-Sammlung-der

Lala Prologue, ein kostenloses C64-Spiel, wurde veröffentlicht.
https://majikeyric.itch.io/lala-prologue

04.04.2019
In Dresden wurde ein Robotron-Museum eröffnet.
https://www.heise.de/newsticker/meldung/Robotron-Museum-in-Dresden-oeffnet-am-Sonnabend-4359801.html

Internationale Computerspielesammlung – Datenbank geht online:
https://www.heise.de/newsticker/meldung/Internationale-Computerspielesammlung-Spiele-Datenbank-geht-online-4359404.html
https://www.internationale-computerspielesammlung.de/de/

Der Computer des Jahrhunderts:
https://blog.hnf.de/der-computer-des-jahrhunderts/

08.04.2019
Instinct von Ate Bit ist ein Demo für PAL-C64, bei dem mit einem neuen Treiber SID-Musik über eine MIDI-Modul ausgegeben wird.
https://youtu.be/QIX238RlOp8
https://csdb.dk/release/?id=176411

09.04.2019
Ein unerreichbar geglaubter Doom-Rekord wurde nach 20 Jahren und 50.000 Versuchen gebrochen.
https://derstandard.at/2000101072065/Doom-Unerreichbar-geglaubter-Rekord-nach-20-Jahren-gebrochen

Eine Geschichte des Rendition Vérité 1000, der im Wettstreit mit dem Voodoo-Chip von 3dfx die 3D-Grafik in den 90ern revolutionierte.
http://fabiensanglard.net/vquake/

11.04.2019
Ein Video von Apples W.A.L.T. in Aktion – dabei handelt es sich um einen Vorläufer des iPhone aus dem Jahr 1993:
https://sonnydickson.com/2019/04/09/video-of-apples-w-a-l-t-in-action-the-1993-edition-iphone/

16.04.2019
Eliot Noyes (1910-1977), Schüler des Bauhaus-Gründers Walter Gropius, war ab 1956 für das Design des Computerherstellers IBM verantwortlich.
https://blog.hnf.de/der-bauhaus-meister-von-der-ibm/

Ein Artikel über die „intelligente Programmiersprache" LISP:
https://blog.hnf.de/die-intelligente-programmiersprache/

Antstream, eine Streaming-Plattform für Retrogamer, konnte bei Kickstarter genug Geld sammeln. Antstream soll mit einem Abo-Modell funktionieren und ab Herbst 2019 auf PC, Mac, Xbox und mobilen Geräten verfügbar sein.
https://www.kickstarter.com/projects/234135283/antstream-retro-gaming-reborn

Marco Aiello: „Das Web war ein Amateurpro-

jekt."
https://derstandard.at/2000101094370-628/Marco-Aiello-Das-Web-war-ein-Amateurprojekt

Das 139 Seiten dicke Handbuch für die Game-Boy-CPU kann hier heruntergeladen werden:
https://realboyemulator.files.wordpress.com/2013/01/gbcpuman.pdf

Die Gewinner des plattformübergreifenden BASIC-Zehnzeiler-Wettbewerbs sind hier versammelt:
https://gkanold.wixsite.com/homeputerium/kopie-von-results-2019

17.04.2019
Capcom kündigt für Oktober 2019 eine Retro-Konsole in Form des Firmenlogos an.
https://www.golem.de/news/home-arcade-capcom-macht-sein-logo-zur-mini-konsole-1904-140745.html

19.04.2019
Dreißig Jahre Game Boy:
https://blog.hnf.de/dreissig-jahre-game-boy/

23.04.19
Happy Birthday, Game Boy!
https://www.golem.de/news/nintendo-happy-birthday-game-boy-1904-140652.html

Das sind die zehn besten Spiele für den Game Boy

https://derstandard.at/2000101812437/Das-sind-die-zehn-besten-Spiele-fuer-den-Game-Boy

29.04.2019
Das Buch Atari: A Visual History von Darren Boyle war auf Kickstarter erfolgreich und soll im August 2019 ausgeliefert werden. Das Gerät soll im vierten Quartal 2019 ausgeliefert werden und mit drei Cartridges etwa 90 Euro kosten.
https://www.kickstarter.com/projects/1294981709/atari-a-visual-history

30.04.2019
„Meine erste Computerliebe", der Commodore 16:
https://www.golem.de/news/commodore-16-meine-erste-computerliebe-1904-140534.html

Auf der britischen Retro-Handheld-Konsole Evercade sollen Klassiker diverser Atari-Konsolen laufen, die auf eigenen lizenzierten Kassetten geliefert werden sollen.
https://www.golem.de/news/evercade-retro-konsole-fuer-atari-spiele-auf-reisen-1904-140963.html

„Der Amiga vor dem Amiga" – über das Amiga Development System:
https://amigalove.com/viewtopic.php?f=6&t=1031

rePalm
http://dmitry.gr/?r=05.Projects&proj=27.%20rePalm

Warum Commodore vor 25 Jahren in Insolvenz ging:
https://derstandard.at/2000102289594/Commodore-Warum-die-Computerlegende-vor-25-Jahren-in-Insolvenz-ging

Cern-Browser erweckt das Netz von 1990 zum Leben:
https://derstandard.at/2000098252214/CERN-Browser-erweckt-das-Netz-von-1990-zum-Leben

AMD, der ewige Zweite:
https://blog.hnf.de/amd-der-ewige-zweite/

1959 wurde der erste Siemens-Computer vorgestellt.
https://blog.hnf.de/der-erste-siemens-computer/

Mai 2019

10.05.2019
Bei Christie's wurde ein besonders seltener Apple I versteigert. Er erzielte über 370.000 GBP, umgerechnet ca. 420.000 Euro.
https://www.heise.de/mac-and-i/meldung/Seltener-Apple-I-wird-versteigert-4420175.html

11.05.2019
Ein Fan-Remake des Lucasfilm-Klassikers Rescue on Fractalus für Windows, MacOS und Linux ist kostenlos verfügbar:
https://www.lsdwa.com/projects/fractalus/

14.05.2019
Die Tabellenkalkulationssoftware VisiCalc, die erste „Killer-Anwendung":
https://www.heise.de/newsticker/meldung/Zahlen-bitte-VisiCalc-Tabellenkalkulation-in-32-KByte-4421456.html

„Rollkugel": Rainer Mallebrein, der Erfinder der allerersten PC-Maus, übergibt dem HNF eines von nur noch vier erhaltenen Geräten.
https://www.heise.de/newsticker/meldung/Rollkugel-Erfinder-gibt-allerste-PC-Maus-nach-Paderborn-4421963.html
https://derstandard.at/2000103119879/Nur-mehr-vier-Stueck-Deutscher-Erfinder-gibt-Ur-PC-Maus

16.05.2019
1971 erschien im Schwarzwald die Rechenmaschine Finess. Es war das letzte rein mechanische Gerät seiner Art, das gebaut wurde
https://blog.hnf.de/rechenmaschine-finess-die-letzte-ihrer-art/

21.05.2019
1994 wurde das erste Smartphone vorgestellt, es war mit 3000 verkauften Exemplaren ein finanzieller Fehlschlag.

https://hyperallergic.com/500449/general-magic-documentary-smartphone-apple-silicon-valley/

22.05.2019
1NVADER, ein von Space Invaders inspiriertes Spiel für den Commodore 64, ist kostenlos verfügbar.
https://darrenfoulds.com

Unix hinter dem Eisernen Vorhang:
https://www.golem.de/news/computergeschichte-unix-hinter-dem-eisernen-vorhang-1905-141247.html

Nachruf

Er wird uns fehlen. Robert „Stanglnator" Gußmack, langjähriger aktiver Teilnehmer am Commodore-Treffen Graz, immer gut aufgelegt und gesprächsbereit, und all jenen in besonderer Erinnerung, die das Privileg hatten, im Laufe vieler Jahre mit seinem „CTG-Bus" im Rahmen einer „Retro Mystery Tour" nach Wien zu pilgern. Wir hatten ihm viele solch schöne Momente und Erinnerungen zu verdanken, bevor er uns Anfang Juni, kurz vor unserem nächsten Treffen, völlig überraschend und allzu vorzeitig verlassen hat. Er wird uns fehlen.

Street Fighter II: Durchblick bei Bossnamen

Während der Recherche für den Artikel zu „Strip Fighter II" in der letzten Lotek64-Ausgabe fiel mir bei der japanischen Version von „Street Fighter II" für die PC-Engine auf, dass die Namen von drei Bossgegnern nicht den Namen entsprachen, die ich aus anderen Umsetzungen dieses Spiels kannte.

Im japanischen Original heißt der Boxer „M. Bison", der spanische Maskenträger „Balrog" und der finale Diktator „Vega". In der westlichen Welt hingegen heißt der Boxer „Balrog", der spanische Maskenträger „Vega" und der finale Diktator „M. Bison".

Ursache ist vermutlich, dass bei den Vorbereitungen zur US-Veröffentlichung des Spiels auffiel, dass der Boxer „M. Bison" in Namen und Aussehen zu sehr dem amerikanischen Boxer Mike Tyson ähnelte und man durch die Umbenennung einen Rechtsstreit vermeiden wollte. Außerdem schien die Bezeichnung „Vega" wohl auch zu harmlos für den finalen Boss zu klingen…

Japan M. Bison Balrog Vega

US/EUR Balrog Vega M. Bison

Geheimagent 4125

Autor: Georg Fuchs

Der namenlose Geheimagent 4125 begegnete uns zum ersten Mal 1984 im Epyx-Klassiker Impossible Mission. Dort muss er den üblen Dr. Elvin Atombender in dessen unterirdischem Bunker zur Strecke bringen, indem er ein Passwort findet, das auf 36 Lochkarten im Gebäudekomplex verteilt ist. Zu diesem Zweck müssen sämtliche Räume abgesucht werden, was Dr. Atombenders Roboter verhindern wollen.

Die für den C64 geschriebene Urfassung bestach durch lang anhaltendes Spielvergnügen, viel Nervenkitzel und Sprachsamples, die sich in die Hirne der Spieler eingebrannt haben: „Another Visitor … Stay a while – stay forever" – „Destroy him, my robots!". Legendär ist auch die detaillierte, ruckelfreie Animation des Agenten, der per Feuerknopf einen Salto springen kann.

Eine Besonderheit des Spiels war die Neuanordnung der Räume per Zufallsgenerator bei jedem Spielstart. Dadurch verläuft jedes Spiel ein bisschen anders. Ungewöhnlich zu dieser Zeit war auch der Verzicht auf eine festgelegte Anzahl von Leben. Das Spiel muss innerhalb von sechs Stunden gelöst werden, erst dann heißt es: Game Over. Allerdings verliert man bei jedem Lebensverlust zehn Minuten.

Titel: Impossible Mission (1984), Impossible Mission 2 (1988), Impossible Mission 2025 (1994)
Genre: Jump ‚n' Run, Puzzle
Plattformen: C64, Sinclair ZX Spectrum, Amstrad CPC, Acorn Electron, Atari 7800, Atari ST, Amiga, CD32, BBC Micro, NES, Sega Master System, MS-DOS, Apple II, Apple IIGS, PSP, NDS, PS2, PS3, Wii (Virtual Console), Switch

1988 folgte mit Impossible Mission 2 eine Fortsetzung im Stil des Originals für die meisten damals gängigen Plattformen. Der dritte Teil, Impossible Mission 2025, erschien 1994 nur für Amiga. In diesem Spiel kann man zwischen drei Figuren wählen: Roboter RAM 2, Agentin Nastassia Tambor und Agent Felix Fly. Als Zugabe ist eine überarbeitete C64-Fassung beigelegt. Geplante Umsetzungen auf SNES und Sega Mega Drive wurden nicht veröffentlicht, dafür gab es 2007 ein Remake für PSP und Nintendo DS. Am 29. April erschien eine Version für Nintendo Switch, die sich an der Nintendo-DS-Fassung orientiert und einen Modus anbietet, der der C64-Fassung sehr ähnlich sieht.

Internet: http://www.lotek64.com
Twitter: http://twitter.com/Lotek64
Facebook: http://www.facebook.com/pages/Lotek64/164684576877985

AHHH, WE FADE TO 53281,12

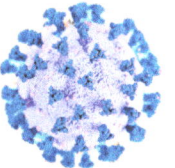

#60 / MAERZ 2020

#60, März 2020   www.lotek64.com   info@lotek64.com   ISSN 2307-7085

DIE REDAKTION

ARNDT
adettke@
lotek64.com

GEORG
redaktion@
lotek64.com

MARLEEN
marleen@
lotek64.com

MARTIN
martinland@
lotek64.com

STEFFEN
steffen@
lotek64.com

JENS
jens@
lotek64.com

LARS
lars@
lotek64.com

KLEMENS
klemens@
atelier198.com

IMPRESSUM

Herausgeber, Medieninhaber:
Georg Fuchs
Waltendorfer Hauptstr. 98
A-8042 Graz/Austria
E-Mail: info@lotek64.com

Web: Jens Bürger
Lektorat: Arndt Dettke
Hosting: vipweb.at Thomas Dorn

Versionscheck (Stand: XX.03.2020)			
Name	Version	Emuliert	Webseite
WinUAE	4.3.0	Amiga	http://www.winuae.net
VICE	3.4	C64, C128, Plus/4, PET, C64DTV	http://vice-emu.sourceforge.net
CCS64	V3.9.2	C64	http://www.ccs64.com
Hoxs64	v1.0.25.0	C64	http://www.hoxs64.net
Emu64	5.0.18	C64	http://www.emu64.de
Frodo	4.1b	C64	http://frodo.cebix.net
MAME/MESS	0.219	Automaten und Heimcomputer	http://mamedev.org
Z64K	1.0	C64, C128, VIC20, Atari2600	http://www.z64k.com
Yape	1.1.7	Plus/4	http://yape.homeserver.hu
ScummVM	2.1.1	Div. Adventures	http://www.scummvm.org
DOSBox	0.74 -3	MS-DOS	http://www.dosbox.com
Boxer	1.4.0	MS-DOS (unter Mac OS X)	http://boxerapp.com

LIEBE LOTEKS!

Nach einer langen Pause können wir endlich eine neue Ausgabe von Lotek64 vorlegen. Aufgrund beruflicher Verpflichtungen war es diesmal nicht möglich, den gewohnten Sechsmonats-Rhythmus einzuhalten. Umso mehr freuen wir uns, im neuen „Heft" wieder eine große Bandbreite an Themen abzudecken.

Gastautor Logiker stellt einen spannenden BASIC-Programmierwettbewerb vor, ein weiterer Gastbeitrag des Australiers Steve Smit behandelt ein geniales Bastelprojekt. Es mangelt nach wie vor nicht an Ideen, was man mit dem guten alten Brotkasten anstellen kann.

Klemens Franz hat mit der österreichischen Games-Forscherin Johanna Pirker gesprochen. Und weil seit der letzten Ausgabe wieder zahlreiche großartige Spiele veröffentlicht wurden, stellen wir einige davon vor.

Unseren Aufruf, bei Lotek64 mitzuarbeiten, halten wir aufrecht. Wer Artikel über Retrocomputing-Themen aller Art schreiben möchte, ist bei uns willkommen. Eine gedruckte Version dieser Ausgabe wird zusammen mit den Heften 59 und 61 als Sammelband über BoD zum Kauf angeboten. Bitte also um Geduld.

Wir wünschen euch einen schönen Frühlingsbeginn – und bleibt gesund!

Georg
(für die Redaktion)

Programmierwettbewerb

BASIC 10-Liner-Contest 2019

Bill Gates meinte einst: „Das Messen des Programmierfortschritts durch Codezeilen ist wie das Messen des Baufortschritts von Flugzeugen anhand des Gewichts." Dieses Zitat passt mehr als perfekt für BASIC 10-Liner. Tatsächlich ist es meist so, dass ein BASIC-10-Liner umso eher fertig ist, je weniger Code er enthält. Der bereits achte BASIC-10-Liner-Contest ist Grund genug, sich eingehend damit zu beschäftigen.

Autor: Logiker

Was 2011 als spaßiger Event begann, hat sich im Laufe der Jahre stetig weiterentwickelt.

Im ersten Jahr war es eine Art Live-Programmierwettbewerb einer kleinen Gruppe beim von Gunnar Kanold initiierten NOMAM-Event („Not Only Marvellous Atari Machinery"). Nach einer Pause im Jahr 2012 beschloss man im gleichen Jahr Spiele in BASIC zu programmieren. 2014 erlaubte man das stärkere Turbo BASIC XL, was zu 40 fantastischen Spielen führte. 2015 waren weitere (Nicht-Atari-) Maschinen erlaubt und 2016 waren alle 8-Bit-Maschinen mit BASIC erlaubt. Das Konzept mehrerer Kategorien hat sich im Laufe der Zeit weiterentwickelt und hat sich in den letzten Jahren auf einem stabilen Level etabliert. Das Jahr 2019 war mit insgesamt 80 Teilnehmern ein erstaunlicher Erfolg. Während in den ersten Jahren alle Programme vom Publikum bewertet und beurteilt wurden, übertrug man diese Aufgabe im Laufe der Zeit vor allem aufgrund der unglaublichen Teilnehmerzahl einer erfahrenen Jury.

Die Regeln in Kürze

Die Regeln scheinen auf den ersten Blick recht einfach zu sein. Man schreibe ein Spiel mit zehn Codezeilen. Jede Zeile hat ein bestimmtes Zeichenlimit. Man darf seinen Code auf nur wirklich benötigte Zeichen beschränken. Das heißt, wenn man bei der Eingabe einer Zeile ein Leerzeichen weglassen kann, soll man dies tun. Zeilennummern werden gezählt, die Eingabetaste selbst nicht. Abkürzungen wie ein Fragezeichen (?) für Print oder pO für POKE (am C64) sind zulässig. Der Zugriff auf den Rechner mit Hilfe von PEEKs, POKEs und Systemaufrufen ist zulässig, während das Schreiben von Assembler-Programmen bzw. -Routinen nicht erlaubt ist.

Einige Sonderzeichen können nicht einfach per Tastenklick eingegeben werden. Wenn sie aber auf irgendeine andere Art und Weise erzeugt werden können, sind sie nicht verboten. Auch externe Editoren können verwendet werden. Für einige Kategorien sind externe Editoren wie das „CBM prg Studio" für den Entwickler der komfortabelste Weg.

Die vier Kategorien

PUR-80: Erlaubt 80 Zeichen pro Zeile. Dies ist gewissermaßen die härteste aller Kategorien. Commodore-Computer unterstützen normalerweise nicht mehr als 80 Zeichen pro Zeile.

PUR-120: Diese Kategorie kann gewählt werden, wenn 80 Zeichen nicht ausreichen. Atari-Computer erlauben normalerweise bis zu 120 Zeichen pro logischer Zeile.

EXTREM-256: Diese Kategorie bietet mehr als dreimal so viel Platz wie die erste. Da man auch hier nur zehn Zeilen hat, ist der Code möglicherweise noch schwerer zu lesen als bei den obigen Kategorien. Der Amstrad-CPC erlaubt standardmäßig 256 Zeichen pro Zeile. Andere Homecomputer erfordern einige Tricks oder spezielle Editoren, um dies zu bewerkstelligen.

WILD ist die letzte Kategorie, die alles sammelt, was nicht in die obigen Kategorien fällt bzw. Programme, die sich nicht in jeder Hinsicht an die angegebenen Regeln halten.

Die Herausforderung

Worin besteht die Herausforderung, ein Spiel mit zehn Zeilen zu schreiben? Es ist vor allem die Größe. Zehn Codezeilen bedeuten je nach Kategorie etwa 800 Byte bis zu 2,5 Kilobyte an Code. Das ist ein sehr kleiner Bruchteil dessen, was moderne Spiele benötigen. Diese benötigen normalerweise nämlich einige Gigabyte oder zumindest viele Megabyte. Selbst im Vergleich zu gewöhnlichen Spielen auf Retro-Maschinen ist die Größe von Zehnzeilern winzig.

Mit rund einem Kilobyte kann man kaum Töne oder Grafiken erstellen, möchte aber dennoch den Spieler ansprechen. Und wenn man vorhat, Denkspiele umzusetzen, können in einem Kilobyte auch kaum Daten oder Algorithmen untergebracht werden.

Wenn man bedenkt, dass BASIC nicht so mächtig ist, sieht man sich einer sehr begrenzten Anzahl verfügbarer Befehle auf engstem Raum gegenüber.

Nicht nur die Anzahl der Bytes, sondern auch die Strukturierungsmöglichkeit aufgrund der maximalen Anzahl von zehn Zeilen ist stark begrenzt. Viele BASIC-Dialekte erlauben nur einfache IF-Befehle und sehen keine Verschachtelungen oder alternative Verzweigungen (ELSE-Befehl) vor.

Eigenschaften

Eine Möglichkeit, den Anforderungen des Programmierens eines BASIC-10-Liners näher zu kommen, besteht darin, die Programme als solche zu analysieren. Wie sehen typische BASIC-10-Liner aus?

• Zehn Zeilen bedeutet nicht zehn Befehle. Wenn eine Zeile 80 Zeichen lang ist, besteht sie meist aus mehreren Anweisungen. Ein gesamtes Programm kann locker auf 100 Anweisungen kommen.

• Die Anweisungen werden nicht wie beim normalen Programmieren gruppiert. Man fasst alles in zehn Zeilen zusammen. Man verkettet Anweisungen, um Platz zu sparen, und man fängt eine neue Zeile nur dann an, wenn dies durch die Regeln (oder den BASIC-Interpreter) vorgegeben wird.

• Um den Platz so effizient wie möglich zu nutzen, müssen Anweisungen neu angeordnet werden. Sie werden also dort platziert, wo freier Speicherplatz vorhanden ist und nicht dort, wo sie logisch hinpassen würden. Dies kann zu einem völlig chaotisch aussehenden Code führen.

• Natürlich müssen Code und Daten so effizient wie möglich verwendet werden. Auch dies führt zu den seltsamsten Konstruktionen, die oft nur schwer zu verstehen sind.

• Optimierungen des Codes verschleiern den Code sogar noch mehr.

• Variablen bestehen normalerweise nur aus

einem Buchstaben, um Platz zu sparen. Daher ist ihre Bedeutung oft schwer oder gar nicht zu erraten.

- Wenn eine Variable nur selten verwendet wird oder wenn ihr Wert nur ein oder zwei Zeichen enthält, wird der Wert direkt verwendet, was das Verstehen des Codes erschwert. Oft sind die Werte bereits vorberechnet, so dass Platz für Rechenoperatoren gespart wird.
- Der wichtige IF-Befehl ist bei vielen BASIC-Dialekten sehr beschränkt einsetzbar. Er wird oft vermieden und durch fantasievolle binäre logische Anweisungen ersetzt, die schwer zu verstehen sind.
- Steuercodes können häufig verwendet werden, da sie einige Probleme elegant lösen können. Solche Codes erschweren jedoch das Lesen des Codes – und auch das Eingeben.
- BASIC-10-Liners sind sehr hardwarespezifisch. Insbesondere C64s, aber auch andere Maschinen, erfordern gute, spezifische Computerkenntnisse. Viele Aufgaben können nur mit PEEK, POKE und Systemaufrufen ausgeführt werden.
- Der Code enthält keine Kommentare. Für den Wettbewerb wird den Teilnehmern jedoch empfohlen, ihre eigene Code-Beschreibung separat bereitzuhalten.

Wirklich zehn Zeilen?
Aus philosophischer Sicht könnte man sich fragen, ob es sich wirklich nur um zehn Codezeilen handelt. Wenn man es mit Assembler vergleicht, könnte man denken, dass zehn Zeilen kaum etwas bewirken können. Nun, BASIC ist keine Maschinensprache. Als Interpretersprache wird jeder Befehl selbst in viele Maschinenbefehle übersetzt. Der auf der CPU ausgeführte Code ist also sicherlich viel größer als die Menge der tatsächlich eingegebenen Zeichen. Aber dieses Problem ist nur philosophischer Natur. Heutzutage muss (nahezu) jeder Code

in die eine oder andere Form übersetzt werden und greift darüber hinaus auf viele verfügbare Bibliotheken, z.b. aus dem Betriebssystem, zu.

Für wen?
Also, für wen ist dieser 10-Liner-Wettbewerb? Vielleicht ist es nichts für absolute Anfänger, weil es doch recht häufig hardwarespezifisch zugeht und viele Tricks verwendet werden müssen, um Optimierungen vorzunehmen, die im wirklichen Leben normalerweise nicht benötigt werden. Der Wettbewerb eignet sich für Personen, die sich mit einigen BASIC-Kenntnissen an einem bestimmten Computer in einen bestimmten BASIC-Dialekt einarbeiten möchten.

Für den Programmierer selbst kann es eine echte Herausforderung darstellen. Für andere kann es wirklich beeindruckend sein, was man mit zehn Zeilen BASIC-Code bewerkstelligen kann.

Ergebnisse (und Statistiken) von 2019
Im Jahr 2019 gab es 83 Beiträge. 35 von ihnen nahmen in der PUR-80-Kategorie teil, jeweils 18 in den Kategorien PUR-120 und EXTREM-256 sowie die letzten zwölf Einträge in der Kategorie WILD. Es gab 21 Einträge für den C64, 20 für den Atari, zwölf für den Spectrum, neun für den VIC-20 und sechs für den Amstrad CPC. Alle anderen Maschinen (BBC, MSX, Mattel, MC-10, MSX2, M200, VCS, Apple IIe, MO6 und Amiga) hatten drei oder weniger Beiträge. Die Kategorie PUR-80 hatte eine Durchschnittsnote von 5,71, PUR-120 5,45 und EXTREM-256 die beste Durchschnittsnote von 6,18.

Ergebnisse nach Kategorie
PUR-80: Die Kategorie PUR-80 wurde von Commodore dominiert. Von 35 Einsendungen waren 15 für den C64 und sechs für den VIC-20. Insgesamt waren also fast zwei Drittel der

Beiträge innerhalb dieser Kategorie für Commodore-Rechner.

01. Highway Hoppers/romwer/C64: Eine Frogger-Portierung, wobei man sich nur in eine Richtung bewegen kann:

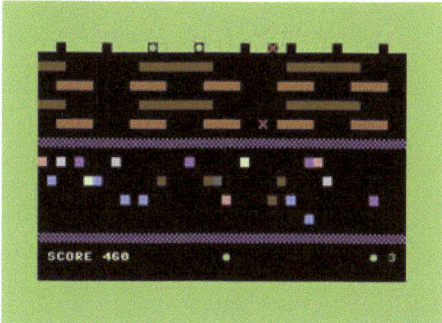

02. LOGIpics/Logiker/Amstrad: Nonogramm (Puzzle) mit 256 Levels:

03. Last Ninjutsu Master/romwer/C64: Reaktionsspiel – hüpfe zum richtigen Zeitpunkt!

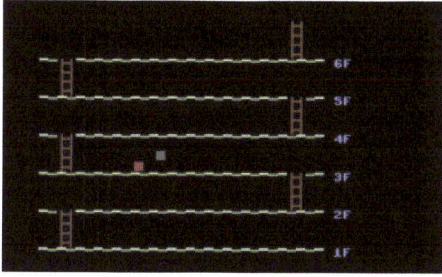

PUR-120: Die Kategorie PUR-120 war absolut in den Händen von Atari. Die Hälfte der Einsendungen betraf den Atari. Die drei ersten Plätze wurden alle von Atari-Beiträgen belegt.

01. Pixelated Puzzle/Vitoco/Atari: Löse das Schiebepuzzle!

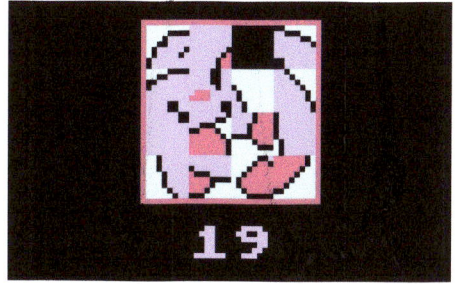

02. Lander/Kevin Savetz/Atari: Simulation der Mondlandung am Atari:

03. reactorX/jeffpiep/Atari: Navigiere das Raumschiff.

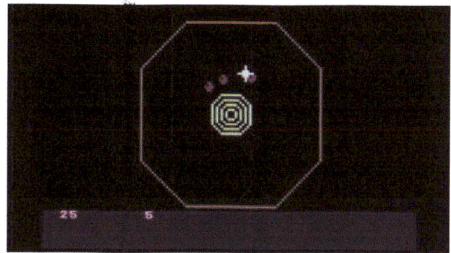

WILD: Die Kategorie WILD entschied Mooyan für sich. Dieses Spiel wurde für einen sehr seltenen Computer programmiert, nämlich den französischen Thomson MO6.

01. Mooyan/Giuseppe Stassi/MO6: Portierung des Arcade-Spiels Pooyan auf den Thomson MO6

02. Eggsman/t0mpr1c3/BBC: Finde alle Eier im Irrgarten.

03. Mini Character Editor/Kevin Savetz/Atari: Kleiner Zeichen-Editor.

EXTREME: In der Kategorie EXTREM-256 belegte Atari die ersten beiden Plätze, gefolgt von einem Spiel für den Amstrad CPC.

01. Mini Bros/Vitoco/Atari: Mario-Clone in sage und schreibe zehn Zeilen.

02. Floody Bot/Kevin Savetz/Atari: Kämpfe dich durchs Labyrinth, ohne zu ertrinken!

03. OVO/gg cpc/Amstrad: Schnelles Rennen durch ein zufälliges Feld.

Fazit

Manchmal haben Einschränkungen wirklich ihre Vorteile! Man benötigt nicht endlos viel Zeit, wie bei anderen Projekten, die (theoretisch) unbegrenzt sein können. Irgendwie ist es wie ein schönes Gefängnis. Zuerst möchte man entkommen. Später fühlt man sich darin pudelwohl.

Für mich sind diese BASIC-Programme wie Gedichte. Obwohl nun Gedichte auf viele Arten interpretiert werden können, müssen BASIC-Programme nur auf eine einzige Art interpretiert werden: nämlich mit dem BASIC-Interpreter.

Die Reise in die Welt der 10-Liner möchte ich mit einem weiteren Zitat von Bill Gates beenden. Er meinte, dass 640 KB genug wären. Wie unrecht er doch hatte. Eigentlich sind doch zehn Zeilen mehr als genug, oder? ∎

Resultate 10-Liner-Contest 2019

Im Folgenden sind alle Resultate des 10liner Contests 2019 aufgelistet. Neben dem Namen des Programms sind auch der Ersteller und das Computer-System angeführt. Die Angaben sind ohne Gewähr.

PUR-80

01. Highway Hoppers/romwer/C64
02. LOGIpics/Logiker/Amstrad
03. Last Ninjutsu Master/romwer/C64
04. Breakout/Johan Berntsson/C64
05. Bounce & Catch/Vitoco/Atari
06. catrpilr/t0mpr1c3/BBC
    You've Got Mail/Sander Alsema/C64
08. LootBox64/romwer/C64
09. Bolalela 3/Beyker Soft/Spectrum
10. nanoHEXAGON/Logiker/Amstrad
11. Rainbow Diet/Sander Alsema/C64
12. Hubbub/Eric Henneke/Atari
13. MiniMans20/Fabrizio Caruso/VIC
14. UFO Attack/Vitoco/Atari
    BOH/atomcode/C64
16. 10Line Invader 2019/loudscotsbloke/Mattel
17. Mines20/Fabrizio Caruso/VIC
18. Pixels Attack ZX/Lviv IT Museum Львівський IT музей/Mattel
19. 10Liner-Golf/Endurion/C64
    Mines64/Fabrizio Caruso/C64
    Torpedo Boat Commander/Fredrik Ramsberg/C64
22. Meteors20/Fabrizio Caruso/VIC
    Bar10der/Anders Carlsson/VIC
24. Thief64/Fabrizio Caruso/C64
25. Pixels Attack ZX/Lviv IT Museum Львівський IT музей/Spectrum
26. Piggy Bank/Emanuele Bonin/C64
27. Hill Roller/48kRAM/M200
    Dropper/David A. Gershman/C64
    License Plates/Vitoco/Atari
30. Ballgame/Daniel A. Nagy/Spectrum
31. SSP-20/Hirschi/VIC
32. Wizard/Attila Deák/VIC
33. Keyboard Trainer 64/David A. Gershman/C64
34. QixBAS/Roberto Capuano/MSX2
35. Toilet Roll Pulling/Maik Schilling/C64

PUR-120

01. Pixelated Puzzle/Vitoco/Atari
02. Lander/Kevin Savetz/Atari
03. reactorX/jeffpiep/Atari
04. EarthWorm/Naufr4g0/C64
05. CPCanabalt/Logiker/Amstrad
06. Chopper/Jim Gerrie/MC-10
07. Bouncy/Kevin Savetz/Atari
08. Bomb Run/Jim Gerrie and Robert Sieg/MC-10
09. Mushrooms/Masterware Entertainment/

VIC
Bomber/Kevin Savetz/Atari
11. Dragon Trainer/8Bit 1337/Atari
12. SSPES-64/Hirschi/C64
13. Minilife/Kevin Savetz/Atari
Tetris120/Daniel A. Nagy/Spectrum
15. Simon Says Touch Me!/Mr SQL/VCS
16. Missile/Etom000001/Atari
17. Horse Racing/Masterware Entertainment/
VIC
18. Poke Pig/Kevin Savetz/Atari

03. Mini Character Editor/Kevin Savetz/Atari
04. Bomb/Sergio Gambino/VIC
05. Print is the new Poke/Wil/C64
06. Amen [BREAK]/Bill Kendrick/Atari
07. Garden/Kevin Savetz/Atari
08. Drummer/Toolkitman/Spectrum
09. Easy Mini Piano/Toolkitman/Spectrum
10. Similar Simon/Toolkitman/Spectrum
11. Find the Words/Toolkitman/Apple IIe
12. Amiga 500 Chatbot/Toolkitman/Amiga

EXTREME
01. Mini Bros/Vitoco/Atari
02. Floody Bot/Kevin Savetz/Atari
03. OVO/gg cpc/Amstrad
04. Super Fish/N.I/MSX
05. Downfall/t0mpr1c3/BBC
06. Simon Says Touch Me!/Mr SQL/Amstrad
07. The Life Is A Road And All That Shit/azi-mov/Spectrum
08. Ballistic Challenge/Rodrigo Gonzales/
MSX
09. Hopman/onlineprof2010/C64
10. Tetris256/Daniel A. Nagy/Spectrum
11. Bad Day Being A Microbe!/azimov/Spect-rum
12. Missile 10/Bill Kendrick/Atari
Neverending Sorry/Pirx/Atari
14. Tanks Alot/Out Bush/Amstrad
15. RACE4YOURLIFE/SEGLabs/C64
16. Life in C64/alvalongo/C64
17. Color Lines/Lviv IT Museum Львівський
IT музей/Spectrum
18. Artificial Intelligence Clive Sinclair/Tool-kitman/Spectrum

WILD
01. Mooyan/Giuseppe Stassi/MO6
02. Eggsman/t0mpr1c3/BBC

Informationen und Links

Der BASIC 10-Liner Contest feiert 2020 sein zehnjähriges Bestehen. Der Wettbewerb war bei Redaktionsschluss dieser Ausgabe von Lotek64 voll im Gange. In diesem Jahr ist mit einem neuen Teilnehmerrekord zu rechnen.

Deadline war der 21. März 2020. Die Ergebnisse werden wie üblich auf der NOMAM ermittelt.

Homepage mit Ergebnissen und Downloads:
https://gkanold.wixsite.com/homeputerium

„BASIC Tenliners", deutsches Buch von Gunnar Kanold:
https://www.amazon.de/gp/
product/1291887075

Über den Autor

Als der Logiker (logiker.com) im jugendlichen Alter seinen ersten Homecomputer erhielt, begann er sofort mit dem Programmieren kleiner BASIC-Programme. Das Durchspielen von Games interessierte ihn weniger. Vielmehr faszinierten ihn die Ideen und die Logik dahinter. Die Retro-Begeisterung ist ihm bis heute erhalten geblieben.

Der Commodore 64 spielt jetzt auch Gitarre:

Robot Guitar C64

Der C64 mit seinem SID-Soundchip ist weithin anerkannt als Lieferant für den besten auf einer 8-Bit-Maschine erzeugten Klang. Wusstet ihr aber, dass der C64 auch leistungsfähig genug ist, um das Spielen einer echten Gitarre zu übernehmen? Der nette und rundum coole Steve Smit aus Sydney, Australien, erzählt uns alles über sein C64-Robot-Guitar-Projekt. Lassen wir ihn selbst sprechen.

von Steve Smit. Übersetzung
aus dem Englischen: Arndt Dettke

H allo allerseits, mein Name ist Steve Smit. Mein erster Computer war zwar ein VC20, aber ich habe mir sofort, als der Commodore 64 im Jahr 1982 in Australien herauskam, so einen gekauft (damals kostete ein C64 699 AUD, nur für den nackten Computer!) Zu dieser Zeit war ich gerade in der Elektronikindustrie tätig, aber der C64 weckte mein Interesse an Computern, und durch eine Kombination aus Selbstlernen, dem Beitritt zu einer User-Gruppe und bestimmten Fächern bei TAFE (steht für „Technical and Further Education", eine Art australische Online-Universität; die Red.) konnte ich eine Karriere in der IT-Branche beginnen, wo ich bis heute arbeite.

In den 80er Jahren führte ich auf meinem Commodore 64 einige Low-Level-Projekte durch, aber eigentlich ohne wirklich etwas zu tun, von dem ich sagen würde, dass es ein abgeschlossenes, zufriedenstellendes Projekt war. Irgendwann verkaufte ich sogar meinen C64 und legte mir zunächst einen Amiga 1000 zu und danach viele andere PCs, aber da war was in mir, das wollte sehen, ob ich nicht zu dieser

■ Steve Smit zeigt seine Erfindung.
Diese Aussies, immer gut gelaunt!

coolen 8-Bit-Zeit zurückgehen und wirklich etwas Besonderes zu Ende bringen könnte. Also beschloss ich kurzerhand, bei eBay einen C64 zu kaufen und damit ein Großprojekt zu starten. Das Projekt, das ich mir ausgedacht hatte, war, eine „Roboter-Gitarre" zu bauen, eine

sonst normale Gitarre, die aber so weit wie möglich unter der Kontrolle des Commodore 64 stehen sollte.

So begann ich dieses Projekt vor zwei Jahren und musste erst einmal einige Entscheidungen treffen, angefangen bei der Frage, in welcher Sprache ich versuchen sollte, zu kodieren. Das Projekt sollte ja auf einem C64 laufen, eine ganz schwierige erste große Entscheidung. Ich mag ja Forth sehr gerne, aber ein Freund schlug mir Pascal vor, das ist heute noch als Borlands Delphi im kommerziellen Einsatz. Das würde auch bedeuten, dass ich, wenn ich später für andere Plattformen entwickeln wollte, hoffentlich einige der Prinzipien dieser Sprache gelernt hätte. Pascal war schließlich ursprünglich dazu gedacht, unerfahrenen Programmierern dabei zu helfen, gute Arbeitsgewohnheiten zu entwickeln. Ich schaute mich also nach einem geeigneten Pascal um, und wurde fündig in G-Pascal, das 1983 genau hier in Australien von Gambit Games (Nick Gammon & Sue Gobbett) entwickelt worden war.

for Commodore 64

Ich wollte das Projekt auf keinen Fall überstürzen, denn ich war auf eine Plattform aus, auf der ich in Zukunft auch an anderen Projekten arbeiten konnte. Einige Zeit verbrachte ich daher mit der Entwicklung einer Möglichkeit, auf einem normalen PC am Quellcode zu arbeiten und die Code-Dateien auf virtuelle Disketten- dateien (D64) zu übertragen, damit ich eine bessere Bearbeitungsumgebung als die von G-Pascal selbst zur Verfügung hatte.

Um das Ganze nachbaubar zu halten, wollte ich, dass der Roboter einfach am Hals jeder normalen Akustikgitarre montiert werden

konnte, also verwendete ich dafür zwei sim- ple G-Klammern (zu je 4 AUD) und ein Stück Kiefernholz (1 AUD) von Bunnings (eine aus- tralische Baumarktkette, die sich meiner Mei- nung nach inzwischen auch in Großbritannien wiederfindet, in den USA könnte man es bei Home Depot versuchen), mit denen konnte ich einfach all die verschiedenen Teile, die ich zum Montieren brauchte, zusammenschrau- ben. Die „Greiffinger" sind einfach auf Länge geschnittene Holzdübel mit gerade gebogenen Büroklammern, die ich in kleine Führungslö- cher am Ende jedes Dübels klebte. Dann befes- tigte ich bei jedem kleine Gummipolster an der Unterseite, um die Kuppen eines menschlichen Fingers nachzuahmen.

■ Für die „Greiffinger" schnitt ich einen Holzdübel, bohrte jeweils ein kleines Loch in ein Ende und klebte eine gerade gebogene Büroklammer in das Loch. Am anderen Ende klebte ich Gummifüße an (die mit einer Schere etwas nachgeschnitten werden mussten).

Für die „Finger" am Gitarrenhals versuchte ich zunächst, elektrisch gesteuerte Stabmagneten (Solenoide) zu verwenden, aber ich stellte fest, dass diese viel zu viel Strom benötigten und nicht die erforderliche Kraft lieferten, um die Saiten auf das Griffbrett einer Akustikgitarre zu drücken und festzuhalten. Die Idee, die ich als nächstes ausprobierte, waren Servomotoren. Zunächst wollte ich sehen, ob ein C64 einen Servomotor direkt ansteuern kann, aber es erwies sich als sehr schwierig, vom C64 ein stabiles Pulsbreitensignal zu erhalten. Darüber hinaus müsste die C64-Robotergitarre in der Lage sein, gleich eine ganze Menge Servos zu steuern. Daher beschaffte ich mir einen Arduino Mega mit einem Sensor Shield (etwa 40 AUD pro Teil) als Controller, dem der Commodore 64 Aktionen in Echtzeit übermitteln könnte.

jeder Bundposition mit ähnlichem Druck wie ein menschlicher Finger niederhalten konnten. Auch auf die Größe der Servomotoren musste ich dabei achten, da ich ja sechs Servos pro Gitarrenbund montieren musste. Ich kaufte ein und fand SG90-Servos bei eBay für nur 2,20 AUD pro Stück. Bisher habe ich rund 30 davon gekauft, da während der Entwicklung einige Servos unter zu hoher Belastung ihren Geist aufgaben.

■ Hier ein Test, den ich mit drei Magneten durchführte, der sich aber als nicht erfolgreich erwies. Sie bewegten sich zwar beim Einschalten schnell nach unten auf die Saiten, aber der Druck war zu gering, der Ton der Gitarre klang beim Spielen sehr gedämpft. Ich gab diese Idee auf und ging stattdessen zur Verwendung von Servomotoren über.

■ Ein Test einer meiner „Greiffinger". Die Büroklammer hat einen kleinen Knick, um durch die Bohrung am Servo zu führen. Wenn sich der Servo um etwa 60 Grad dreht, drückt er entweder auf die Saite oder hebt sich ab, und der Klang der Note beim Spielen ist sehr gut.

Ich fand auf diese Weise heraus, dass Servomotoren sowohl gut als Saitenzupfer geeignet waren, aber auch als „Stempel", die die Saiten an

Angesichts der Strommenge, die alle Servos verbrauchen können, entschied ich auch, dass ich den Commodore 64, der den Roboter über den Userport steuert, besser schützen müsste.

Von Jaycar (ein australischer Elektronikhändler, die Red.) konnte ich neun Optokoppler (4N25) beziehen, die keinen Strom benötigen, sondern nur die TTL-Logik der Pins, die ich für die Datensteuerung verwenden wollte. Ich

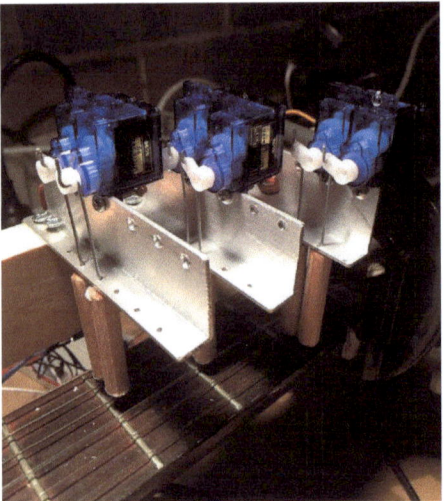

■ Hier teste ich mehr Servos (nachdem ich auf die kleineren SG90-Servos umgestellt hatte), um mehr Akkorde/Noten spielen zu können, die „Finger" auf anderen Gitarrenbundreihen erfordern.

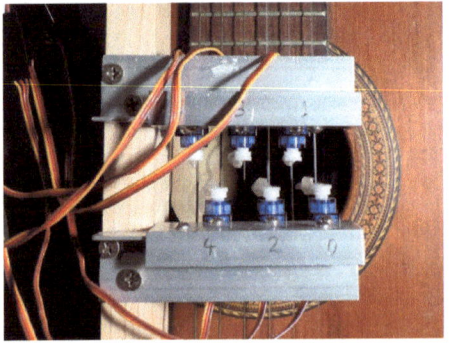

■ Die „Zupfer" sind nichts weiter als sechs Servos mit abgeschnittenen Plektren, die an ihnen montiert sind.

■ Auf der Länge des Holzes habe ich nicht nur die Servomotoren montiert, sondern auch den Controller (einen Arduino Mega mit Sensor Shield) und ein Optokoppler-Board, das ich zum Schutz des Commodore 64 angefertigt habe.

entwickelte die Datensteuerung so, dass der C64 so programmiert werden konnte, dass er die Bund- und Zupfservos bitweise zur Darstellung von Befehlen und Daten heranzieht. Da eine Gitarre nur sechs Saiten, ein Byte aber acht Bits hat, verwendete ich die oberen zwei Bits, um die Befehle zu definieren, und die restlichen Bits stellen entweder ein „Herunterdrücken"- oder „Anheben"-Bit für jede Saite jeder Bundreihe dar bzw. ein „Zupf-" oder „kein Zupf"-Bit für die „Klimper"-Servos.

Da ich wollte, dass der Commodore 64 die größtmögliche Kontrolle bei der Steuerung hat, schrieb ich Software-Routinen, die all die fein eingestellten Positionen für alle Servos speichern. Eine Routine, die zur Feineinstellung jedes Servos verwendet werden kann, falls irgendwelche Anpassungen erforderlich sind, kam dazu. Als i-Tüpfelchen baute ich noch eine Joystick-Routine ein, mit der der Benutzer bequem die Positionen der Roboterfinger einstellen kann (mit Aufwärts oder Abwärts am Joystick) oder mit der er zwischen den beiden Positionen umschalten kann, zwischen denen sich jeder Servo bewegt (mit Feuer am Joystick).

Als nächstes nahm ich in Angriff, den Commodore 64 in die Lage zu versetzen, Lieder zu laden, sie anzuzeigen, zu bearbeiten, zu löschen, zu speichern und sie unter Verwendung von Gitarrentabulaturen abzuspielen. Das Bearbeiten erfolgt durch Bewegen des Cursors mit den Cursortasten auf dem C64, ich habe aber auch eine Unterstützung der Commodore Maus 1351 (die Maus, die immer noch mit einer Kugel darin arbeitet!) eingebaut. Damit kann man sowohl den Cursor positionieren als auch die verschiedenen Optionen auf dem Bildschirm anwählen. Lieder werden auch mit den auf dem Bildschirm angezeigten Beats pro Minute (BPM) abgespielt, und auch dies ist einstellbar, um das Tempo eines Liedes beschleunigen oder verlangsamen zu können.

Das, was man wohl als Version 1 bezeichnen könnte, ist jetzt abgeschlossen, aber ich habe bereits einige Ideen für Verbesserungen. Die erste Idee, an der ich arbeite, ist es, die Software auch ohne eine angeschlossene Roboter-Gitarre zu benutzen. Stattdessen würde die Melodie mit bis zu drei Stimmen des internen SID-Chips gespielt. Eine weitere Erweiterung wäre, die Software als Gitarrenübungshilfe zu verwenden, indem die aktuelle Tabulaturzeile durch eine visuelle Darstellung des Gitarrenhalses ersetzt wird, die zeigt, welche Positionen die Finger auf den Bünden einnehmen müssen und welche Saiten gezupft werden.

In die Roboter-Gitarre selbst möchte ich

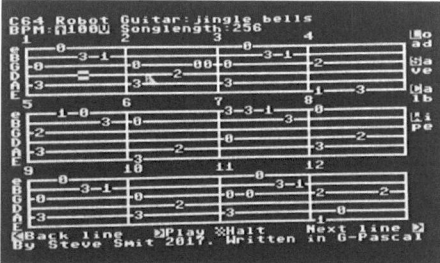

■ Hier ist ein Screenshot, der den Tabulaturbildschirm zeigt, auf dem gerade der Song Jingle Bells zu sehen ist. Mit der Software kann man per Cursor oder per Maus arbeiten, um beliebige Positionen im Lied zu bearbeiten oder eine der Funktionen am Bildschirmrand auszuwählen.

noch einen Gitarren-Pickup einbauen und dessen Signale wieder in den SID-Chip des C64 zurückführen, um den Sound der Gitarre durch die verschiedenen SID-Filter und Wellenformen zu verzerren. Eigentlich wollte ich den gesamten Code in Pascal schreiben, aber die Algorithmen zur Echtzeitumwandlung der Tabulaturdaten erwiesen sich in Pascal als zu langsam, so dass ich diese in Maschinencode schreiben musste. Ich wollte auch, dass der Bildschirm jedes Mal nach oben scrollt, wenn eine Tabulaturzeile abgespielt ist, stellte aber wiederum fest, dass mein Pascal nicht schnell genug war, um den Bildschirm in akzeptabler Zeit neu aufzubauen, also schrieb ich auch hierfür eine Maschinenprogrammroutine, die den Bildschirm eine Zeile nach oben schiebt. ■

Danke an George Bachaelor.

Ein Gespräch mit Johanna Pirker

„Belohnungscharakter vor Bestrafung stellen"

Johanna Pirker ist in den letzten Jahren so etwas wie das Gesicht der österreichischen Games-Forschung geworden. 2018 wurde sie unter die „30 unter 30" von Forbes gewählt, im letzten Dezember erhielt sie den Futurezone Award in der Kategorie „Women in Tech". Zwischen all den Auszeichnungen, Interviews und Vorträgen engagiert sie sich stark im Bereich Spieleentwicklung. Neben regelmäßigen Treffen haben sich die GameDevDays Graz zur größten Konferenz zum Thema Games in Österreich entwickelt. Klemens hat mit ihr über alte Spiele, bunte Informatik und interaktive Streams gesprochen.

Das Interview führte Klemens Franz.
Fotos: mrfoto.at

Klemens: Fangen wir ganz am Anfang an: Du erzählst in Interviews gerne, dass du als Zwei-, Dreijährige begonnen hast, auf dem DOS-Rechner deines Vaters per Command Line Spiele zu starten. Das muss also Anfang der 90er gewesen sein. Kannst du dich noch an Details erinnern? Welche Spiele waren das?

Johanna: Oh ja. Ganz wichtig war Prince of Persia für mich. Ein Spiel von Jordan Mechner, in welchem der Prinz versuchen muss, unter Zeitdruck (60 Minuten) die Prinzessin vom bösen Jaffar zu befreien. An Sierras King's Quest V kann ich mich auch noch gut erinnern. Das erste Point-and-Click-Adventure, dass ich gespielt habe. Ein Genre, was mich noch lange begleitet hat. Ganz vage erinnere ich mich noch an Budokan, an ein Golfspiel und an Schach.

■ Prince of Persia: Den persischen Prinzen gibt es für so ziemlich alle Plattformen. Seit 2011 sogar für den C64. Derzeit in Entwicklung befinden sich Versionen für Atari XL/XE (im Bild) und Intellivision. *Quelle: indieretronews.com*

Klemens: Ja, Jordan Mechners Prince of Persia ist wohl eines der einflussreichsten Spiele der späten 90er. Daran kam damals wohl niemand vorbei. Spielerisch bist du also in den 90ern sozialisiert worden. Was sind denn deine Highlights aus dieser Zeit?

Johanna: Ganz wichtig war auf jeden Fall das Point-and-Click-Adventure von LucasArts „Day of the Tentacle". Das Spiel habe ich geliebt und ich spiele es immer noch vermutlich einmal im Jahr durch.

Klemens: Warum?

Johanna: Die Kombination aus skurrilem Humor, ein bisschen Geschichte und die coolen Charaktere haben mich sofort in den Bann gerissen.

Klemens: Point'n'Click-Adventures waren ja in den 90ern ganz groß. Danach wurde es – auch durch diverse missglückte 3D-Experimente – eher still. In den letzten Jahren hat sich aber wieder einiges getan, auch durch die Fans im deutschsprachigen Raum. Vor allem klassisch angelegt scheint das Genre zeitlos.

■ Johanna Pirker

■ Day of the Tentacle: Der Maniac-Mansion-Nachfolger erschien 1993 für DOS. 2015 erschien DotT Remastered für aktuelle Plattformen, passenderweise entwickelt von Tim Schaefers Double Fine Entwicklerstudio. *Quelle: mobygames.com*

Johanna: Für mich waren Erkunden, die Entdeckung und Rätseln definitiv wichtig bei diesen Spielen.

Klemens: Mein Sohn spielt gerade Deponia. Worin liegt deiner Meinung nach die Stärke dieses Genres? Was macht diese Spiele so besonders?

Johanna: Ich denke, gerade die Möglichkeit, die Games beispielsweise auch am Tablet zu spielen und so mobil im Zug oder daheim am Sofa zu spielen, bringt das Genre an eine viel größere Zielgruppe.

Klemens: Und abseits von Point'n'Click und deinen oben genannten frühen Spielen – was wurde sonst noch geladen?

Johanna: Darf ich auflisten?

Klemens: Gerne!

Johanna: „The Incredible Machine" habe ich geliebt. Puzzles lösen, basteln, ein bisschen experimentieren und wieder viel Humor. Mit „Command & Conquer: Alarmstufe Rot" habe ich auch viele Stunden verbracht. War vermutlich auch mein erstes Echtzeit-Strategiespiel. Geprägt hat mich sicher auch Nintendo. „The Legend of Zelda: Ocarina of Time" zähle ich immer noch zu den besten Spielen, die ich jemals gespielt habe. Begleitet haben mich auch verschiedene frühe Simulationen von Maxis wie „SimCity", „SimLife" oder „Sim-Park". Ganz gut in Erinnerung habe ich auch

„The Need for Speed". Vor allem, weil man es via Splitscreen mit der Familie oder Freunden spielen konnte. Und interessanterweise auch „Leisure Suit Larry".

Klemens: Das hört sich ja fast wie ein Best-of der 90er an. Gibt es eigentlich auch Spiele, die du so richtig schlecht in Erinnerung hast?

Johanna: Das ist tatsächlich eine sehr gute Fra-

ge. Ehrlich gesagt, nicht wirklich. Es hat damals im Gegensatz zu heute vermutlich auch nicht so eine große Auswahl gegeben. Die, die ich spielen konnte, habe ich geschätzt – allein für die Vielfältigkeit.

Klemens: Gab es damals schon den Moment, wo du dir gedacht hast. „Ich möchte einmal was mit Games machen?". Ich erinnere mich, dass meine Mutter einmal meinte, ich solle doch was draus machen (ich spielte gerade Landstalker am Mega Drive). Ich hab das damals eher als peinlich empfunden. Als ich ein Jahrzehnt später ein Praktikum bei Ubisoft machte, musste ich an sie denken.

Johanna: Ich hatte relativ früh Zugang zu einem Computer. Den habe ich anfangs eigentlich nur zum Spielen genutzt, habe aber auch recht früh angefangen mit HTML herumzuprobieren und kleine Webseiten zu basteln und dann auch mit Visual Basic ganz kleine Programme für mich selbst zu bauen. Der frühe Zugang zur Hardware hat mir auf jeden Fall die Scheu genommen, selbst Sachen auszuprobieren. Ich denke, das war sogar ein wesentlicher erster Schritt, um mein Interesse an Informatik zu wecken.

Klemens: Wie viel hast du als Kind gespielt und wie sind deine Eltern damit umgegangen?

Johanna: Gespielt habe ich in meiner Kindheit schon auch sehr viel zwischendurch. Aber, ich habe eigentlich schon immer sehr viele andere Sachen auch wichtig gefunden wie beispielsweise Sport und Musik. Ich war trotzdem sehr viel draußen, also, ich glaube, meine Eltern waren nie beunruhigt.

Klemens: Du bist auch stark in der Indie-Szene engagiert. Neben Stammtischen und GameJams organisierst du ja mit den GameDevDays Graz auch die größte Konferenz zum Thema in Österreich. Indie-Games orientieren sich oft vor allem

Zur Person

Johanna Pirker, Jahrgang 1988, studierte Software Development and Business an der Technischen Universität in Graz und am MIT. In ihrer Dissertation beschäftigte sie sich mit Immersive and Engaging Forms of Virtual Learning und entwickelte mit Maroon ein interaktives Physiklabor für den Einsatz im Klassenzimmer. Sie lehrt als Assistenzprofessorin an der TU Graz Game Design and Development, Information Search and Retrieval und Social Media Technologies. Mehr Infos gibt es auf jpirker.com oder via Twitter @JoeyPrink

visuell bzw. ästhetisch an alten Spielen. Vermutlich, weil die Größe der Entwicklerteams ähnlich
ist wie in den 80ern. Dennoch: Können Entwickler – abseits charmanter Pixelgrafiken – noch was
von den alten Spielen lernen?

Johanna: Ja, auf jeden Fall. Ich denke, viele Spiel-
mechaniken und Spielkonzepte sind einfach damals geprägt worden und dienen immer noch als
Inspiration für viele von uns.

Klemens: Für mich ist es immer spannend, meine
Kinder beim Spielen alter Spiele zu beobachten.
Da hat sich einiges getan. Der hohe Schwierigkeitsgrad und die steile Lernkurve machen ihnen
schon zu schaffen. Heutzutage fällt der Einstieg
viel leichter, die Spieler werden permanent belohnt und bei der Stange gehalten. Die alten,
harten Konzepte hatten ja mit dem Ursprung der
Spiele in den Spielhallen zu tun. Auf der anderen
Seite sehe ich, wie komplex die Spiele langsam
werden, wie optimal die Spannung zwischen Anforderungen und Fähigkeiten – Stichwort Flow
– sich entwickelt (siehe Referenzen am Ende des
Artikels). Du beschäftigst dich ja auch mit dem
Thema Lernen im digitalen/virtuellen Raum. Wie
viel sollten wir da für Schulen und Unterricht aus
der Spieleforschung übernehmen?

Johanna: Wir haben gerade in diesem Bereich
tatsächlich einiges geforscht. Wir haben beispielsweise selbst ein pädagogisches Konzept für
unsere Studierenden entwickelt namens „MAL"
(Motivational Active Learning). Dabei involvie-
ren wir einerseits die Flow-Theorie, andererseits
auch die Theorie verschiedener Spielertypen (z.B.
Bartle Playertypes). Wir haben einen Kurs, der
ist mit drei Stunden recht lang und die Thematik
sehr komplex. Wir haben angefangen, den Kurs
in verschiedene kleine Teilbereiche aufzubrechen,
die maximal 15-20 Minuten lang sind und danach
gibt es direkt eine Interaktion mit den Studierenden wie beispielsweise eine Gruppenarbeit, eine

■ Ada Lovelace: Aus einer Zeit, als Wissenschaft-
lerinnen noch gemalt wurden. *Portrait von Alfred
Edward Chalon (1838)*

kleine Konzeptfrage oder eine Diskussionsrunde.
Ergebnisse werden direkt vor Ort in ein Online-
system eingetragen und Feedback wird sofort
gegeben. Allerdings werden Studierende nicht
wie im klassischen Notensystem bei schlechten
Antworten mit schlechten Noten bestraft. Sie
bekommen Punkte und haben jederzeit die Möglichkeit sich zu verbessern und mehr Punkte zu
bekommen. Ähnlich wie in Spielen haben sie optional die Möglichkeit, ein Ranking zu sehen, wie
in etwa sie im Vergleich mit der restlichen Klasse
stehen (anonymisiert), bzw. sie werden mit speziellen Elementen belohnt, wenn sie beispielsweise
Bonusaufgaben übernehmen. Wir wollen wirklich
den Belohnungscharakter vor die Bestrafung stellen und das Modell hat sich bewährt. Studierende
haben am Schluss bessere Noten und lernen sogar
mehr und machen mehr freiwillige Bonus-Übun-

gen als zuvor.

Klemens: Kennst du eigentlich Quest2Learn? Ich hatte Katie Salen bei meinem Studium als Vortragende und bin seitdem so etwas wie ein kleiner Fanboy. Diese Schule schafft es, Erkenntnisse aus dem Spielen sehr gut in die Praxis umzusetzen. Aufwendig zwar, aber auch sehr erfolgreich. Wär sowas für dich in Österreich denkbar?

Johanna: Das Modell finde ich super spannend, weil sie es wirklich schaffen, Lernende zu motivieren und für die Materie zu begeistern. Ich würde mir vor allem als Alternative in Österreich solche oder ähnliche Programme als Start im Bereich der Nachmittagsbetreuung wünschen.

Klemens: Du hast den „Women in Tech"-Award erhalten. Ich kann mich noch gut erinnern, wie ich als Mitarbeiter an einer Fachhochschule an diversen Aktivitäten beteiligt war, um Mädchen für Technik zu begeistern. Und wir haben keinen wirklich guten Ansatzpunkt gefunden, nichts schien so zu greifen, wie wir es uns gewünscht hätten. Seitdem sind jetzt doch – autsch – knapp 15 Jahre vergangen. Hat sich da viel bewegt? Oder aus deiner Perspektive: Können Games helfen, Mädchen offener für Technik zu machen?

Johanna: Für mich ist technische Entwicklung gleichwertig mit anderen kreativen Prozessen. Während ich gerne richtig gut schreiben oder malen können würde, kann ich mich mit Programmieren kreativ ausdrücken. Ich kann alle Ideen und Konzepte aus meinem Kopf anderen visuell darstellen und sie sogar interaktiv erfahrbar machen. Und genau da ist der Moment, bei dem ich denke, dass Technik den Mädchen (bzw. eigentlich allen) helfen kann, mit Games die Informatik besser zu verstehen. Wie kreativ, spannend, und cool es sein kann, mit ein paar Zeilen Code eigene kleine Welten zu bauen.

Klemens: Ich merk es auch bei meinen Kindern. Unser Ältester geht in die Elektrotechnik HTL, eine Schwester will Floristin werden, die andere liebt Pferde. Tja, und die zwei Kleinsten wollen eigentlich nur Elsa und Anna werden. Meine Frau ist – ausgebildete, nicht praktizierende – Lehrerin für Mathe sowie Physik/Chemie, und ich hab im Grunde Wirtschaftsinformatik studiert. Wir haben sie also nicht unbedingt auf eine geschlechterspezifische Schiene gebracht, aber sie entwickeln sich dennoch entlang der „Schablonen"? Hast du da eine Idee, warum?

Johanna: Das ist leider ein sehr komplexes Thema. Dass Frauen gut in der Technik sind bzw. sein können, wissen wir. So war beispielsweise mit Ada Lovelace auch die erste „Programmiererin" eine Frau. Ich denke, es sind mehrere Aspekte notwendig, um hier Verbesserungen zu erzielen. Einerseits ist es wichtig, dass es viele weibliche Vorbilder gibt. Dann ist meiner Meinung nach das Image der Technik und vor allem der Informatik ganz falsch. Oft verbindet man damit stundenlanges Starren auf ein bisschen Text in einer schwarzen Konsole. Die Informatik ist aber durchaus bunt.

Klemens: Zum Abschluss noch ein kurzer Ausblick: Du bist in der ganzen Welt auf Konferenzen unterwegs, machst Vorträge. Ich vermute einmal, du kennst dich also in der GameDev-Branche ganz gut aus. Ich werd immer etwas schwindelig, wenn ich lese, wie viele Leute da weltweit dran sitzen. Wohin geht die Reise? Wohin geht die Reise in Österreich bzw. im deutschsprachigen Raum?

Johanna: Ganz wichtig und spannend aus meiner Sicht sind neben den neuen Hardware-Angeboten aktuell die Themen Streaming von Spielen, E-Sports und Cloud-Gaming-Service (z.B. Google Stadia). Ich persönlich beschäftige mich stark mit Streaming Services wie Twitch und versuche auch in meiner Forschung dieses Phänomen besser zu verstehen und zu verstehen, wohin die Reise gehen wird. Hier sind unter anderem natürlich interaktive Streams besonders spannend – Streams, bei denen die ZuschauerInnen einen Einfluss auf das Spielgeschehen nehmen können, z.B. durch Cheering die SpielerInnen belohnen. Mich persönlich fasziniert Virtual Reality extrem. Ich liebe das Gefühl, endlich in eine digitale Welt vollständig eintauchen zu können. Hier wird es in Zukunft natürlich auch einige spannende Entwicklungen durch zusätzliche Hardware geben, die die Erfahrung noch realistischer gestalten können.

Nachdem das Gespräch bei Johanna so manche alte Erinnerung hervorgerufen hatte, die auch verifiziert werden musste, empfahl sie unmittelbar danach das Buch „The Memory Illusion" (Das trügerische Gedächtnis: Wie unser Gehirn Erinnerungen fälscht) von Dr. Julia Shaw. Worum es darin geht? Im Grunde, um unser Hirn und wie es sich Erinnerungen – auch gerne falsche – zusammenbaut, und dass wir uns eben nicht darauf verlassen können. Manches, was sich wie tatsächlich Gesehen anfühlt, ist lediglich ein Konstrukt aus Gesehenem, Geschehenem oder Gewünschtem. Spannend.

■

The
MEMORY
ILLUSION

Remembering,
Forgetting and the
Science of False
Memory

DR JULIA SHAW

Infos und Anmerkungen

Bartle Playertypes: Der Spieleforscher Richard Bartle hat vier Spielertypen bei Online-Spielen beschrieben: Den Achiever, den Explorer, den Socializer und den Killer.

http://mud.co.uk/richard/hcds.htm

Flow: Unter Flow wird die völlige Vertiefung in eine Tätigkeit – im Bereich zwischen Über- und Unterforderung – verstanden. Ursprünglich wurde dieser Zustand vom Glücksforscher Mihály Csíkszentmihályi (gesprochen etwa: Tschik-send-mi-ha-i) etwa bei Sportlern und Chirurgen beobachtet und beschrieben. Mittlerweile findet er auch Anwendung, wenn es darum geht, die Vorgänge beim (vertieften) Videospielen zu verstehen.

www.q2l.org: Eine öffentliche Schule in New York, die auf Erkenntnissen der (Video-) Spielforschung aufbaut.

Dazu gibt es einen Artikel von Klemens: https://www.diepresse.com/544580/endgegner-statt-prufungen

Ada Lovelace: Augusta Ada Byron King, Countess of Lovelace, geboren 1815, war eine britische Mathematikerin, die mit Charles Babbage die Analytical Engine entwickelte. Dabei handelte es sich um den Entwurf einer mechanischen Rechenmaschine, inklusive assembler-ähnlicher Programmiersprache. de.wikipedia.org/wiki/Ada_Lovelace

Google Stadia: Ursprünglich „Project Stream" genannt, stellt Stadia einen Cloud-Gaming-Service dar, der alle Rechenoperationen der Spiele auf weltweit verteilte Server auslagert und ein Videosignal an die Spieler via Google Chrome sendet. Dabei spielt aber auch das Streamen eigener Sessions auf Youtube eine Rolle, da andere Abonnenten quasi live in diese Streams einsteigen können (quasi ein großer Komplettspeicherstand).

Ein Ritt auf dem aquitanischen Einhorn

Im Sommer 2018 stellten wir in Ausgabe #57 von Lotek64 die Neuauflagen zweier klassischer Textadventures von Magnetic Scrolls vor: The Pawn und The Guild of Thieves. 2019 erschien auch das dritte Spiel in einer „Remastered"-Version, das für wenig Geld online erworben werden kann.

von Georg Fuchs

D ie Spiele von Magnetic Scrolls waren seit den Tagen des Debut-Werks The Pawn der englischen Softwarefirma meine Lieblingsadventures. Der Parser stand jenem von Infocom kaum nach, die Geschichten waren nicht weniger fantasievoll und wer die Originale besaß, musste auf kleine Goodies nicht verzichten, auch wenn diese nicht ganz so interessant waren wie die „Feelies" der US-amerikanischen Konkurrenz. Die Spiele von Magnetic Scrolls hatten etwas, worauf Infocom bewusst verzichtete: Illustrationen.

Die Qualität der Bilder auf dem Commodore 64 war atemberaubend, durch sie gab es eine zusätzliche Motivation, jeden Ort im Spiel zu besuchen und die oft äußerst schwierigen Rätsel zu lösen. Im Zeitalter der 16-Bitter übten die Grafiken nicht mehr denselben Reiz aus, weshalb Magnetic Scrolls Anfang der 90er das-

selbe Schicksal ereilte wie Infocom: Textadventures, mit oder ohne Grafiken, kamen aus der Mode und das Genre überlebte nur dank einiger Hardcore-Fans, die Zork & Co. den interaktiven Multimedia-Wundern der ersten Generation von CD-ROM-Spielen vorzogen. Wer aber in der Blütezeit des C64 Spiele wie The Guild of Thieves oder The Pawn spielte, kam aus dem Staunen nicht mehr heraus.

Nach der Veröffentlichung von Jinxter und einem euphorischen Bericht in der damaligen Spielepresse machte ich mich auf den Weg zu einem der wenigen Softwarehändler, die es damals in der Nähe meines Wohnortes gab, um ein Exemplar zu erwerben. Mein Taschengeld reichte dafür nicht ganz aus, ich musste auf Erspartes zurückgreifen. Das Spiel war aber jeden Schilling (damit bezahlte man 1987 in Österreich) wert und ich brauchte mehrere Wochen, um es zu lösen. Es war Sommer und als Schüler hatte ich viel Zeit.

Käsefreunde und Grüne Hexen

Entwickelt wurde das Spiel unter der Leitung von Georgina Sinclair, der Schwester von Magnetic-Scrolls-Gründerin Anita Sinclair, die bereits für den Debut-Titel The Pawn die Geschichte „Tales of Kerovnia" verfasste, die dem Spiel als Buch beilag. Im Laufe der Arbeiten kam es aber zu Meinungsverschiedenheiten zwischen den Schwestern und die Geschichte wurde schließlich von Michael Bywater neu geschrieben, der davor die dem Spiel The Guild of Thieves beiliegenden Zeitung gestaltet hatte.

Die Grafiken stammten nicht von Rob Steggles, der die beiden ersten Spiele illustrierte, sondern von Geoff Quilley und Duncan McLean. Die Qualität der Bilder ist etwas unter jenen von Steggles anzusiedeln. Sie sind aber noch immer faszinierend, bunt und abwechslungsreich. Ihre atmosphärische Wirkung verfehlen sie jedenfalls nicht: Gleich nach der ersten Szene taucht man tief in die rätselhafte und eigenartige Welt von Jinxter ein, in der vieles wie in unserer Welt ist, vieles aber ganz anders, was den Spielern als die größte Selbstverständlichkeit präsentiert wird.

In der Geschichte geht es um ein fiktives Land namens Aquitania, in dem vieles an das Großbritannien der ersten Hälfte des 20. Jahrhunderts erinnert. Eine herausragend bedeutende und omnipräsente Gruppe in diesem

Land sind die sogenannten Guardians, die wie Privatdetektive gekleidet sind, einen äußerst biederen Lebenswandel pflegen und die Funktion von Schutzengeln übernehmen. Ihnen ist zu verdanken, dass die Gruppe der Grünen Hexen schon seit Jahrhunderten keine Gefahr mehr darstellen. Der gute Zauberer Turani erschuf vor langer Zeit ein magisches Armband, das sicherstellt, dass Aquitania das Glück hold bleibt und die Macht der Hexen beinahe vollständig gebannt bleibt. Allerdings kann sich die Hexe Jannedor des Armbandes bemächti-

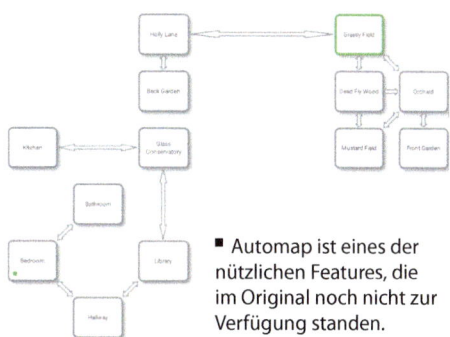

■ Automap ist eines der nützlichen Features, die im Original noch nicht zur Verfügung standen.

Hexen in die Schranken zu weisen und das Glück des Landes wiederherzustellen. Zu Beginn des Spiels wird man von den Guardians rekrutiert, um einen käseaffinen Freund namens Xam aufzuspüren, der von den Hexen entführt wurde. Wenn es gelingt, das Spiel zu lösen, wird man an den Punkt zurückversetzt, an dem man sich vor Beginn der Handlung befunden hat. Ohne zu viel zu verraten: In Jinxter gibt es kein Happy End, selbst wenn man das Spiel mit voller Punktezahl gelöst hat.

Wie die beiden zuvor veröffentlichten Magnetic-Scrolls-Spiele enthält das der Originalverpackung beiliegende Heft wertvolle Hinweise zur Lösung des Spiels. Die Antworten werden aber nur preisgegeben, wenn lange Zeichenkombinationen eingetippt werden, was äußerst mühsam ist. So wird verhindert, dass man allzu oft die Hilfe in Anspruch nimmt. Außerdem sind die Hinweise in manchen Fällen eher vage. Ohne die auf der ersten Seite des „Independent Guardian" versteckten Tipps ist es unmöglich, bestimmte magische Operationen durchzuführen, ohne die die Hexen nicht besiegt werden können.

Alte Geschichte, neues Interface

Die Neufassungen der Magnetic-Scrolls-Adventures können per Touchscreen bedient werden, aber auch ganz traditionell via Tastatur (und Maus). Auch auf mobilen Geräten laufen die Titel hervorragend, wenngleich auf kleinen Bildschirmen Abstriche bei der Bedienung in Kauf genommen werden müssen. Die neuen Features können abgeschaltet werden, sind aber überaus nützlich:

- Steuerung per Touchscreen, um die Adventures auch auf Mobilgeräten spielen zu können. Das funktioniert via Textlinks ohne virtuelle Tastatur.
- Wortvorschläge sorgen dafür, dass Begriffe ohne langes „Tippen" eingegeben werden können.

gen und verteilt die fünf darauf angebrachten Zauberobjekte im ganzen Land, um sie zu zerstören, sobald ihre Macht groß genug ist.

Aufgabe des Spielers ist es, die Objekte aufzuspüren und sie wieder zu vereinen, um die

- Das Inventory ist ständig eingeblendet und verfügt über eine Drag-and-Drop-Funktion, die Textkommandos verkürzt.
- Das Spiel hat eine Automap-Funktion, durch welche die Navigation durch bereits erschlossene Räume stark vereinfacht wird.
- Die Navigation durch die Räume des Spiels wird durch einen Kompass unterstützt, der zur Fortbewegung nur angetippt bzw. angeklickt werden muss.
- Stirbt man im Spiel, wird man automatisch wieder zurückgeholt. Das Laden und Speichern von Spielständen ist kein Thema mehr. Wird das Programm geschlossen und später wieder geöffnet, fährt man automatisch an der Stelle fort, an der man das Spiel beendet hat, auch wenn nicht gespeichert wurde.
- Es gibt eine umfangreiche Undo-Funktion, mit der auch mehrere Schritte zurückgenommen werden können.

Besonders nett sind die atmosphärischen Geräusche, die dem Spiel verpasst wurden. So meldet sich das Telefon zu Beginn mit einem durchdringenden Klingeln, um auf den Anruf eines Freundes hinzuweisen, der sich in einer Notlage befindet. Verlässt man anschließend

■ Das Interface unter Windows 10

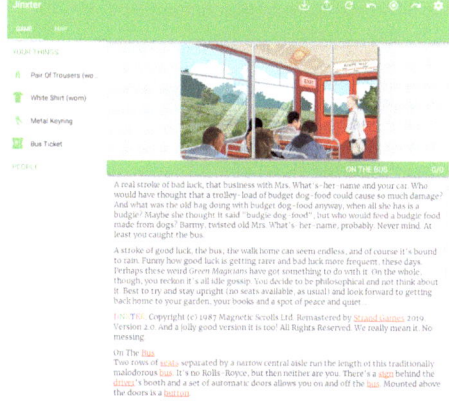

das Haus, ist man von Vogelgezwitscher umgeben. In der Küche des entführten Freundes tropft der Wasserhahn und in der eigenen Küche gibt der alte Kühlschrank ein beunruhigendes Summen von sich. Im Wald kann man das Röhren von Hirschen hören, im Taucheranzug den eigenen Atem und in einem Geheimraum unter Wasser eine äußerst gespenstische Klangkulisse.

Die vielleicht entscheidendste Neuerung ist aber, dass es nun nicht mehr so einfach ist, im Spiel steckenzubleiben oder zu sterben. Die Rätsel sind zwar unverändert geblieben, aber es gibt nun immer wieder Unterstützung durch die Guardians von Aquitania, die einem gerne unter die Arme greifen, zum Beispiel

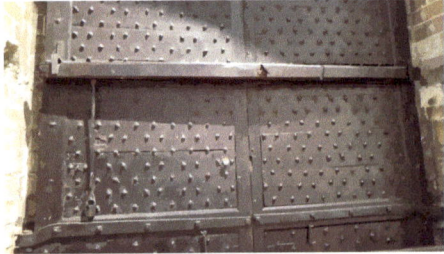

wenn die Sauerstoffflasche erschöpft ist und man im ursprünglichen Spiel unzählige Versuche benötigte, um eine der herausforderndsten Stellen zu bestehen. Jinxter kann auch im Originalmodus gespielt werden, aber die Sicherheit, nicht bei jedem kleinen Fehler zu sterben, erhöht den Unterhaltungswert (wenn auch auf Kosten des Nervenkitzels) – vor allem, wenn man nicht alle Zeit der Welt hat. Dennoch: Bei meinem Versuch, das Spiel nach über 30 Jahren ein zweites Mal durchzuspielen, bin ich kurz vor dem Finale gescheitert, weil ich am Anfang ein Streichholz zu viel verbraucht habe. Ein Neustart wäre die einzige Möglichkeit gewesen, das Spiel zu gewinnen, denn all die Neuerungen helfen in einem solchen Fall nicht weiter.

Jinxter ist und bleibt ein Klassiker des Adventuregenres. Schwierige Rätsel, eine gute Geschichte, viel Humor und schöne Illustrationen (nun auch akustischer Natur) machen es zu einem Pflichtkauf – zu einem äußerst humanen Preis. ∎

▪ Alle Bilder stammen aus der Remastered-Version von Jinxter.

Infos
Jinxter Remastered kostet 2,49 GBP (ca. 3 Euro). The Pawn und The Guild of Thieves sind für jeweils 1,49 GBP (ca. 1,80 Euro) erhältlich. Die Spiele laufen unter Windows, MacOS, Linux sowie auf Android und iOS-Geräten. https://strandgames.com/

„Bauern, Diebe, Börsenmakler", ein ausführlicher Artikel über Magnetic Scrolls, erschien in Lotek64 #45 (Juni 2013).

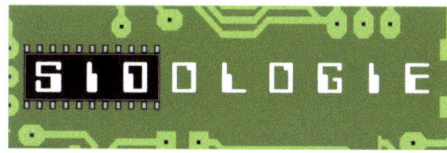

Um uns die Wartezeit auf Glenn Rune Gallefoss' persönliche Empfehlungen, die bei Back in Time Live 2019 in Bergen angeregt wurden, zu verkürzen, hier nun eine gänzlich neue Variante der SIDologie – zwei Stücke die gleichzeitig aus der goldenen Zeit und aus der Neuzeit der SID-Musik stammen, SID-Remakes also
– von Martinland

Boulder Dash Remake (2018), geschaffen von c0zmo alias Markus Jentsch:
Beginnt scheinbar wie Galway, entwickelt sich dann jedoch zu einer groovenden Variante von Boulder Dash, die ab etwa einer Minute und zehn Sekunden noch um eine brandneue Melodiestimme ergänzt wird. Besser als das Original? Von der Länge her sicherlich, doch die ausgefallene Idee stammt dennoch von Peter Liepa. Nicht die Überraschung ganz am Ende überhören!
http://csdb.dk/sid/?id=55477

First Blood on the Dancefloor (2011), geschaffen von Stainless Steel alias Joe Barwick:
Wie schon beim vorhin erwähnten Remake entpuppt sich auch dieses innerhalb weniger Augenblicke als eine fetzige Fassung mit modernen Zutaten wie zum Beispiel der großartigen Lead-Stimme und endet in einem paradroid-/parallax-artigen Seufzer. Wahrhaft SID-erfrischend! ∎
http://csdb.dk/sid/?id=46042

Zurück zur Kindheit... mit

Arcades – für die Großen!

Spiele-Cafés gibt es schon seit Langem, und Themen-Bars sind auch nicht unbedingt eine Neuheit. Bei meinem ersten Besuch in Australien (im Jahr 2012) war die erste Stadt auf meiner Tour Brisbane. Und in Brisbane war zwar insgesamt nicht viel los, aber es gab die Mana Bar, eine computerspiele-inspirierte Bar für Erwachsene. Gegründet worden war sie von Ben Croshaw, aka Yahtzee – bekannt für seine „Zero Punctuation"-Computerspiel-Reviews. Die Mana Bar war klein, fein und hatte diverse nach Computerspielen benannte Cocktails auf der Getränkekarte.

von Marleen

Yahtzee hatte damals auch gerade eine zweite Mana Bar eröffnet, und zwar in Melbourne. Daran erinnerte ich mich nun, viele Jahre später, weil ich vor Kurzem wieder das Vergnügen hatte, meine Schwester in Melbourne zu besuchen. Bei der Gelegenheit, dachte ich, könnte ich mir ja dann auch mal die zweite Mana Bar ansehen.

Die Enttäuschung war groß, als ich feststellte, dass sowohl die Mana Bar in Melbourne als auch das Original in Brisbane gar nicht mehr existierten! Das wurde also dieses Mal nichts mit dem Artikelschreiben im Urlaub.

Statt der Themen-Cocktailbar macht sich in den letzten Jahren aber ein neuer Trend breit: die der Videospiel-Arcade – aber für Erwachsene. Das heißt: später abends und alkoholische Getränke stehen auch zur Verfügung – aber in erster Linie geht um Spiele-Automaten mit Spieleklassikern der 80er und frühen 90er. Denn die Kinder der 80er und 90er sind inzwischen... naja, ihr wisst ja selber, wie alt wir sind! Alt genug, um nach 21 Uhr ein Weinchen zu trinken und was zu zocken.

(Arcades waren in Deutschland nicht so verbreitet, im englischsprachigen Raum aber schon – ich kann mich gut daran erinnern, wie aufgeregt ich jedes Mal war, wenn wir mit der Fähre nach England fuhren, die hatte nämlich einen Spiele-Raum. Und mein späterer kanadischer Mann verbrachte quasi seine gesamte Kindheit in „Spielhöllen für Kinder".)

Was vor vielen Jahren langsam in den größeren Kulturzentren wie Seattle begann, hat sich plötzlich explosionsartig entwickelt – man vermutet, dass es an unserer kollektiven Nostalgie nach der scheinbar heilen Welt unserer Kindheit liegt. Die gleiche Nostalgie, die in letzter Zeit auch Fernsehserien wie „Stranger Things" so populär macht. Es ist ja auch tröstlich, dass sich die Spiele-Automaten und Pinball-Maschinen so gar nicht verändert haben. Mit dem Unterschied, dass sie jetzt um Getränkehalter für Biergläser erweitert wurden.

(Hätte die Mana Bar noch ein paar Jahre durchgehalten... hätte auch sie von diesem neuen Trend profitiert, da bin ich sicher.)

Und so fanden meine Schwester und ich uns im Dezember in „The Den", einer Arcade-Bar, die den Besitzern zufolge im Stil des klassischen amerikanischen 80er-Jahre-Unterhaltungskellers gestaltet ist (also genauso wie bei

■ Marleen und Yahtzee in der Mana Bar, Brisbane, 2012

Muttern… oder in „Stranger Things"). Nicht in Australien, sondern in Vancouver, stießen wir abends an und versenkten unser ganzes übrig gebliebenes kanadisches Taschengeld in der Batman-Pinball-Maschine – genau wie damals, im Sommer 1992!　■

■ The Den, Vancouver, 2019

Bilder aus 8x8 Zeichen:

Tiny PETSCII Compo

Ein ungewöhnlicher Wettbewerb wurde im Januar 2020 von TheTom von Samar Productions abgehalten. In der Tiny PETSCII Compo ging es darum, aus PETSCII-Zeichen Bilder zu erzeugen, die nicht mehr als 8 x 8 und nicht weniger als 2 x 2 Zeichen (Chars) umfassen. Erlaubt war lediglich die Verwendung von zwei Farben, eine für den Hintergrund und eine für die Chars. Dass es möglich ist, selbst mit diesen drastischen Einschränkungen noch kleine Meisterwerke zu erzeugen, gelang bei den meisten der über 150 eingereichten Pixelbildchen mühelos.

▪ Beiträge zur Tiny PETSCII Compo 2020, ausgewählt von Simon Quernhorst.

Webseite:
https://csdb.dk/event/?id=2921

Dokumentation in Arbeit

The 8 Bit Philosophy –
The Joy of Retro Gaming

Der Filmemacher Konstantin Stuerz arbeitet seit Mona-
ten am dritten Teil seiner Doku-Serie „The 8 Bit Philo-
sophy". Dieses Mal dreht sich alles um die Entstehung
von Retro-Games. Befragt werden Mitarbeiter früherer
Softwarestudios, die ihre Spieletitel z.B. auf dem Amiga
oder C64 veröffentlicht haben. Doch Hand aufs Herz:
die Geschichte der Retro-Games fing lange vor dem
Erscheinen des Brotkastens von Commodore an.

von Lars „Ghandy" Sobiraj

Absolutely!
I almost forgot about that.

Konstantin Stuerz veröffentlicht seine Do-
kumentationen nicht zufällig unter dem
Label Shining Movie Vision. Er war früher
selbst ein aktives Mitglied der Gruppe Shining
8 (S8). Laut der Szene-Datenbank Demozoo,
ähnlich wie Pouet.net, wurde S8 schon im Jahr
1987 gegründet.

**Ein Insider richtet sich an Ex-Scener und
Retro-Fans**
Im Jahr 2013 erschien die erste Doku namens
„The 8 Bit Philosophy – A Commodore 64 Symphony", die bei YouTube kostenlos verfügbar
ist. Stuerz schrieb kürzlich, er sei gerade dabei,
den ersten Teil komplett zu überarbeiten. Anschließend soll die neue Fassung exklusiv bei
Amazon käuflich erhältlich sein. 2013 beleuch-
tete der Film den Werdegang zahlreicher Musiker, die sich in unzähligen populären Games
verewigt haben. Musiker wie Allister Brimble

(Alien Breed), Chris Hülsbeck (Turrican), Reyn
Ouwehand (The Last Ninja) etc. Bei jedem Leser jenseits der 40 müsste es jetzt spätestens
klingeln. Stuerz befragte auch Szenegrößen
wie Romeo Knight (TRSI) aka Eike Steffen.
Zu Wort kommen aber auch Retro-Bands wie
Press Play on Tape (PPOT), die u.a. auf Demo-
szene-Partys live zu sehen waren.

Der One-Man-Produzent Stuerz nahm Kontakt auf, weil er mich für seinen zweiten Teil
„The Good and the bad guys" befragen wollte. Ich versuchte abzuwinken, weil ich über
die C64-Szene herzlich wenig sagen kann. Ich
habe zwar Ende der 80er Jahre selbst einen
Commodore 128 benutzt und kenne somit
auch viele C64-Spiele. Doch aktiv in der Cra-
cker-(= Releaser-) bzw. Demoszene wurde ich
erst Ende 1992, und das ausschließlich auf
dem Amiga. Ich versuchte Stuerz eigentlich
davor zu bewahren, den weiten Weg bis nach

Bergisch Gladbach auf sich zu nehmen, doch er ließ sich nicht umstimmen.

Lamer und Elite

Seit damals sind viele Jahre vergangen, einige Personen waren für ihn schlichtweg nicht mehr greifbar. Außerdem gab es damals wie heute Menschen, die vor der Kamera gerne viel erzählen wollen, aber in Wahrheit kaum etwas wissen. Wir haben uns dann darauf geeinigt, dass ich in seiner Dokumentation eine Art Erklär-Bär spielen würde. Soll heißen: Ich habe erklärt, welche Rollen es in der Szene damals gab und wie ich persönlich dazu gekommen bin.

■ Lars „Ghandy" Sobiraj

Tja, angefangen hat alles mit dem Kauf eines überaus teuren Modems namens USRobotics Dual Standard. Viele der Bulletin Board Systems (illegale Mailboxen) damals verfügten nur über eine Line mit einem HST-Modem von USR. Wer mit einem Zyxel-Modem oder einem anderen Billig-Gerät anrief, bekam nur CONNECT 2.400 zu Gesicht und wurde automatisch rausgeworfen. Wer sich Anfang der 90er Jahre irgendwo einloggen wollte, musste ein HST- oder Dual-Standard-Gerät haben. Für einige Sysops (Betreiber einer BBS) war dies ein effektiver Schutz vor den Lamern (Anfängern), die nicht so viel Geld für ihre Hardware ausgeben wollten. Später setzten sich auch in der illegalen Szene die preiswerten Zyxel-Modems durch.

Wie alles anfing

Ein Typ namens Brainy, den ich eher zufällig in der legalen Public-Domain-Mailbox-Szene kennengelernt hatte, war auch auf der dunklen Seite unterwegs. Er referierte für mich, der Rest war einfach. Innerhalb weniger Tage konnte ich mich in ca. 20 BBSs eintragen, die mein Modem alle preiswert anrufen konnte. Nochmals zur Erinnerung: Die Datenverbindung lief über die Telefonleitung. Wer ohne geklaute Calling Card oder BlueBoxing in Europa oder sogar in den USA auf den Boards unterwegs war, musste sich im Folgemonat auf eine gigantische Telefonrechnung einstellen. Manch ein Scener ward nach der ersten Telefonrechnung, die die Eltern erhalten hatten, nie wieder gesehen.

Wie Kim das BlueBoxing gekillt hat

Wie dem auch sei, der beste Lamer-Schutz waren die exotischen Kommandos der Mailbox-Software Amiexpress (/X) von Joseph Hodge. Die ganzen Caller der Public Domain-Mailboxen kannten sich damit nicht aus. Das Internet? Ja, das gab es zwar, aber eben noch nicht daheim. Wir haben fleißig die Lines von MCI mittels BlueBoxing gebreakt, bis Kimble (Kim Schmitz aka Kim Dotcom) dieses Verfahren vor laufender Kamera bei Monitor im deutschen Fernsehen vorgeführt hat.

Etwa zwei Tage später funktionierten die alten Frequenzen nicht mehr, die Telekom hatte Filter und Blocker installiert, um dem illegalen Treiben ein Ende zu setzen. Kim, der sich damals noch Bitbug von Romkids und später Loons, nannte, hat sich wahrscheinlich sogar noch deswegen ins Fäustchen gelacht. Mr. Megaupload stand im Rampenlicht und konnte so sein Ego befriedigen.

Und nicht nur, dass wir schon damit bestraft waren, weil keine Sau mehr problemlos umsonst callen oder telefonieren konnte. Nein, bis auf ein paar ausgefuchste Phreaker

Shining Movie Vision: ohne teures Marketing kein Absatz

Es ist allerdings schade, dass sich der zweite Teil über die Bad Boys der Szene bislang so schlecht verkauft. Zwar gibt es glücklicherweise keinen Mitschnitt, der irgendwo im Usenet oder bei P2P-Indexern aufgetaucht wäre. Dennoch ist die Bereitschaft (inklusive Mehrwertsteuer) knapp vier Euro zu bezahlen, sehr niedrig. Sicher mangelte es vor allem am Budget für das Marketing. Viele potentielle Interessenten, die das Video bei Amazon für 0,99 EUR leihen oder für 3,99 EUR in HD erwerben könnten, wissen noch gar nichts von dieser Dokumentation.

konnte man nur noch mittels geklauter Calling Cards telefonieren. Und dreimal dürft ihr raten, wer wohl Monate später deutschlandweit die meisten Calling Cards (CCs) von AT&T verkauft hat!? Richtig, das war die gleiche Person, die auch versuchte, sich in Berlin beim Chaos Computer Club einzuschleimen, und der seit der Razzia 2012 seine Wahlheimat Neuseeland nicht mehr verlassen darf.

Schauspieler, Musiker und andere Scener

Der junge Mann mit dem Käppi im Trailer (siehe oben) ist übrigens Evrimsson aka William Evrim Sen, der früher u.a. bei Scoopex als Modemtrader und Musiker aktiv war. Er brachte später, zusammen mit Merlin M., die Bücher Hackerland und Hackertales heraus. Merlin M. heißt in Wirklichkeit Denis Moschitto. Der gebürtige Kölner kann mittlerweile eine erfolgreiche Karriere als Schauspieler vorweisen.

Evrim war es übrigens, der mir 2006 davon berichtete, dass man bei gulli.com damals Freiberufler für die Redaktion gesucht hat. So klein ist die Welt. Da schließt sich der Kreis, denn über meine Zeit von 2006 bis 2013 bei gulli.com müssten hier einige Leser noch Bescheid wissen. Wer noch nie etwas vom gulli:board (g:b) gehört hat, kann auf www.tarnkappe.info/ueber-tarnkappe/ gerne ein paar Ausschnitte aus meinem Werdegang nachlesen.

Aber gut, ein großes Budget für die Bekanntmachung seines eigenen Projekts hat man als Self-Publisher einfach nicht. Stuerz ist für seine beiden ersten Teile sowieso schon auf eigene Kosten quer durch Europa gereist. Wer kann oder will dann noch tausende Euro nachlegen, um Dritte mit der Werbung in eigener Sache zu beauftragen? Wir rühren hiermit gerne erneut die Werbetrommel, damit sich Konstantin schon bald voller Motivation auf die Produktion von „The 8 Bit Philosophy – The Joy of Retro Gaming" stürzen kann. ∎

Dieser Artikel ist am 13. Februar 2020 auf tarnkappe. info erschienen und wird mit freundlicher Genehmigung des Autors abgedruckt.

Links
Quelle: Tarnkappe.info
Projekt-Webseite: https://www.shining-movie-vision.com/
The 8 Bit Philosophy – A Commodore 64 Symphony": https://youtu.be/801HiJYsZ4k

Interview mit Lasse Öörni über den neuen Teil von Metal Warrior (C64)

Überleben ohne Rüstung und Superkräfte

Lasse Öörni ist einer der profiliertesten Entwickler von neuen C64-Spielen. Nach seinen letzten Toptiteln Hessian (2016) und Steel Ranger (2018) setzt er in diesem Jahr seine Serie Metal Warrior fort. In einem Interview berichtet er Lotek64 über die Entwicklung von MW ULTRA.

Das Interview führte Simon Quernhorst.

Lotek64: Hallo Lasse. Super, dass du uns einen Einblick in dein aktuelles Entwicklungsprojekt gewährst. Deine bisherigen Spiele waren schon großartig, was können wir von MW ULTRA erwarten?

Lasse Öörni: Es wird ein scrollendes Action-Adventure aus der Seitenperspektive, welches verschiedene Spielstile kombiniert: rauchende Pistolen, Nahkampf (mit verschiedenen Tritt-, Schlag- und Abwehrbewegungen) und geheime Taktiken wie Verstecke und Überraschungsangriffe.
Im Vergleich mit z.B. Steel Ranger wird dies ein bodenständiges Szenario der nahen Zukunft sein. Man schlüpft in die Rolle von Ian, einem jungen Musiker, der sich bemüht, seine Bestimmung im Leben zu finden. Und plötz-

lich wird dieses Ziel zufällig gefunden, als er sich mitten in einer tödlichen Verschwörung wiederfindet. Ian hat keine Rüstung oder Superkräfte, deshalb muss er sehr vorsichtig sein, um zu überleben.

Lotek64: Wird die Geschichte der ersten vier MW-Spiele fortgesetzt und sollten wir diese vorab erneut spielen, um die ganze Story der neuen Episode verstehen zu können?

Lasse Öörni: MW ULTRA ist eigentlich eine Neuauflage und Erweiterung des ersten Teils von Metal Warrior. Dabei werden verschiedene Details, wie z.B. Ians Hintergrundgeschichte, verändert. Man muss die vorherigen Teile also nicht unbedingt kennen, aber es macht vielleicht auch den besonderen Reiz aus zu entdecken, was verändert wurde und was gleichgeblieben ist!

Lotek64: Wie umfangreich wird das neue Spiel sein?

Lasse Öörni: Die Welt von MW ULTRA umfasst etwa 750 Bildschirme. Wenn man sich gut im Spiel auskennt, benötigt man ungefähr zwei Stunden, um es durchzuspielen. Wenn man das Spiel erstmals spielt, dauert es natürlich wesentlich länger! Zum jetzigen Zeitpunkt umfasst die Entwicklung ungefähr 250 Kilobytes komprimierte Daten, verteilt auf zwei Diskettenseiten. Das fertige Spiel wird voraussichtlich etwa 300 Kilobytes belegen.

■ MW Ultra soll nicht weniger als 750 Bildschirme umfassen.

Lotek64: Welche technischen Verbesserungen wurden an der Engine des Spiels vorgenommen? Auf welche Routinen bist du dabei besonders stolz?

Lasse Öörni: Im Vergleich zu meinen vorherigen Spielen verwendet MW ULTRA einen ungewöhnlichen Weg, um den sichtbaren Bildschirmausschnitt zu bewegen. Anstatt den Bildschirmspeicher zu verschieben, wird der sichtbare Bereich immer wieder direkt aus der Karte des Spiels heraus erzeugt. Dabei kann der Farbspeicher des Bildschirms auf drei Arten geändert werden: für einzelne Grafikzeichen (für die größte Genauigkeit), pro Kachel (Gruppierung vieler Zeichen) oder die Farben bleiben einfach erhalten, wenn keine Veränderung nötig ist. Hierdurch wird der Prozessor entlastet und erlaubt einen großen Scrollbereich von 22 Bildschirmzeilen, sogar auf NTSC-Computern.

Eine weitere Neuerung ist das Ankerseil, ähnlich wie bei „Batman the Movie", welches man bereits recht früh im Spiel erhält und zum Klettern, Abseilen und Schwingen über Abgründe benötigt.

Eine große Zeitersparnis konnte durch meinen neuen Sprite-Editor erreicht werden, besonders bei der Erstellung der großen Boss-Gegner. Jetzt lassen sich die Objekte direkt aus mehreren Sprites zusammensetzen, dabei die Sprite-Prioritäten festlegen und die Kollisionsbereiche grafisch definieren.

Lotek64: Deine Spiele besitzen immer perfekte Soundtracks. Auf wie viele Musikstücke können wir uns in MW ULTRA freuen?

Lasse Öörni: Inklusive der Intro- und Game-Over-Musiken kommt man auf 44 Tracks. Die Gesamtlänge aller Stücke ist mir gerade nicht bekannt, aber es dürfte ungefähr eine Stunde sein. Sicherlich ist es die größte Menge an Musikdaten (etwa 40 Kilobytes) aller mei-

■ Mit MW Ultra soll die Serie enden. Technisch und spielerisch soll das Spiel seine Vorgänger in den Schatten stellen.

ner bisherigen Spiele. Unterstützung bekam ich von Kamil „Jammer" Wolnikowski, welcher die Musiken für die Boss-Kämpfe und die Gefahrensituationen komponiert hat. Er hat eine herausragende Arbeit abgeliefert, die diese Spielszenen wirklich auf einen anderen Level hievt!

Lotek64: In welcher Form wird das neue Spiel veröffentlicht werden und mit welchem Publisher arbeitest du zusammen?

Lasse Öörni: Das Spiel wird eine geteilte Veröffentlichung von Psytronik Software (für die Diskettenversion) und Protovision (für die Modulversion und den digitalen Download). Beide Publisher werden dabei individuelle Verpackungen verwenden und verschiedene Extras beilegen.

Lotek64: Welches Veröffentlichungsdatum strebst du an? Und wird es wieder ein kostenloses Preview geben, so wie zuletzt bei Steel Ranger?

Lasse Öörni: Mit Gewissheit kann ich eine Veröffentlichung im Jahr 2020 zusagen. Ich hoffe auf die erste Jahreshälfte, aber das wird man noch sehen. Ein Preview oder eine Demoversion ist momentan nicht geplant, aber es wird sicherlich jede Menge Videomaterial vor der Veröffentlichung geben.

Lotek64: Wird dies die finale Episode von Metal Warrior sein und was seine deine Pläne für zukünftige Projekte?

Lasse Öörni: Das Spiel soll die finale Erfahrung und quasi das Nonplusultra von Metal Warrior sein. Es wird damit das letzte Spiel der Serie, auch wenn es ja eigentlich nur ein Remake ist. So wie es bereits in „Metal Warrior 4: Agents of Metal" war, wird auch dieses Spiel die Freiheit verschiedener Enden bieten – abhängig von den Aktionen des Spielers.
Pläne für zukünftige Spiele kann ich bereits bestätigen. Es gibt dabei verschiedene Optionen, z.B. für ein reines Modul-Spiel. Auf diese Weise ließe sich sicherlich noch mehr aus dem C64 herausquetschen.

Lotek64: Wir bedanken uns für das Interview und wünschen viel Erfolg für die weitere Entwicklung und Veröffentlichung von MW ULTRA. ■

100 % veganes C64-Spiel

Mit *Vegetables Deluxe ist eine verbesserte Version des Anfang 2019 erschienenen Puzzlespiels Vegetables erschienen. Für den Programmierer war es sein erstes C64-Projekt seit 25 Jahren und sein allererster Gehversuch in C64-Assembler. Lotek64 hat die Modul-Version getestet, die Klemens Franz gespendet hat.*

von Georg Fuchs

Vegetables, veröffentlicht Anfang 2019, wurde vom Briten Mike Richmond geschrieben, der in den frühen 90er-Jahren einige Spiele für den Amiga veröffentlichte. Es ist sein erstes C64-Spiel und sein erstes Assemblerprogramm auf dieser Plattform. Auch Grafik und Musik setzte er um, lediglich den Titelbildschirm pixelte ein gewisser Andre Cashmore. Die Deluxe-Version erschien im Herbst und ist im Gegensatz zur ersten Fassung ein kostenpflichtiger Titel.

In Vegetables geht es darum, drei Gemüse-Sprites derselben Gattung in einer senkrechten oder waagrechten Reihe anzuordnen. Das ist weder ein neues noch ein besonders originelles Spielprinzip, macht aber auch auf dem Commodore 64

erstaunlich viel Spaß. Bei Vegetables sind es Gemüsesorten, die auf Linie gebracht werden sollen, und zwar auf einem 8 x 8 Felder großen Spielbereich. Anfangs sind die Felder mit Gemüse unterschiedlicher Sorten gefüllt. Durch

■ Die Box mit Handbuch und Modul

das Vertauschen zweier benachbarter Felder (rechts-links oder oben-unten) können nun die Gemüsekästchen ihre Position wechseln. Dies ist nur möglich, wenn danach mindestens drei gleiche Sorten in einer Linie liegen, wodurch sie sich in Luft auflösen und sämtliche oberhalb liegenden Sprites ein Feld nach unten rutschen.

Um die Sache schwieriger zu machen, werden immer wieder Ziegelsteine unter die „nachrückenden" Sprites gemischt, die nicht mit Gemüsefeldern ihren Platz tauschen können. Dadurch wird der Spielraum immer weiter eingeschränkt. Wenn drei dieser Ziegel in einer Linie zu liegen kommen, fallen sie ebenfalls weg. Das ist aber ungleich schwerer als beim Gemüse, da die Ziegel nicht mit den Nachbarfeldern getauscht werden können. So kommt es früher oder später dazu, dass keine Tausch-Aktion mehr möglich ist. Dann ist entweder das Spiel beendet oder man hat noch ein Reshuffle, eine Neuanordnung der Gemüsesprites, auf Lager.

Kommen vier gleiche Gemüsesprites in einer Reihe oder Spalte zu liegen, wird diese vollständig gelöscht (inklusive Ziegelsteine) und es kommt mehr Bewegung ins Spiel. Bei fünf Exemplaren gibt es sogar ein Reshuffle, was einem Extraleben gleichkommt. Das bedeutet nämlich, dass sämtliche Sprites neu angeordnet werden und die Ziegelsteine gelöscht werden, sobald kein Zug mehr möglich ist.

Entspanntes Spielen

Vegetables Deluxe bietet mehr Abwechslung als die Urfassung. Neben zwei Schwierigkeitsgraden, die sich in der Anzahl der Ziegelsteine ausdrücken, die auf das Spielfeld fallen, gibt es den Modus „Shopping", bei dem eine vorgegebene Anzahl aller Gemüsesorten beseitigt werden muss, sowie den brutal schwierigen Countdown-Modus, bei dem es für jeden Spielzug ein knappes Zeitlimit gibt. Dieser Modus ist der einzige, bei dem das Spiel nicht kontem-

■ Vegetables Classic gibt es kostenlos.

■ Vegetables Deluxe punktet mit neuen Features.

plativ-entspannt abläuft, sondern eher Stress als Vergnügen auslöst. Ein Zeitlimit gibt es in den anderen Modi nicht, es wird bei längerer Untätigkeit lediglich durch ein unauffälliges optisches Signal angezeigt, welche Sprites sich tauschen lassen.

Das schnelle Spiel im Countdown-Modus, und damit kommen wir schon zu den beiden kleinen Kritikpunkten, wird durch die etwas schwerfällige Joystickabfrage zusätzlich erschwert. Hier gibt es keinen spürbaren Unterschied zur Standard-Version. Das Spielprinzip eignet sich zwar grundsätzlich für eine Steuerung per Joystick ebenso wie per Maus (oder auch per Finger am Touchscreen), jedoch ist mit dem guten alten Knüppel kein rasantes Spiel, wie es in der beiliegenden mausgesteuerten Amiga-Version möglich ist, zu bewältigen.

Manchmal fällt der C64 beim Spielen von Vegetables in eine kurze Starre. Das geschieht immer dann, wenn der Computer keinen weiteren möglichen Spielzug mehr entdecken kann und deshalb ein Reshuffle durchführt oder, sollten alle verbraucht sein, die Game-Over-Meldung ausgibt. Offenbar braucht es relativ lange, bis das Programm das gesamte Spielfeld auf noch mögliche Züge überprüft hat. Das stört nicht wirklich, sondern ist eher eine Erinnerung, dass dieses Programm auf beinahe 40 Jahre alter Hardware läuft.

Musikalisch wird nicht wahnsinnig viel geboten. Die Soundeffekte bleiben weit unter den Möglichkeiten des SID, die Musik ebenso. Es ist ratsam, beim Spiel bei den Geräuschen zu bleiben und nicht die Musik laufen zu lassen.

Die Deluxe-Version hat nicht nur eine viel schönere Grafik als die kostenlose Standardversion, sie enthält auch neue Spielmodi und kann in eindrucksvoll gestalteten Varianten käuflich erworben werden. Auf der Diskette liegt die ältere Fassung des Spiels als Zugabe bei, zusätzlich gibt es als Bonus eine Betaversion für den Amiga, die zwar optisch nicht überwältigt, aber spielerisch noch mehr überzeugt als die C64-Fassung. In der Amiga-Fassung gibt es übrigens einen Bug: Spielt man im Shopping-Modus und beendet ein Level zufällig mit einem Zug, nach dem kein weiterer mehr möglich ist, gibt es entweder ein Reshuff-le oder das Spiel ist beendet, obwohl das Ziel erreicht wurde. Das Programm fragt offenbar zuerst ab, ob noch Züge möglich sind, und erst danach, ob ein Level beendet wurde. Das macht einen großen Unterschied, denn im Shopping-Modus wird das Spielfeld durch Reshuffle neu angeordnet, wenn ein Ziel erreicht wurde. Ob dieser Fehler auch in der C64-Version existiert, kann hier nicht beantwortet werden.

Fazit

Vegetables Deluxe ist ein gelungenes Spiel, das trotz (oder wegen) seines einfachen Spielprinzips so viel Spaß macht, dass man nach jedem Game Over gerne noch eine weitere Runde einlegt. Die mangelnde Routine des Programmierers macht sich an einzelnen Details bemerkbar, dennoch ist Vegetables Deluxe ein C64-Spiel, dem man gerne ein bisschen Lebenszeit opfert. ∎

▪ Die Amiga-Version ist ebenfalls überzeugend.

Vegetables Deluxe

Die Standard-Version von Vegetables kann kostenlos bzw. gegen eine Spende in beliebiger Höhe heruntergeladen werden. Die Deluxe-Fassung gibt es bei Doublesided Games und bei Psytronik in unterschiedlichen Ausführungen (digitaler Download, Kassette, Disk, Modul) in unterschiedlichen Preisklassen zwischen umgerechnet ca. 4,50 und 28 Euro.

http://www.psytronik.net/newsite/index.php/c64/122-vegetables

https://doublesidedgames.com/shop/commodore/commodore-64/vegetables-deluxe/

Super Scope (Super Nintendo)

Die Serie Retro Treasures beschäftigt sich mit seltenen oder ausgefallen Produkten der Video- und Computerspielgeschichte und befasst sich in dieser Ausgabe mit Super Scope (Super Nintendo).

von Simon Quernhorst

Lightgun-Spiele gibt es bereits seit den frühesten Videospielkonsolen und haben mich schon immer interessiert. Während vorherige Geräte wie z.B. der NES Zapper oder der Sega Light Phaser meist eher handliche Pistolen waren, wurden die Geräte 1992 deutlich größer, denn sowohl Nintendos Super Scope als auch Segas Menacer waren schultergestützte, kabellose Controller. Beide waren übrigens mit einem Modul erhältlich, auf dem jeweils sechs Spiele enthalten waren – da wollte man sich wohl in nichts nachstehen.

■ Auch ohne Modul erhältlich: das amerikanische „Super Scope"

■ Kompatibilität nur mit Scope-Logo

Das Nintendo-Zubehör erschien 1992 als „Super Scope" in den USA und als „Nintendo Scope" in Europa und im Folgejahr als „Super Scope" in Japan. In Deutschland wurde die Lightgun von Nintendo nicht offiziell veröffentlicht, ließ sich aber über entsprechende Händler aus anderen Ländern problemlos importieren. Die Lightgun war übrigens sowohl einzeln als auch mit dem Modul „Scope 6" erhältlich. Ende 1993 hat mein Exemplar inklusive des PAL-Moduls „Nintendo Scope 6" 139,90 Deutsche Mark gekostet.

Zunächst ist das Gerät in Form eines Raketenwerfers mit sechs AA-Batterien und einem Visier zu bestücken, die Zielvorrichtung kann dabei sowohl für das linke als auch für die rechte Auge montiert werden. Außerdem liegt der Packung ein Empfänger bei, der mit dem zweiten Port der SNES-Konsole zu verbinden und mittig auf dem Fernsehgerät zu platzieren ist. Lightgun und Empfänger kommunizieren

■ Das PAL-Modul „Nintendo Scope 6":
Feuer frei bei „Blastris"!

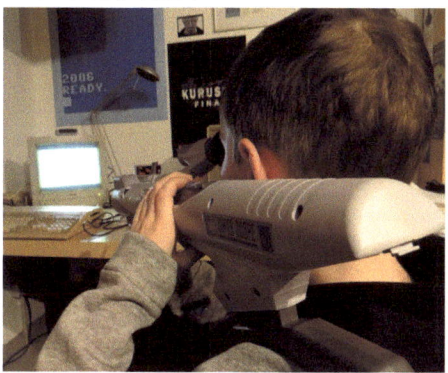

über Lichtsignale. Wie bei allen älteren Light-guns ist auch beim Scope anzumerken, dass diese aufgrund ihrer Arbeitsweise nur mit Röhrenbildschirmen funktioniert. Ein Betrieb mit einem Flatscreen oder einem Projektor ist deshalb nicht möglich. Nachdem der Controller zu Spielbeginn kalibriert wurde ist die Genauigkeit der abgegebenen Schüsse sehr gut. Als optimale Entfernung zum Bildschirm werden herstellerseitig zehn Fuß, bzw. drei Meter angegeben.

Während des Spiels liegt das Scope auf einer Schulter des Spielers und ein Auge blickt durch das Zielfernrohr. Diese etwas unpraktische Haltung wird noch dadurch gesteigert, dass die Taste zum Abfeuern von Schüssen nicht am vorderen Handgriff, sondern an der Oberseite des Laufs angebracht ist. Dort befinden sich auch der Power-Schalter und die Pausetaste. Der zusätzliche Knopf am Haltegriff ist mit „Cursor" beschrieben und soll die aktuell anvisierte Position am Bildschirm anzeigen,

allerdings wird diese Funktion nur von wenigen Spielen unterstützt und die Taste bleibt somit oft ungenutzt. Dasselbe gilt auch für die „Turbo"-Einstellung des Power-Schalters, mit der eine Dauerfeuerfunktion bei gedrückter Feuertaste ausgelöst werden soll.

Die Feuertaste ist übrigens bei dem amerikanischen Scope-Modell lila und bei den europäischen und japanischen Versionen orange. Um für einen Reset des Spiels nicht bis zur Konsole gehen zu müssen, lässt sich ein Spiel auch direkt an der Lightgun zurücksetzen, indem man während des Pausemodus die Cursor-Taste gedrückt hält und zweimal die Feuer-Taste betätigt.

Die sechs Spiele des Moduls „Scope 6" teilen sich in jeweils drei Varianten der beiden Menüpunkte „Blastris" und „LazerBlazer" auf. Während „LazerBlazer" das Abwehren von fliegenden Objekten aus drei verschiedenen Perspektiven namens Intercept, Engage und Confront bietet, kann man in zwei „Blastris"-Varianten die Blocks so bearbeiten, dass nur die benötigten Steine in die Lücken fallen. Unterhalb des Menüpunkts „Blastris" ist als sechstes Spiel noch die Maulwurfjagd „Mole Patrol" enthalten.

Die Unterstützung durch andere Spiele und Hersteller war leider eher schwach, so sind weltweit lediglich etwa zehn weitere Spiele mit einem der beiden Scope-Kompatibilitätszeichen erschienen, unter anderem „Terminator 2: The Arcade Game", „Operation Thunderbolt" und „Yoshi's Safari". ■

Der Autor

Simon Quernhorst, Jahrgang 1975, ist begeisterter Spieler und Sammler von Video- und Computergames und Entwickler von neuen Spielen und Demos für alte Systeme. Zuletzt durchgespielter Titel: Kirby und das magische Garn (Wii).

Doc Cosmos (C64)

Im Sturz durch Raum und Zeit

In der letzten Ausgabe berichteten wir im Newsticker von einem kostenlosen, 16 kB kleinen C64-Spiel namens Doc Cosmos. Es wurde im März 2019 im Rahmen der RGCD C64 16KB Cartridge Competition veröffentlicht und erhielt vom Magazin Freeze64 den Titel „Game of the Year". Ist es wirklich so gut?

von Georg Fuchs

Doc Cosmos ist auf den ersten Blick ein simples Action-Adventure in einem futuristischen Szenario. Der Held des Spiels landet zu Beginn mit einem kleinen Raumschiff auf einem Planeten, um ein außerirdisches Gerät zu bergen. Dieses Gerät erlaubt es, Zeitreisen zu unternehmen. Das Gerät fällt bereits kurz nach Spielstart in die Hände von Doc Cosmos, der nun allerdings aus einem unterirdischen Höhlenkomplex entkommen muss.

Das Spiel wurde vom Briten Simon Jameson im Alleingang nach einem bekannten und bewährten Rezept gekocht: Männchen läuft durch Gänge, springt über Abgründe und stößt auf verschlossene Türen, die mit farblich passenden Schlüsseln geöffnet werden müssen. Natürlich gibt es auch verschiedene außerirdische Lebensformen, denen man ausweichen muss.

Die Besonderheit von Doc Cosmos ist eine Spielemechanik, die es ermöglicht, per Feuerknopf zwischen zwei Zeitebenen umzu-

schalten. Durch Berührung bestimmter Kontrollpunkte wird Doc Cosmos ins Jahr 1982 zurückgeworfen, was sich nicht nur durch eine viel einfachere Grafik ausdrückt, sondern auch deutlich weitere Sprünge ermöglicht. Dieser Zeitsprung erinnert an den Indie-Platformer „The Messenger" aus dem Jahr 2018.

Vermutlich war der Strichmännchen-Doc in jungen Jahren noch beweglicher und athletischer. Allerdings sind die Sprünge in der Gegenwart besser kontrollierbar, auch während eines Sprungs sind Richtungsänderungen möglich. Auch die Musik ist von der Zeitreise

betroffen: In der Gegenwart gibt es ein mehrstimmiges SID-Stück zu hören, die in der Vergangenheit zu einer einstimmigen Melodie verkümmert, die so klingt wie typische Spiele-Soundtracks aus den frühesten Tagen des C64.

Das ist nicht alles: Manche Türen und unüberwindliche Hürden in den Räumen existierten in dieser Zeit noch nicht, weshalb ein Umschalten der Zeitebene manchmal notwendig ist, um den nächsten Raum zu erreichen. Dafür sind in der Vergangenheit in vielen Räumen Leitern vorhanden, die später verschwunden sind.

Das Springen zwischen den Zeiten verbraucht allerdings Energie, die nur an bestimmten Punkten wieder aufgeladen werden kann. Ohne nachzuladen kann dreimal umgeschaltet werden, danach muss wieder eine Ladestation aufgesucht werden. Durch den labyrinthartigen Aufbau des unterirdischen Komplexes vergeht einige Zeit, bis Doc Cosmos den Ausgang erreichen kann. Zeitlimit gibt dabei übrigens keines. Das Spiel hat einen

sehr fairen Schwierigkeitsgrad, ist aber nicht sofort zu lösen.

Schlüssel werden durch bloße Berührung aufgesammelt. Die Steuerung ist sehr reaktionsschnell und genau. Doc Cosmos fühlt sich einfach gut an: Steuerung, Geschwindigkeit, Spielfluss stimmen genau, was bei vielen ansonsten gelungenen C64-Titeln leider nicht der Fall ist. Auch die Größe ist trotz der Beschränkung auf 16 kB beachtlich: Das Spiel umfasst nicht weniger als 47 Räume, von denen alle in doppelter Ausführung – Gegenwart und Vergangenheit – vorhanden sind.

Doc Cosmos ist ein bemerkenswertes und überraschendes C64-Spiel, das ich zu den besten Titeln der jüngeren Vergangenheit zähle. Ein Nachfolgetitel ist bereits in Arbeit. ∎

■ Der selbe Bildschirm in der Gegenwart (oben) und in der Vergangenheit (unten)

Download

Kostenlos oder gegen Spende:
https://shallan64.itch.io/doc-cosmos

Version mit Trainer:
https://csdb.dk/release/?id=175862

"Heartware"

Ein C64-Spiel auf Schallplatte

Wenn man überlegt, auf welchen Medientypen bisher Programme für den Commodore 64 veröffentlicht wurden, fallen natürlich sofort Diskette, Kassette und Modul ein. Außerdem noch als Listings auf Papier, per Radiowellenübertragung und auf CD (s. Lotek64 #37). Und nahezu in Vergessenheit geraten ist, dass C64-Software auch schon auf Schallplatte erschienen ist.

von Simon Quernhorst

Während der Vinyl-Recherche für Lotek64-Ausgabe 55 bin ich auf die Schallplatte „Heartware" aus dem Jahr 1986 gestoßen. Hinter diesem Musikprojekt standen Hellmut Hattler und Jan Fride, die Veröffentlichung erfolgte durch Vielklang Musikproduktion aus Berlin. Ganz leicht ist es trotzdem nicht, die richtige Platte zu bekommen, denn das Album erschien im selben Jahr in zwei verschiedenen Versionen und nur die zweite Auflage enthält das C64-Spiel – beide Versionen tragen jedoch dieselbe Artikelnummer „VM 308603".

■ Herz, Feuer und Platine: Heartware

■ Die auf dem Label nicht erwähnte Spielerille

Die Erstauflage enthält vier Lieder auf Seite A und drei Lieder auf Seite B. Die Zweitveröffentlichung enthält auf Seite B als zusätzlichen vierten Track „Additional C64 Software / TV-Game" und die Lieder A3, B1 und B2 sind als neue Mix-Versionen mit exakt gleicher Laufzeit enthalten. Die Labels der beiden Schallplatten sind jedoch identisch, weder die Mix-Versionen noch das C64-Spiel werden hier erwähnt. Erkennbar ist der Unterschied der beiden Platten nur an einem zusätzlichen weißen Papiersticker auf der Cover-Rückseite und an der zusätzlichen Rille für das C64-Programm. Jeder, der schon einmal das Piepen eines C64-Programms auf der heimischen Stereoanlage erlebt hat, wird sich nun freuen, dass man beim Mastering der Schallplatte eine gute Idee hatte: die Nadel läuft nach dem dritten Lied der B-Seite in eine Endlosrille und erreicht somit nicht von selbst das C64-Spiel.

Für das Abhören des Spiels muss man die Nadel also gezielt auf Track 4 ansetzen und kann es so auf eine Kassette überspielen, welche dann über eine Datassette im C64 eingelesen werden kann. Statt diesen Prozess näher zu beschreiben, enthält der Cover-Aufkleber nur folgenden kryptischen Anleitungstext:

„LOAD-RETURN: "PIGGY", SPACE ......, RUN-RETURN".

Das 16 Blocks lange Programm wurde komplett in BASIC geschrieben und enthält die Spritegrafiken als DATA-Anweisungen. Das Spiel wurde augenscheinlich kompakt gehalten, so enthält es keine REM-Befehle oder unnötige Leerzeichen. Trotzdem hätte das Setzen von Werten mittels POKE noch kürzer erfolgen können, indem man Werte nicht als Formel sondern als direkt Ergebniswert eingegeben hätte. Besonders auffällig ist dies beispielsweise in Programmzeile 32, welche mit 7,5 Bildschirmzeilen auch die längste Zeile des Programms ist. Eine derartige Zeilenlänge bekommt man selbst dann nicht hin, wenn bei der Eingabe mit den bekannten Befehlsabkürzungen wie z.B. ? für PRINT gearbeitet wurde. Vermutlich wurde hier ein Hilfsprogramm zur Optimierung genutzt. Als Programmierer wird auf dem Aufkleber übrigens „Alex Steegemann" genannt, im Spiel werden nur seine Initialen erwähnt.

Nach Start des Spiels erscheint zunächst ein kleines Intro mit der Adresse des Musikverlags. Als kleine Macke wird die Zeichenfarbe nicht durch das Spiel gesetzt und es wird die letzte Cursorfarbe verwendet. Dies ist problematisch, wenn man ein Action Replay Modul mit Weiß als Cursorfarbe verwendet, dann wird die Schrift nämlich Weiß auf Weiß ausgegeben und bleibt somit unsichtbar. Anschließend erfährt man den eigentlichen Spielnamen „Piggy's Fatal Trip" und es können zwei Parameter für die Schwierigkeit eingegeben werden. „Level" bezieht sich dabei auf die Startbreite des Wegs und „Speed" auf die Bewegungsgeschwindigkeit des namensgebenden Schweins. Danach startet das eigentlich Spiel und als einzige Aufgabe muss Piggy den Begrenzungen des Wegs ausweichen. Die Steuerung erfolgt mit einem Joystick in Port 2, die Breite des Weges ist abnehmend und bei

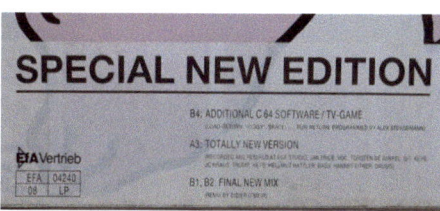

■ Spielen nur mit diesem Sticker...

■ Das Heartware-Intro und Piggy in Aktion

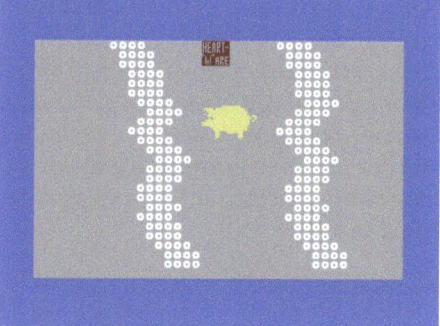

einer Kollision endet das Spiel mit Ausgabe der erreichten Zeit und der Frage nach einer weiteren Runde. Begleitet wird das Geschehen von rudimentären Soundeffekten. Merkwürdigerweise werden einige Texte auf Deutsch und andere auf Englisch ausgegeben.

Spielerisch zwar ziemlich uninteressant, bleibt diese Veröffentlichung auf Vinyl aber wirklich bemerkenswert... ■

C64-Spiel The Rocky Horror Show

Buntes Haus statt grauer Maus

Der vor 45 Jahren erschienene Film rund um den „sweet transvestite from Transsexual, Transylvania" hat bis heute eine riesige Fangemeinde. Das Computerspiel zur Rocky Horror (Picture) Show ist vielen C64-Usern bekannt, auch wenn es bei Weitem nicht denselben Kultstatus genießt. Dass es eine grafisch viel schönere US-Fassung gibt, war den meisten europäischen Usern bis vor kurzem nicht bekannt. Im Juli 2019 veröffentlichte die Gruppe Laxity eine Version, die wir unter die Lupe genommen haben – „I see you shiver with anticipation", würde Frank-N-Furter sagen.

von Georg Fuchs

B rad und Janet, ein frisch verheiratetes Paar, haben mitten in der Nacht in einer einsamen Gegend eine Autopanne. In einem nahegelegenen Schloss hoffen die beiden ein Telefon zu finden, um Hilfe holen zu können. So beginnt der Film aus dem Jahr 1975, dem ein Musical von Richard O'Brien aus dem Jahr 1973 zugrunde liegt.

Alles wurde bunt

Die bekannte C64-Fassung des Spiels, von dem auch Versionen für Sinclair ZX Spectrum, Apple II und Amstrad CPC existieren, wurde 1985 vom britischen Softwarehaus CRL Group veröffentlicht. Grafik und Musik sind der Zeit entsprechend brauchbar, aber nicht herausragend. Dem Soundtrack gelingt es zwar, Musik aus dem Film so wiederzugeben, dass man sie sofort wiedererkennt und mitsingen möchte: Let's do the time warp again! Wirklich gute SID-Musik wird aber nicht geboten. Die Grafik kann als zweckmäßig bezeichnet werden. Die Animation der Sprites wirkt etwas unbeholfen, aber die Hintergründe sind durchaus gelungen und stimmungsvoll. Allerdings sind sie monochrom, auch wenn den Räumen unterschiedliche Farben verpasst wurden. Wie so oft bei britischen Spielen in der 8-Bit-Ära wurde einfach die Spectrum-Version, die die höchsten Verkaufszahlen versprach, auf andere Systeme portiert, ohne deren technische Möglichkeiten auszuschöpfen. Die Firma CRL, eher für Spiele von zweifelhaftem Ruf bekannt (Ausnahmen bestätigen die Regel), ging nach diesem Muster vor. Paul Andrew Stoddart, Programmierer des C64-Spiels, erinnert sich, dass CRL auf eine schnelle Konvertierung drängte und deshalb keine Zeit blieb, um dem Spiel mehr Farben zu spendieren, obwohl es technisch problemlos möglich gewesen wäre. Stattdessen wurden die Spectrum-Grafiken direkt auf den C64 übertragen.

Als Activision das Spiel später auf dem US-Markt veröffentlichen wollte, wurde die schnöde Spectrum-Optik zum Problem. Deshalb wurde ein Grafiker, John Law, engagiert, der prächtigere Hintergründe pixelte, was natürlich zulasten der Auflösung ging. Erwartungsgemäß wurde nun der Speicherplatz knapp, es musste also auch noch der Code optimiert werden. Das Ergebnis kann sich sehen lassen: Neben schöneren, bunten Hintergrundbildern wurde auch die Kollisionsabfrage deutlich verbessert. In der Urfassung waren etwa Aufzüge und Leitern immer ein Problem, da sie pixelgenau angesteuert werden mussten.

Von Rocky Horror Show existiert darüber hinaus eine dritte, selten anzutreffende C128-Version. Es handelt sich dabei um eines der raren Spiele, die tatsächlich in der C128-Version ein bisschen mehr bieten. Sie basiert auf der US-C64-Fassung, enthält aber noch weitere Verbesserungen der Grafik und eine auf dem C64 nicht enthaltene Intro-Sequenz, in der man das Haus betritt. Alle drei Fassungen liegen übrigens von Anfang an vollständig im Speicher, nachgeladen wird nicht.

Ablauf des Spiels
Im Spiel kann man kann entweder die Rolle von Brad oder Janet übernehmen. Das geschieht mit den Tasten B und J, für den Rest des Spiels genügt ein Joystick. Wahlweise kann mit der Tastatur gespielt werden. In ca. 25 Minuten

■ Links: Zwei Screenshots aus der alten...

■ ...und zwei Screenshots aus der US-Fassung.

muss das Spiel gelöst werden. Dafür müssen in der bizarren Villa, die etwa 15 Räume umfasst, alle Teile einer Maschine gefunden werden. Da Brad und Janet nur ein Element der Maschine auf einmal tragen können, muss ein Stück nach dem anderen gefunden und zu einem bestimmten Raum getragen werden. Manche Türen sind verschlossen und lassen sich erst öffnen, wenn der passende Schlüssel gefunden wurde.

Im Haus begegnen uns ständig verschiedene Charaktere, die wir aus dem Film bzw. dem Musical kennen: der Butler Riff-Raff, dessen Schwester Magenta, die gut gelaunte Columbia, Dr. Frank-N-Furter, sein Geschöpf Rocky Horror und dessen verunglückter Vorgänger Eddie. Berührt man eine dieser Persönlichkeiten, führt dies zum Diebstahl der Kleidung,

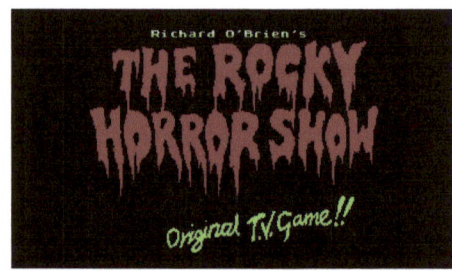

■ C64-US-Version (oben), C128-Titel (unten)

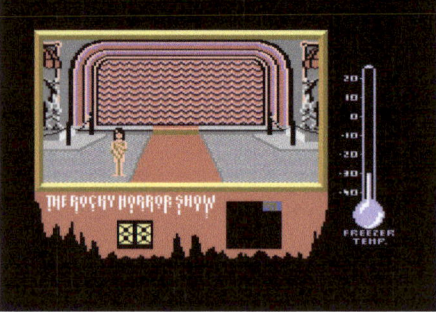

■ Janet in der C128-Fassung des Spiels

die an einer zufälligen Stelle im Haus abgelegt wird. Bis man sie gefunden hat, laufen unser Brad oder unsere Janet nackt herum und brauchen ihre Hände, um sich schamhaft zu bedecken. In dieser Zeit können keine Maschinenteile eingesammelt werden, es geht also wertvolle Zeit verloren. Außerdem gibt es Charaktere, die uns per Laser direkt ins Jenseits befördern. Der Laxity-Trainer erlaubt es (neben einer Reihe weiterer Erleichterungen), die Kleidersuche auszuschalten. Damit verliert das Spiel seinen frustrierendsten Aspekt.

It's just a jump to the left

Keine Erleichterung, sondern ein Bugfix ist die im Trainer vorgesehene Option, Brad oder Janet links oder rechts am Bildschirm zu platzieren. Das ist hilfreich, wenn die Figur steckengeblieben ist, was gar nicht so selten vorkommt. Beim Testspiel ist meine Janet einmal im Lift steckengeblieben, ohne dass ich sie wieder befreien konnte. Die Slowdowns im Spiel sind übrigens in allen Versionen vorhanden, wobei sich die monochrome Urfassung noch am schnellsten anfühlt.

Da man nur ein Leben und ein Zeitlimit hat, kann man sich nicht viele Fehler erlauben. Ohne Trainer ist das Spiel nur mit viel Geduld zu schlagen.

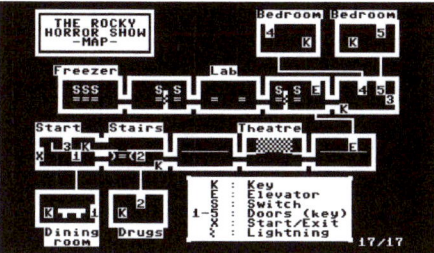

Fazit

Die US-Version ist wesentlich schöner als die alte PAL-Fassung und hat auf jeden Fall einen Versuch verdient. Die schönere Optik kann aber nicht allzu lange darüber hinwegtäuschen, dass The Rocky Horror Show ein mittelmäßiges Spiel ist, dessen Anziehungskraft sich nicht mit jener des Films messen kann. Ungeachtet dessen ist es sehr erfreulich, dass diese Fassung des Spiels nach 35 Jahren endlich gefunden und in einer ansprechenden Version veröffentlicht wurde. ∎

Download

Die Multicolor-Version von „The Rocky Horror Show" ist hier zu finden:
https://csdb.dk/release/?id=179400

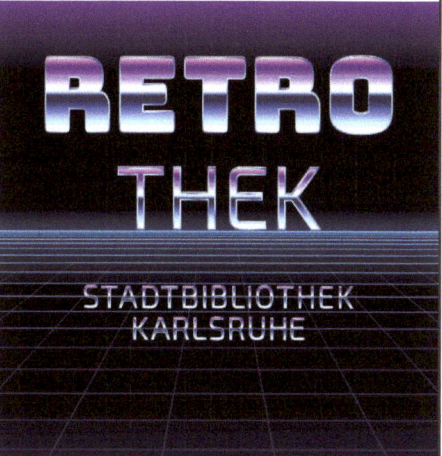

Aufstrebender C64-Cracker sucht Zeitmaschine

Ein jugendlicher C64-Fan, der zum größten Cracker werden möchte, wird durch einen Zwischenfall von kosmischen Ausmaßen in die Zeit der beginnenden Industrialisierung versetzt. Elende Lebensbedingungen, zwielichtige Spelunken, ungerechte Autokraten und finstere Verliese prägen die Welt, in die man im Adventure „Methodist" gestoßen wird. Regie führte mac of tugcs alias Sebastian Begaße.

von Georg Fuchs

Das Adventure Methodist wurde mit dem leistungsfähigen „D42 Adventure System" erstellt, das wir in Lotek64 #51, August 2015, vorgestellt haben. In derselben Ausgabe half Sebastian Begaße rätselgeplagten Abenteurern übrigens mit einer Komplettlösung seines Spiels „Die Ringe von Coplar" weiter. Vom selben Autor stammt auch das Zeltlager-Adventure „Das Camp", das entweder kostenlos auf der Webseite http://tugcs.de/c64-games/ oder in einer erweiterten Fassung bei Protovision erhältlich ist.

Das deutschsprachige Adventure begrüßt uns nach dem Start wie eine typische Raubkopie aus den großen Tagen des Commodore 64, also mit einem Cracktro. Das Cracktro stammt paradoxerweise von THE MASTER, in dessen Rolle wir im Spiel schlüpfen. Die Handlung des per Joystick gesteuerten Textadventures versetzt uns zu Beginn in ein typisches Nerd-Jugendzimmer der 80er-Jahre: ein Bett, ein C64 – allerdings mit allen Extras, die gut und teuer sind. Die Post bringt unangenehme Neu-

igkeiten: Ein Anwalt, kein Geringerer als der berüchtigte Günter van Klaag de Leut, schickt eine Unterlassungserklärung wegen Verletzung des Urheberrechts.

Doch der Anwalt, so erfährt THE MASTER, ist auf der Flucht. Diese Neuigkeit entnehmen wir der Wild-Zeitung. Nun bietet sich also eine Gelegenheit für den Möchtegern-Meistercracker, um im Haus des berüchtigten van Klaag

■ Es beginnt mit einem Abmahnbrief.

de Leut die belastenden Disketten zu holen und somit der drohenden gerichtlichen Auseinandersetzung die Grundlage zu entziehen. Um diesen Plan umzusetzen, holt sich THE MASTER die Hilfe einer Gruppe von fragwürdigen Hobbydetektiven, die als die „Drei Sonderzeichen" für ihre Dienste werben. Immerhin geht es um 8000 DM, die der Anwalt fordert. Aber ob ein Einbruch wirklich das geeignete Mittel ist? Die Frage stellt sich schließlich gar nicht.

Um nicht zu viel zu verraten: Einen Meteoriteneinschlag später stehen wir am Grab von Samuel Wesley (1662-1735), dessen Söhne Charles und John als Begründer der heutigen Methodistischen Kirchen gelten. (Jetzt klingelt es aber!) Danach überschlagen sich die Ereignisse und wir tauchen ein in den Hauptstrang der Handlung, der sich darauf entspinnt.

Dem Spiel liegen (im kostenlosen Download als PDF) vier Dokumente bei, die in der Handlung eine besondere Rolle spielen: Der Brief des verschollenen Anwalts, der lebensechte Lockbrief einer gewissen Tanja Nolte-Brendel, der den MASTER in die Falle lockte, sowie zwei Seiten der allseits beliebten Wild-Zeitung, die gleich zu Spielbeginn einen entscheidenden Hinweis liefert. Dass in der Wild-Zeitung auch für Lotek64 geworben wird, ist reiner Zufall, ganz ehrlich!

Das gesamte Spiel ist eine riesige Sammlung von Anspielungen, Zitaten und Referenzen auf jugend- und popkulturelle Phänomene der (nicht nur) 80er- und 90er-Jahre. Songtexte, Charaktere aus Spielen, Fernsehserien und sogar aus dem wirklichen Leben versetzen die nicht mehr ganz Jungen unter uns in eine Epoche, in der bekanntlich alles besser war, nicht nur die Frisuren und Computerspiele. Jüngere Spieler dürfen Google konsultieren, um hinter den Sinn all der Anspielungen zu kommen.

Damit keine Missverständnisse aufkommen: Die vielen Gags und skurrilen Textpassa-

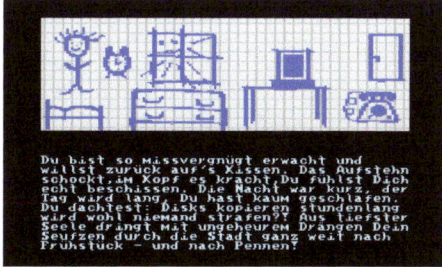

gen sorgen für Unterhaltung, sind aber nicht der einzige Inhalt des Spiels. Methodist ist ein umfangreiches Adventure, das (zumindest

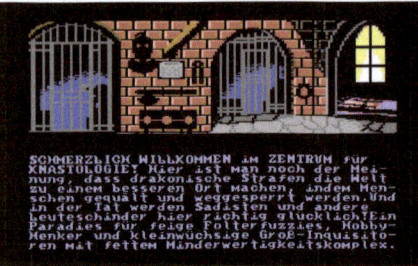

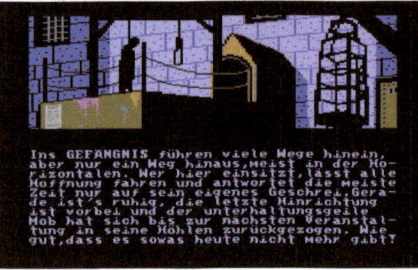

ohne Hilfe) nicht an einem Nachmittag durch-gespielt werden kann. Die Rätsel sind logisch und nicht unfair, doch manchmal wird man in die Irre geführt oder bleibt in bestimmten Si-

tuationen stecken. Da hilft nur, alles in Ruhe zu untersuchen, die Texte genau zu lesen und manchmal auch genervt am Joystick zu rüt-teln. (Letzteres hilft nicht wirklich, baut aber ein bisschen Stress ab.)

Methodist lässt sich auch nicht auf eine Sammlung von Rätseln reduzieren. Der Autor hat sehr viel Recherchearbeit geleistet, um diese interaktive Geschichte zu erzählen. Das Spiel setzt sich auf humorvolle Weise mit ge-sellschaftspolitischen Themen wie etwa der To-desstrafe oder menschenunwürdigen Arbeits-bedingungen auseinander, ohne belehrend zu wirken. Nebenbei erfährt man etwas über die Geschichte des Bergbaus, die Arbeitsbedin-gungen in vergangenen Zeiten, die Ursprünge des Methodismus das soziale Engagement, das dessen Pioniere einforderten. Nicht zuletzt handelt das Spiel auch von der Fantasiewelt jugendlicher Computerfreaks in der 8-Bit-Ära.

Das Spiel hat dem Vernehmen nach zwei verschiedene Enden. So weit bin ich bei mei-nem Test nicht vorgedrungen, das Abenteuer ist sehr umfangreich. Man braucht Zeit und Geduld, dafür bekommt man aber 80 (!) meis-terhaft gepixelte Screens geboten und viele Szenen werden von Geräuschen und Melodien begleitet. Kein Wunder, dass mehr als drei Jah-re Arbeit (sowie eine Menge Kaffee und Scho-kolade) in diesem Werk stecken. Es hat sich aber gelohnt.

Einziger Kritikpunkt für mich ist, dass die Steuerung ausschließlich per Joystick erfolgt, Tastatureingaben also nicht möglich sind. Das ist eine Einschränkung des Authoring-Sys-tems, mit der man sich als Fan der orthodoxen Infocom-Schule, der Point-and-Click-Adven-tures immer schon mit einer gewissen Portion Skepsis betrachtet hat, einfach abfinden muss. Dafür gibt es eine praktische RAM-Speicher-Funktion, die angesichts der zahlreichen Tode, die einem im Spiel widerfahren, sehr praktisch ist – zumindest dann, wenn man auf echter

Commodore-Hardware spielt. In Emulatoren kann alternativ dazu üblicherweise einfach ein Speicher-Snapshot gespeichert werden. Möglichkeiten zu sterben gibt es nämlich fast so viele wie in Zork 2. Wer gerne Adventures spielt, sollte das am 14. Dezember 2019 auf der DORECO in Dortmund erstmals vorgestellte Spiel unbedingt ausprobieren und dafür ein bisschen Zeit mitbringen. ∎

Webseite, Download

http://tugcs.de/c64-games/
Eine Sammlerbox ist auf Anfrage erhältlich.

ELITE 128 2.0

Nach 20 (!) Jahren ist Anfang Januar 2020 die Version 2.0 von Elite 128 erschienen. Elite 128 ist eine inoffizielle Verbesserung des Spieleklassikers Elite von David Braben, die auf dem Original-C64 ihre Schwächen hat. Die 128er-Version aus dem Jahr 1998 macht sich die Hardware des C128 zunutze, um eine höhere Geschwindigkeit zu erzielen. Unterstützt werden nun aber auch andere Konfigurationen (z.B. SuperCPU und REU) und Geräte wie das C64DTV.

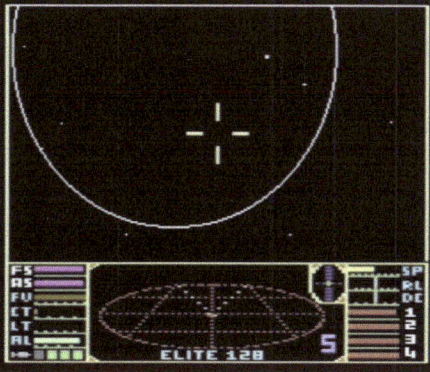

Das wichtigste Feature von Release 2.0 ist die Beseitigung des Bildschirmflackerns. Zusätzlich geht Elite 128 aber noch einige Schritte weiter und greift ins Spiel ein, um mehr Balance und Spielspaß zu gewährleisten. Unter anderem gibt es einen Autopiloten und viele andere Neuerungen, mehr Musik und hilfreiche Features.

Das Archiv enthält neben dem Disk-Image eine ausführliche Beschreibung und liegt in englischer und deutscher Sprache vor. ∎

Download:
ftp://ftp./pub/uz/elite128

Mai 2019

29.05.2019

Die C64-Version von Robots Rumble, zuvor für Sinclair ZX Spectrum veröffentlicht, ist erschienen. Bei diesem Puzzlespiel wird eine Figur mittels Magneten gesteuert. Versionen für VC-20 und Plus/4 wurden angekündigt.
http://www.indieretronews.com/2019/05/robots-rumble-great-puzzle-game-for.html
https://csdb.dk/release/?id=178287

Juni 2019

04.06.2019

Mit einer erfolgreichen Kickstarter-Kampagne soll der Spiel R-Type Final 2 finanziert werden, das kein geringeres Ziel verfolgt, als das „beste Shoot-em-up aller Zeiten" zu werden. Das Spiel war im Februar 2020 noch in Entwicklung.
https://www.kickstarter.com/projects/granzella/r-type-final-2-aiming-for-a-brand-new-the-best-shmup-ever

Sigil, die inoffizielle vierte Episode von Doom, ist erschienen:
https://www.romerogames.ie/si6il

Tetris wird am 6. Juni 35 Jahre alt.
https://en.wikipedia.org/wiki/Tetris

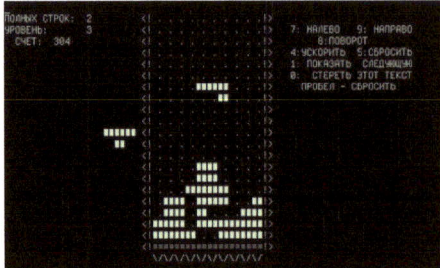

10.06.2019

Hans Ippisch verlässt Marquard Media, wechselt in die Spieleindustrie und soll das Europa-Geschäft für das reanimierte „Intellivision" aufbauen.

http://www.turi2.de/aktuell/hans-ippisch-verlaesst-computec-media-wechselt-die-spiele-industrie/

12.06.2019

Mit Plutonium Caverns von Jani Nykänen erscheint ein Spiel für MS-DOS, das auf der Webseite auch im Browser läuft.

https://t.co/W6M5zTScg1

Konami stellt die Mini-Version der 1994 eingestellten TurboGrafx-16-Konsole vor. In Europa war die Konsole als PC Engine bekannt. Die Konsole soll ab März 2020 erhältlich sein und über 50 Spiele enthalten.
https://www.cnet.com/news/konami-unveils-turbografx-16-mini-game-console/

13.06.2019

CP/Mish ist ein quelloffener Port einer CP/M-Distribution für 8080- und Z80-basierte Computer.
http://cowlark.com/cpmish/

15.06.2019

Nono Pixie ist ein Puzzlespiel für den Commodore 64, das kostenlos heruntergeladen werden kann.
https://sakrac.itch.io/nono-pixie

Der Nerd-Versandhandel Thinkgeek, bei dem

auch viele Retro-Fanprodukte erhältlich waren, stellt seinen Betrieb ein.
https://www.golem.de/news/gamestop-nerd-versandhandel-thinkgeek-hoert-auf-1906-141929.html

Des Speichers Kern: Artikel über alte Speichertechnologien.
https://blog.hnf.de/das-speichers-kern/

18.06.2019
Computer im Museum (III) –Überblick über verschiedene deutsche Computermuseen:
https://blog.hnf.de/computer-im-museum-iii/

20 Jahre IBM MicroDrive: Speicher für die Nische
https://www.heise.de/newsticker/meldung/20-Jahre-IBM-MicroDrive-Speicher-fuer-die-Nische-4446697.html

„Subway history": Bei der New Yorker U-Bahn war jahrzehntelang OS/2 im Einsatz.
https://tedium.co/2019/06/13/nyc-subway-os2-history/

R.T. Russells 37 Jahre altes Z80-BBC-Basic ist jetzt quelloffen.
https://www.osnews.com/story/130145/r-t-russells-z80-bbc-basic-is-now-open-source/

23.06.2019
Das für die meisten aktuellen Plattformen erhältliche Spiel Minit (2018) erhält einen offiziellen C64-Port von Thalamus Digital.

https://commodoreformat.wordpress.com/minit/

25.06.2019
Die NES- und Game-Boy-Versionen des Spiels Star Wars aus dem Jahr 1991 wurden in limitierter Stückzahl wieder aufgelegt.
https://www.golem.de/news/retro-gaming-star-wars-fuer-den-game-boy-und-nes-wieder-erhaeltlich-1906-142129.html

TheC64: Der Commodore-Rechner in Originalgröße wird angekündigt.
https://www.heise.de/newsticker/meldung/TheC64-Der-Commodore-Rechner-kommt-in-Originalgroesse-zurueck-4454962.html
https://derstandard.at/2000105406565/Koch-Media-bringt-legendaeren-Heimcomputer-64-zurueck-wieder-einmal

Warum die Playstation Classic ein Flop ist:
https://derstandard.at/2000105331765/Warum-die-PlayStation-Classic-so-ein-Flop-ist

02.07.2019
Eine Geschichte des Internet-Cafés:
https://blog.hnf.de/cafe-internet/

Vor 40 Jahren stellte Sony den Walkman vor.
https://blog.hnf.de/vor-vierzig-jahren-der-walkman-kommt/

09.07.2019
Der Walkman kommt mit Bluetooth wieder.
https://www.golem.de/news/kassettenspieler-walkman-kommt-mit-bluetooth-wieder-1907-142413.html

Selbstversuch mit Schlapphut: Indiana Jones and the last Crusade nach 30 Jahren wieder durchgespielt.
https://www.golem.de/news/indiana-jones-and-the-last-crusade-selbstversuch-mit-schlapphut-1907-142372.html

Communicating Cartridges: Wie Konsolen früher mit der Außenwelt Kontakt aufnahmen.
https://writing.markchristian.
org/2019/06/29/communicating-cartridges/

Passend zur dritten Staffel der Serie Stranger Things, die 1985 spielt, veröffentlicht Microsoft eine „Windows 1.11"-App.
https://www.cnet.com/news/stranger-things-time-warps-pcs-with-windows-1-11-app/

16.07.2019
Alan Turings Porträt kommt auf die britische 50-Pfund-Banknote.

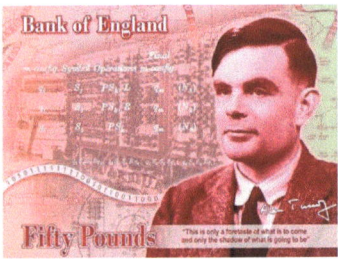

https://www.heise.de/newsticker/meldung/
Alan-Turings-Portraet-kommt-auf-die-
britische-50-Pfund-Banknote-4471518.html

PC Engine Core Grafx: Konami kündigt drei Versionen der gleichen Minikonsole an.

https://www.golem.de/news/pc-engine-core-
grafx-konami-kuendigt-drei-versionen-der-
gleichen-minikonsole-an-1907-142589.html

Für AmigaOS 3.1.4 (September 2018) wurde ein Update veröffentlicht.
http://www.hyperion-entertainment.com/
index.php/news/1-latest-news/280-update-
to-amigaos-314-released

Trotz Disk-Meme: Diskette ist Jugendlichen völlig unbekannt.
https://www.derstandard.at/
story/2000106292881/trotz-disk-meme-
diskette-ist-jugendlichen-voellig-unbekannt

23.07.2019
Vor 50 Jahren wurde in Kalifornien Shakey, der „erste intelligente Roboter" gebaut.
https://blog.hnf.de/shakey-der-roboter/

„ENDLESS FORMS MOST BEAUTIFUL 64", ein neues Spiel für den C64, kann kostenlos heruntergeladen werden.

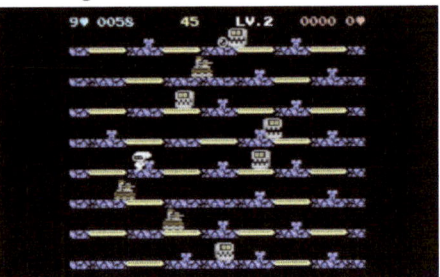

https://rikib80.itch.io/efmb64

Regenbogenapfel: Spekulationen über ein mögliches Comeback des altes Apple-Logos.
https://www.derstandard.at/
story/2000106607047/regenbogenapfel-
moegliches-comeback-fuer-altes-apple-logo

Amiga 1200+: Ein neues Motherboard für den Amiga 1200.
http://www.amigaclub.be/projects/
amiga1200plus
https://hackaday.com/2019/07/21/a-new-

motherboard-for-amiga-the-platform-that-refuses-to-die/

Über das Scrolling in The Legend of Zelda:
https://gridbugs.org/zelda-screen-transitions-are-undefined-behaviour/

30.07.2019
Marketing: Rockstar Games zahlte für möglichst negative Berichterstattung über GTA.
https://www.derstandard.at/story/2000106842702/gta-rockstar-games-zahlte-fuer-moeglichst-negative-berichterstattung

Ein Computer aus dem Jahr 1959 ist dank bester Pflege in Japan noch immer im Einsatz:
http://www.asahi.com/ajw/articles/AJ201907280007.html

IBM System/3, ein Computer für den Mittelstand:
https://blog.hnf.de/computer-fuer-den-mittelstand-ibm-system-3/

August 2019
01.08.2019
Das erste „Diablo" kann nun im Browser gespielt werden.
https://www.derstandard.at/story/2000106923649/das-erste-diablo-kann-nun-im-browser-gespielt-werden

Start am Mac: Microsofts Office-Paket wird 30.

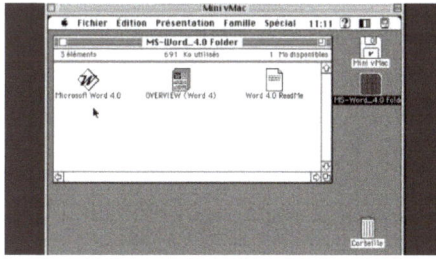

https://www.heise.de/mac-and-i/meldung/Start-am-Mac-Microsofts-Office-Paket-wird-30-4485036.html

Siebzig Jahre Zuse KG:
https://blog.hnf.de/siebzig-jahre-zuse-kg/

06.08.2019
Vor 75 Jahren wurde der erste amerikanische Computer konstruiert. Er wog vier Tonnen.
https://blog.hnf.de/der-erste-amerikanische-computer/

Tunnel X1 von Chris Hülsbeck:
https://chrishuelsbeck.bandcamp.com/track/tunnel-x1

Ein wiederbelebter HP 660LX:

https://blog.presidentbeef.com/blog/2019/08/04/reviving-an-hp660lx-in-2019/

Ein Easter Egg aus dem Jahr 1977:
https://selectbutton.net/t/i-found-an-easter-egg-from-1977/8828

13.08.2019
1994 – die Suchmaschinen kommen.
https://blog.hnf.de/1994-die-suchmaschinen-kommen/

Der Sommer des Moorhuhns:

https://blog.hnf.de/der-sommer-des-moorhuhns/

Der 6502, Computerherz der 8-Bit-Revolution.
https://www.heise.de/newsticker/meldung/
Zahlen-bitte-Der-6502-Computerherz-der-8-
Bit-Revolution-4495239.html

Commodore's forgotten UNIX workstation -
Commodore/CBM900
https://datamuseum.dk/wiki/Commodore/
CBM900
http://www.floodgap.com/retrobits/ckb/
secret/900.html

„Bliss": Wie das Hintergrundbild von Windows
XP entstanden ist.
https://www.derstandard.at/
story/2000107359663/wie-das-
hintergrundbild-fuer-windows-xp-
entstanden-ist

21.08.2019
Die schmutzigen Tricks der 6502-Programmie-
rer:
https://nurpax.github.io/posts/2019-08-18-
dirty-tricks-6502-programmers-use.html

„Ich vermisse Microsoft Encarta":
https://www.hanselman.com/blog/
IMissMicrosoftEncarta.aspx

Executel 3910, das „Smartphone aus dem Jahr
1984":
http://www.binarydinosaurs.co.uk/Museum/
STC/

26.08.2019
Zak McKracken als 8-Bit-Figur für den 3D-
Drucker:

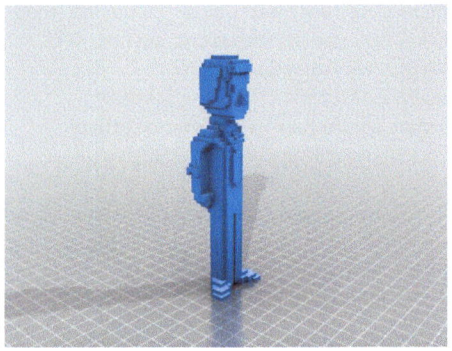

https://www.thingiverse.com/thing:3825912

27.08.2019
Das klassische Adventure Jinxter Remastered
wurde für alle Betriebssysteme erhältlich (ausführlicher Test in dieser Ausgabe von Lotek64).
https://strandgames.com/games/jinxter

Apollo Guidance Computer: Netzteilwechsel
nach 50 Jahren.
http://www.righto.com/2019/08/reliable-
after-50-years-apollo-guidance.html

September 2019
09.09.2019
Eine einfache Version von Civilization für Ex-
cel:
https://kotaku.com/a-basic-version-
of-civilization-running-as-an-excel-
sp-1837970858

10.09.2019

Erfolglos, aber heute noch geliebt: Segas Dreamcast wird 20
https://www.derstandard.at/
story/2000108450601/erfolglos-aber-heute-noch-geliebt-segas-dreamcast-wird-20

60 Jahre COBOL: Die Sprache, die nicht totzukriegen ist.
https://www.heise.de/developer/meldung/60-
Jahre-COBOL-Die-Sprache-die-nicht-
totzukriegen-ist-4518334.html

Alexander von Humboldt und die Rechenmaschinen:

https://blog.hnf.de/alexander-von-humboldt-
und-die-rechenmaschinen/

Relais 70 defekt – Von der Geschichte des „Bugs":
https://www.heise.de/newsticker/meldung/
Zahlen-bitte-Relais-70-defekt-Von-der-
Geschichte-des-Bugs-4517093.html

13.09.2019
25 Jahre Windows 95: Nostalgie-App bekommt Update.
https://www.derstandard.at/
story/2000107853527/25-jahre-windows-95-
nostalgie-app-bekommt-update

Computerszene 1949:
https://blog.hnf.de/computerszene-1949/

15.09.2019
C64-Emulator Denise 1.0.5 veröffentlicht:
https://sourceforge.net/projects/deniseemu/
files/v%201.0.5/

cc1541 V3.0:
https://csdb.dk/release/?id=181090

Das C64-Spiel Vegetables Deluxe wurde veröffentlicht. (Einen ausführlichen Test gibt es in dieser Ausgabe von Lotek64.)
https://doublesidedgames.com/shop/
commodore/commodore-64/vegetables-
deluxe/

Magic Desk 512k Cartridge für den C64:

https://www.lemon64.com/forum/viewtopic.
php?t=72392
https://csdb.dk/release/?id=179082
https://csdb.dk/release/?id=179083

Two days to the race, ein Adventure für den C64:
http://davbucci.chez-alice.fr/index.
php?argument=varie/two_days/two_days.
inc&language=English

8-Bit Symphony Pro, eine Doppel-CD mit Orchesterfassungen von C64-Stücken, hat das Finanzierungsziel erreicht.
https://www.kickstarter.com/projects/8-bit-symphony/8-bit-symphony-pro-double-orchestral-cd-of-8-bit-classics

17.09.2019
Alphatronic P1, der erste deutsche Mikrorechner:
https://blog.hnf.de/es-begann-mit-einem-kiss/

24.09.2019
Kartenspiele, Stundenhotels, Videogames: Ein Rückblick auf 130 Jahre Nintendo:
https://www.derstandard.at/story/2000108976290/kartenspiele-stundenhotels-videogames-ein-rueckblick-auf-130-jahre-nintendo

Zum ersten Mal seit mehr als 30 Jahren wurde mehr Musik auf Vinyl als auf CD verkauft.
https://www.rollingstone.de/vinyl-verkauft-sich-besser-als-cd-1760821/

Ein Modem, ein Computer und CompuServe:
https://blog.hnf.de/ein-modem-ein-computer-und-compuserve/

Oktober 2019
01.10.2019
Happy Birthday, W3C!
https://blog.hnf.de/happy-birthday-w3c/

Die Commodore-Produktion in Braunschweig:
https://blog.hnf.de/commodore-aus-braunschweig

05.10.2019
IBM-Rechner mit Transistoren:
https://blog.hnf.de/ibm-entdeckt-den-transistor/

08.10.2019
Donkey-Kong-Retter John Kirby gestorben.
https://www.derstandard.at/story/2000109627240/donkey-kong-retter-kirby-ist-tot

Wieso Japans legendäre Spielhallen bald verschwinden könnten
https://www.derstandard.at/story/2000109597407/wieso-japans-legendaere-spielhallen-bald-verschwinden-koennten

The Eternal Castle [REMASTERED], ein Remake des Spiels von 1987 im CGA-Look:
https://store.steampowered.com/app/963450/The_Eternal_Castle_REMASTERED/

Die zehn wichtigsten Tech-Trends des Jahrzehnts:
https://www.cnet.com/news/countdown-the-10-most-important-tech-trends-of-the-decade/

MorphOS Software Development Kit 3.14 wurde veröffentlicht.
https://morphos-team.net/news

15.10.2019
Rygar AGA: Die Amiga-Version des Arcade-Spiels von Tecmo ist erschienen:

http://www.indieretronews.com/2019/10/
rygar-aga-tecmos-arcade-game-as-amiga.html

MS-DOS-Games: Internet Archive veröffentlicht 2500 weitere Spieleklassiker.
https://www.heise.de/newsticker/
meldung/MS-DOS-Games-Internet-
Archive-veroeffentlicht-2500-weitere-
Spieleklassiker-4554484.html

17.10.2019
Der Teenager hinter einigen der größten Arcade-Konvertierungen der 80er-Jahre:
https://www.eurogamer.net/articles/2019-
10-13-the-boy-behind-the-biggest-coin-op-
conversion-of-the-80s

UNIX-Prominenz wählte Schach-Eröffnung:
39 Jahre alte BSD-Passwörter geknackt.
https://www.heise.de/newsticker/meldung/
UNIX-Prominenz-waehlte-Schach-
Eroeffnung-39-Jahre-alte-BSD-Passwoerter-
geknackt-4554180.html

Bull – Datentechnik aus Frankreich:
https://blog.hnf.de/bull-datentechnik-aus-
frankreich/

Pocket: Handheld-Konsole, mit der man alte
Nintendo-Games spielen kann.
https://www.derstandard.at/
story/2000109995832/pocket-handheld-
konsole-mit-der-man-alle-alten-nintendo-
games

23.10.2019
Computer in der DDR:
https://www.heise.de/ct/artikel/Computer-in-
der-DDR-4559007.html

Vor 20 Jahren: Mac OS 9 leitet das lange Ende
von „Classic Mac OS" ein.
https://www.heise.de/mac-and-i/meldung/

Vor-20-Jahren-Mac-OS-9-leitet-das-lange-
Ende-von-Classic-Mac-OS-ein-4565975.html

30.10.2019
Das Internet feiert 50. Geburtstag: Generation
X – Vom Aufwachsen mit dem Netz
https://www.heise.de/newsticker/meldung/
Das-Internet-feiert-50-Geburtstag-
Generation-X-Vom-Aufwachsen-mit-dem-
Netz-4572166.html

Frühe PC-Tastaturen:
http://www.os2museum.com/wp/pc-
keyboard-the-first-five-years/

Vor 25 Jahren: Intel Pentium mit FDIV-Bug.
https://www.heise.de/ct/artikel/Vor-
25-Jahren-Intel-Pentium-mit-FDIV-
Bug-4571751.html

Computer- und Technikmuseen (nicht nur) in
Deutschland
https://www.heise.de/ct/artikel/Computer-
und-Technikmuseen-nicht-nur-in-
Deutschland-4559191.html

November 2019
05.11.2019
Wenn die Kasse klingelt: Die Vorläufer der Re-
gistrierkasse.
https://blog.hnf.de/wenn-die-kasse-klingelt/

Über eine mysteriöse Taste auf frühen Schreibmaschinen:

http://widespacer.blogspot.com/2016/03/
the-lost-key-of-qwerty.html

Wie viele Commodore 64 wurden wirklich gebaut? Eine spannende Annäherung:
https://www.heise.de/newsticker/meldung/
Zahlen-bitte-12681839-C64-4578340.html

09.11.2019
Offello, ein C64-Spiel:
https://csdb.dk/release/?id=183603

Alien 8 V1.10, ein C64-Spiel:
https://csdb.dk/release/index.php?id=183645

So könnte ein C64-Handheld aussehen:
https://www.artstation.com/artwork/
dOqA8K

Ein YouTuber entdeckt auf einer Schallplatte
von 1984 ein verstecktes C64-Programm.
https://tonedeaf.thebrag.com/youtuber-
discovers-hidden-computer-program-vinyl-
record/

15.11.2019
Die Geschichte von Asteroids:
https://blog.hnf.de/asteroiden-im-anflug/

Space Orbs, ein C64-Spiel:
https://sakrac.itch.io/space-orbs

Berks Four, ein C64-Spiel:
https://csdb.dk/release/?id=180664

Ein einstündiges Interview mit SID-Maestro
Rob Hubbard:
https://www.youtube.com/
watch?v=0OxRyOSTHDM

19.11.2019
Die besten Retro-Konsolen:
https://www.techstage.de/bestenliste/
Bestenliste-Die-besten-Retro-
Konsolen-4289306.html

PC/GEOS: Noch 30 Jahre später hat die Be-
triebssystemerweiterung ihre Liebhaber.
https://www.heise.de/newsticker/meldung/
PC-GEOS-Noch-30-Jahre-spaeter-hat-
die-Betriebssystemerweiterung-ihre-
Liebhaber-4588115.html

24.11.2019
Retro-Joystick mit D-Sub und USB zum
Selberbasteln:
https://www.heise.de/make/artikel/Retro-
Joystick-mit-D-Sub-und-USB-4408414.html
https://www.heise.de/make/meldung/Platine-
fuer-den-DIY-Retro-Joystick-jetzt-erhaelt-
lich-4592272.html
https://www.forum64.de/index.
php?thread/94904-artikel-bei-heise-de-
retrojoystick-zum-selberbauen/&pageNo=1

LensKey, ein Lenslok-Decoder für Windows:
https://simonowen.com/spectrum/lenskey/

Retro Raspberry Pi Cases:
https://retropicases.com

Dezember 2019
03.12.2019
25 Jahre Playstation:
https://www.golem.de/news/playstation-
polygone-fuer-millionen-1912-145082.html
https://www.heise.de/newsticker/
meldung/25-Jahre-Playstation-

Als-Videospiele-dreidimensional-
wurden-4601340.html
https://blog.hnf.de/der-angriff-der-
spielstationen

„Quake 3": Ein E-Sport-Urgestein wird 20.
https://www.derstandard.at/
story/2000111779928/quake-3-ein-e-sport-
urgestein-wird-20

SMS: 160 Zeichen für die Zukunft der Kommu-
nikation.
https://www.heise.de/newsticker/meldung/
Zahlen-bitte-Die-SMS-Einst-160-Zeichen-
Zukunft-der-Kommunikation-4602371.html

Der Revolutionär – Altair 8800:
https://blog.hnf.de/der-revolutionaer-
altair-8800/

04.12.2019
„Maxi": Eine weitere Neuauflage des C64 ist da.
https://www.derstandard.at/
story/2000111830242/maxi-weitere-
neuauflage-des-c64-ist-da

Teardown: Die erste Playstation ließ sich leicht
reparieren.
https://www.derstandard.at/
story/2000111845236/teardown-die-erste-
playstation-liess-sich-leicht-reparieren

13.12.2019
Pionier der Prozessoren – 45 Jahre Zilog
https://blog.hnf.de/pionier-der-prozessoren-
45-jahre-zilog

Der Vater der Barcodes ist gestorben.
https://www.heise.de/newsticker/
meldung/Der-Vater-der-Barcodes-ist-
gestorben-4615014.html

15.12.2019

Der 6502-Compiler Wolin wurde veröffentlicht.
https://github.com/ssuukk/wolin
https://www.lemon64.com/forum/viewtopic.
php?t=73383

Der Slideshowmaker wandelt Bilder in ein
C64-Format um und erstellt eine Diaschau.

https://csdb.dk/release/?id=184697

GuruTerm+ (C64)
https://csdb.dk/release/?id=184594

Commodore 64 Christmas Demo Snowman T-
Shirt:
https://www.teepublic.com/de/t-
shirt/6366364-commodore-64-christmas-
demo-snowman

20.12.2019
WDR Computerclub: Wolfgang Back ist tot.
https://www.heise.de/newsticker/meldung/
WDR-Computerclub-Wolfgang-Back-ist-
tot-4620607.html

27.12.2019
Chuck Peddle, der Vater des 6502-Prozessors,
ist tot:
https://www.heise.de/newsticker/meldung/
Zum-Tode-von-Chuck-Peddle-Vater-des-MOS-
6502-Prozessors-4621792.html

Monty Mole

von Georg Fuchs

Monty Mole hatte 1984 seinen ersten Auftritt in einem Computerspiel. Der britische Maulwurf schleicht sich darin durch ein Bergwerk, um Kohlestücke zu stehlen. Damit will er im Winter seine Wohnung warmhalten. Über die Bergwerkstollen wacht ein gewisser King Arthur. Dabei handelt es sich nicht um die Hauptfigur der Artuslegende, sondern um den Anführer der britischen Kohlearbeitergewerkschaft Arthur Scargill, der in den Jahren 1984/85 einen erbitterten, aber letztendlich erfolglosen Kampf um die Zukunft des Bergbaus in Großbritannien führte.

Der zweite Teil, Monty Is Innocent, erschien 1985 exklusiv auf dem Spectrum und ist ein Action-Adventure und damit das einzige Spiel aus der Reihe, das nicht dem Jump'n'Run-Genre zuzurechnen ist. Auch „Moley Christmas" (1987) war nur auf dem Spectrum verfügbar.

Seit Super Mario World tauchte ein Monty Mole auch in zahlreichen Spielen aus dem Mario-Universum auf, eine offizielle Verbindung besteht aber nicht. In Erinnerung geblieben ist C64-Spielern die hervorragende Musik, die Rob Hubbard und Ben Daglish zu zwei Titeln beigetragen haben.

Wanted: Monty Mole wurde zuerst auf dem ZX Spectrum (Peter Harrap), dann auf dem C64 (Tony Crowther) veröffentlicht. Die Speccy-Fassung verzichtet auf Scrolling und ist trotz aller Limitierungen eines der populärsten Spiele auf diesem Rechner geblieben.

Einige der äußerst schwierigen Monty-Mole-Spiele waren für unterschiedliche Plattformen der 8-Bit-Generation verfügbar. Die 16-Bit-Generation erlebte nur noch das von Core Design gestaltete Impossamole, das stark vom Gameplay der alten Monty-Mole-Titel abweicht. Der Maulwurf muss in diesem Spiel sogar auf sein charakteristisches Monokel verzichten.

Titel: Wanted: Monty Mole (1984), Monty Is Innocent (1985), Monty on the Run (1985), Auf Wiedersehen Monty (1987), Moley Christmas (1987), Impossamole (1990)
Genre: Jump'n'Run, Action-Adventure
Plattformen: ZX Spectrum, C64, Amstrad CPC, C16, Famicom Disk System, Amiga, Atari ST, TurboGrafx 16

Internet: http://www.lotek64.com
Twitter: http://twitter.com/Lotek64
Facebook: http://www.facebook.com/pages/Lotek64/164684576877985

LASER RAYS AND PURPLE SKIES

#61 / DEZEMBER 2020

#61, Dezember 2020   www.lotek64.com   info@lotek64.com   ISSN 2307-7085

DIE REDAKTION

ARNDT
adettke@
lotek64.com

GEORG
redaktion@
lotek64.com

MARLEEN
marleen@
lotek64.com

MARTIN
martinland@
lotek64.com

STEFFEN
steffen@
lotek64.com

JENS
jens@
lotek64.com

IMPRESSUM

Herausgeber, Medieninhaber:
Georg Fuchs
Waltendorfer Hauptstr. 98
A-8042 Graz/Österreich
E-Mail: info@lotek64.com

Web: Jens Bürger
Lektorat: Arndt Dettke
Hosting: vipweb.at Thomas Dorn

LARS
lars@
lotek64.com

KLEMENS
klemens@
atelier198.com

*SIEHE LO*BERT #41, LOTEK64 #55

LIEBE LOTEKS!

Die 61. Ausgabe von Lotek64 erscheint am Ende eines Jahres, das wir uns wohl alle anders vorgestellt haben. Auch wenn es angesichts der großen persönlichen, gesundheitlichen und wirtschaftlichen Probleme, die mit der Covid-19-Pandemie verbunden sind, ein Nebenschauplatz ist: Die vielen regelmäßigen Treffen, Computermessen und Veranstaltungen aller Art, die für eine lebendige Szene so wichtig sind, fanden in diesem Jahr in sehr kleinem Rahmen statt oder mussten abgesagt werden.

Einen Stillstand hat es aber nicht gegeben. Das zeigen viele neue neue Projekte, von denen wir einige wenige in der 61. Ausgabe von Lotek64 vorstellen – unter anderem nimmt Rainer Buchty den C64-Copper Beam Racer unter die Lupe, während sich Marleen Super Mario Lego angeschaut hat. Im ersten Teil von „Mein Leben mit dem Commodore 64" erzählt mac of tugcs, wie ihn der Brotkasten geprägt hat, bevor wir uns mit dem PETSCII-Künstler Shine über ein Genre sprechen, das derzeit ungeahnte Popularität genießt.

Ich hoffe, dass wir mit der neuen Ausgabe für ein bisschen Unterhaltung an langen Winterabenden sorgen können. Passt auf euch auf, bis zur nächsten Ausgabe von Lotek64!

Georg
(für die Redaktion)

INHALT

Mein Leben mit dem Commodore 64

Eine Biographie. Unendliche Seiten. Wir schreiben das Jahr 2020 n. Chr. Dies sind die Abenteuer eines treuen Cevi-Besitzers, der mit Computer, Joystick und Diskettensammlung mehr als 30 Jahre unterwegs ist, um virtuelle Welten zu entdecken, unbekannte Utilitys und neue Hardware-Erweiterungen. Mit Schraubenzieher und Lötkolben dringt er dabei in Gehäuse vor, deren Innerstes er vorher noch nie gesehen hat. (Teil 1 von 2 – Fortsetzung in der nächsten Ausgabe von Lotek64)

von mac of tugcs

Ganz sicher weckten Serien wie Raumschiff Enterprise und Knight Rider[1] als Kind mein Interesse an Computern. Aber im Alltag schien diese Technik unerreichbar zu sein – zum anderen auch schwer nachvollziehbar, da die dargestellten Rechner nur per Sprache gesteuert wurden. Interessanter war da schon mehr die Schaltkonsole der Enterprise, die per Handeingabe bedient wurde. Mein erster Computer war also passenderweise ein Taschenrechner, Modell Elite 6001 mit grünen Leuchtziffern, den mir mein Opa schenkte.

Sprechende Autos und grinsende Taschenrechner

Natürlich durfte ich den nicht in der Schule benutzen, was für die popeligen Matheaufgaben auch nicht wirklich nötig war. (Worüber sich manche Lehrer alles aufregen können... also über den Taschenrechner, nicht über ihre langweiligen Aufgaben.) Stattdessen fanden wir lieber heraus, welche Zahl einem Buchstaben ähnelte, wenn man den Taschenrechner auf den Kopf stellte (z.B. 77345). Diese Experimente brachten skurrile Textaufgaben hervor, die unter uns vor allem während des Unterrichts kursierten. Während wir uns schwertaten, Gedichte auswendig zu lernen oder uns an die Hausaufgaben zu erinnern – diese kleinen Tricks vergaßen wir so schnell nicht und wiederholten sie immer wieder, um andere damit zu verblüffen. Beispiel: „Ein 18-jähriger Enkel und seine 85-jährige Oma gehen mit dem 40-jährigen Vater für 69 Pfennig einkaufen. Und weil ihnen das so gefallen hat, machen sie das gleich zweimal. Wo sind sie gewesen?" (18854069 x 2 = ehemalige Berliner Supermarktkette).

Im Zuge der sich immer mehr verbreitenden (uns angeblich verdummenden) „elektronischen Rechenhilfen" gab es bald das baugleiche Pendant – den Little Professor. (Ohne Zweifel von der „Vereinigung taschenrechnophober Mathelehrer" in Umlauf gebracht.) Ein elektronischer Besserwisser, der beharrlich jede Grundrechenart verweigerte, dafür umso lieber unter Zeitdruck Matheaufgaben stellte, bis die Batterien glühten. Der Versuch, den vom Leben gelangweilten Schüler durch einen lustigen Professorkopf im Display zu weiterer Selbstgeißelung anzutreiben, scheiterte kläglich an dessen lächerlicher Animation: Nach korrektem Ergebnis grinste der Kopf dämlich zur Belohnung, wobei er rhythmisch die Augenbrauen hochzog. Hatte man die Aufgabe nicht in der vorgegebenen Zeit gelöst, schaute der Kopf streng, indem er die Mundwinkel und Augenbrauen nach unten zog. Das Gerät war so aufregend wie eine Nachhilfestunde und langfristig nur für Streber geeignet, die zuhause gegen sich selbst im Vier-Ecken-Raten[2] gewinnen wollten.

Bis zu diesem „Spielzeug" waren Computer für mich wie gute Freunde, die einen die Hausaufgaben abschreiben lassen. Stattdessen festigte dieser elektronische Sklaventreiber nur die Abneigung gegen freizeitfeindliche Lehrkörper. Im Gegensatz zu computerbedingten Problemen wie in Odyssee 2001 und Terminator 2 meisterte ich das Problem auf kindliche Weise: Ich ließ den kleinkarierten Professor seine Aufgaben selber lösen und ging Schaukeln.

■ Stanley Kubricks Filmklassiker *2001: Odyssee im Weltraum* aus dem Jahr 1968

Bauen mit Lego war aber noch besser! Standen anfänglich noch Projekte wie Einfamilienhäuser oder Burgen ganz oben auf der Liste, wurden diese bald durch mehr oder weniger aufwändige Raumschiffe und Raumstationen abgelöst. Mit der Zeit kamen auch einige „Terminals" als Zubehör dazu. Die Computer-Modelle setzte ich in eine selbstgebaute Raumstation ein, die wie ein Puppenhaus auf der Rückseite zum Hineingreifen offen blieb. In einem unbewachten Moment riss sich mein jüngerer Bruder – kaum älter als drei Jahre – die technischen Herzstücke samt weiterer Sonderausstattung für seine eigenen Bauten unter den Nagel. Der Kampf war hart, aber kurz... und ich wieder im Besitz des technischen Equipments, das ich nun wie meinen Augapfel hütete. (Wobei eines der Terminals wirklich meinem Bruder gehörte. Kinder können so gemein sein!)

Ein weiteres einschneidendes Erlebnis ergab sich bei einem Besuch bei meinen Großeltern. Ich war 10 oder 11, da lernte ich dort FP kennen, dessen Vater eine riesige Modelleisenbahn besaß. Unter der Eisenbahnplatte hatte sich FP aus Pappkartons und Decken die Räume eines Raumschiffs nachgebaut. Ich war begeistert von diesem unterirdischen Spielplatz! Aber noch viel mehr von der Möglichkeit, endlich die ersten drei Teile von Star Wars[3] sehen zu können – denn FPs Eltern besaßen einen Videorekorder! Meine Eltern waren erst dagegen (warum auch immer), ließen sich aber dann von FPs Mutter überreden, dass ich die Videos schauen und aufgrund der Filmlängen auch bei FP übernachten dürfe. So sah ich zum ersten Mal alle bisherigen Star Wars- und Star Trek-Kinofilme[1] innerhalb von zwei Tagen. (Auch Fernsehmarathon will beizeiten gelernt sein.) Ich hatte den Schritt in eine größere Welt getan – und nur widerwillig tauchte ich aus diesen Universen wieder in das reale Leben auf.

Das Interesse an Elektrik und Elektronik blieb meinen Eltern nicht verborgen und so schenkten sie mir einen kleinen Baukasten mit einfachen Schaltelementen (Klingel, Weiche, Glühbirnen) zum Anschluss an eine 4.5V-Batterie, die ich mit bereits vorhandenen Lego-Lämpchen kombinierte. Bald hatte ich also nicht nur meine Lego-Station mit Innenbeleuchtung ausgestattet, auch eine Alarmanlage bewachte meine heiligen Hallen – obwohl das weder meinen Bruder noch den Rest meiner Familie am Betreten meines Zimmers hinderte! Ein Jahr später schenkte mir mein Onkel zwei Kosmos-Baukästen. Die umgebaute Alarmanlage bewachte nun meinen „Tresor" (einen ehemaligen Puppenschrank meiner Schwester, jetzt mit Vorhängeschloss gesichert) und eine weitere Schaltung die Feuchtigkeit meiner Blumentöpfe, in denen ich (leider erfolglos) Erdbeeren und Gemüse ausgesät hatte.

Spielautomaten und Spielkonsolen

Die ersten Videospiele waren für mich die Arcade-Automaten in der schwimmbadeigenen Kneipe, wo wir uns die verbrauchten Kalorien

■ Erste Videospiel-Erfahrungen in der Kneipe: Mikie (Konami, 1984)

in Form von Süßigkeiten und Pommes schnell wieder nach dem Training zurückholten. (Wie zerronnen, so gewonnen!) Am meisten faszinierte mich, dass man eine Figur mit einem Joystick über einen Bildschirm bewegen konnte – ohne das selbst tun zu müssen. Weitere Spielautomaten wie Pac-Man, Ghosts´n Goblins, Arkanoid, Pac-Land, Paperboy und Mikie entdeckte ich im Familienurlaub auf unserem italienischen Campingplatz. Leider blieben die Spiele für mich weitgehend unspielbar, da ich mein kleines Taschengeld doch lieber mehr in reale Belohnungssysteme investierte – z.B. in einen Kaugummi-Automaten, bei dem man einen Kaugummiball durch ein Labyrinth geschickt um Lochfallen herum durch Kippen des Spielfeldes bis zum Ausgang manövrieren musste.

■ Atari 2600: Videospiele im Wohnzimmer

Zum Glück stand bei zwei Schulfreunden (VK und MJ) aber bald ein Atari 2600 im Wohnzimmer. (Ihren Vätern sei Dank!) So konnte ich die bis dahin verpasste Aracde-Erfahrung mit Pitfall, Tennis, Enduro Racer, Pac-Man, Dig Dug oder Das Imperium schlägt zurück kostenlos nachholen. Zur gleichen Zeit waren viele der sogenannten Telespiele (Game & Watch u.ä.) in Umlauf. Am besten gefiel mir die Variante von Donkey Kong mit aufklappbarem Doppelbildschirm. Das Ding lieh ich mir während einer Klassenfahrt von einem Freund in der Hoffnung aus, er würde es bald nicht mehr vermissen – was nicht wirklich funktionierte! („Hast DU nicht noch mein Telespiel???" – „Äh... doch. Aber ich glaub, die Batterien sind alle! Und wo hab ich´s nur hingelegt...?")

Ich besaß leider keinen dieser LCD-Piepser, bis meine Schwester ein billiges Plagiat geschenkt bekam. Bei diesem mussten Fallschirmspringer mit einem U-Boot vor einer Krake gerettet werden. Den komplexen Spielverlauf (Steuerung links-rechts, Schwierigkeitsgrad langsam oder schnell) ergänzte ich bald durch eine Kamikaze-Variante, in der die Rate der unfreiwilligen Tiefseetaucher signifikant anstieg, um die arme Krake vor dem Verhungern zu retten... Merke: Wenn´s langweilig wird, werden Kinder destruktiv!

Die Atari-Force

Dem ersten Homecomputer begegnete ich dann auf dem Kindergeburtstag eines Schulfreundes, dessen Vater einen Atari 400 besaß. Nur kurz, aber immerhin, durften wir Gin FIght spielen und den Computer über das Sprachmodul etwas sagen lassen. Donnerknispel! Gegen das monotone Piepen der Telespiele und die Blockgrafik des Atari 2600 war das Eingeben von Noten und Wörtern, die der Computer danach mit blecherner Stimme aus dem Lautsprecher krähte, ein technischer Quantensprung!

Nach dem Schulwechsel lernte ich in meiner neuen Klasse AD kennen, der einen Schneider CPC mit Monochrom-Bildschirm und Kassettenlaufwerk besaß. Das Gehäuse mit dem eingebauten Kassettenlaufwerk sah schon sehr computermäßig aus, aber die langen Ladezeiten der Kassettenspiele schmälerten den guten Eindruck. Ich war das schnelle Plug´n Play der Atari-Konsolen gewöhnt. Den CPC kannte ich bereits aus der Computerecke von Karstadt-Hermannplatz, damals noch im Verbindungsgang zur gleichnamigen U-Bahnstation untergebracht. Das Kaufhaus lag nicht nur bequem auf dem Heimweg, sondern war oft auch erster Lichtblick nach Schulschluss. Durch die nahe Lage zum „Tempel der Glückseligkeit" (Kaufhaus) erhielt der „Temple of Doom" (Schule) wenigstens ein ausgleichendes Gegenüber. Wobei sich die schmerzhaften Begehren bei beiden (hier die unerreichbaren Wünsche, dort die unerreichten Schulnoten) die Waage hielten.

Die Würfel sind gefallen!

Neben Computerspielen besaß AD aber auch einige Rollenspielbücher der Reihe Einsamer Wolf, die er mir freundlicherweise nicht schenkte, aber auslieh. Vorher hatte ich schon die Rollenspielbücher von Steve Jackson und Ian Livingstone kennengelernt, die ich mir zu Anfang noch aus der Bücherei auslieh und später dann auch kaufte. Die Micky Maus brachte damals ebenfalls zwei Rollenspiel-Comics (Taran und der Zaubersumpf / Taran und der schwarze Kristall) als Extras heraus, in denen man ganz ähnlich den weiteren Verlauf der Handlung durch Würfeln und die Auswahl von Textabschnitten bestimmen konnte. (Kennt jemand eigentlich noch Flipsiders, die faltbaren Brettspiele in Form einer Audio-Kassette? Da gab´s auch mal eine Art Rollenspiel: Drachenkampf...!)

Begeistert von dieser Interaktivität, schrieb ich mit 13 Jahren ebenfalls ein Fantasy-Rollenspiel (Die heilige Quelle) nach diesen Vorlagen. Dazu klebte ich mehrere DIN-A4-Seiten zu einem Teppich zusammen, auf dem ich Räume, Abzweigungen und Verknüpfungen festhielt. Das Spiel umfasste am Ende mehr als 200 Abschnitte, die ich in zwei DIN-A4-Mathehefte übertrug. An einem langen Nachmittag wählte ich VK dann als telefonischen Testspieler an. (Und es gab damals noch keine Flatrate!) Leider vernichtete ich danach alle Produktionsnotizen. (Was für 'ne bescheuerte Idee!) Filme wie Platoon und die Serie 'Nam – Dienst in Vietnam weckten mein Interesse am Vietnam-Konflikt. Erste Arbeiten an einem weiteren Rollenspiel, in dem man als US-Soldat gegen den Vietkong hätte kämpfen müssen, verwarf ich aber bald wieder aus moralischen Bedenken. Und noch aus einem anderen Grund...

Olle Kisten – tolle Kisten

Denn VB, ein Bekannter, schenkte meinem Vater einen ausgemusterten PET 2001, vermutlich, um unseren technischen Rückstand auszugleichen (mein Vater benutzte beruflich immer noch eine Schreibmaschine). Leider war der Rechner defekt und besaß auch kein Laufwerk. Darum wurde er bald gegen einen Heath Zenith mit Doppellaufwerk ausgetauscht, auf dem ich zwar nur die Meldung SYNTAX ERROR produzieren konnte – aber beim Herumtippen auf der Tastatur fühlte ich mich, als würde ich die Enterprise steuern.

Zurück zu AD: Der wechselte nach einem Jahr schon wieder die Schule. Dafür rückte MT in meine Klasse nach, der aber bald nach dem Fall der Mauer mit anderen Neuen in die Nachbarklasse abgeschoben wurde. Die Freundschaft mit MT sollte für einige Jahre eine der wichtigsten werden... denn MT besaß auch einen Commodore 64 – ein Computer mit der bisher besten Grafik und einem tollen Sound. Nachdem ich das erste Mal The Last Ninja II,

■ „Ich wollte – nein, musste – auch so einen Cevi haben."

Salamander, Test Drive, Wizard, Loderunner und die Portierungen der Automatenspiele Pac-Land, Arkanoid und Ghosts´n Goblins gespielt hatte, wollte – nein, musste – ich auch so einen „Cevi" haben, obwohl der Rechner 1988 schon veraltet war. Ein klarer Vorteil war die Quelle kostenloser Spiele durch MT. Und dieser blaue Startbildschirm mit dem geduldig blinkenden Cursor, auf dem man sofort in BASIC loslegen konnte!

Überraschenderweise musste ich meine Eltern von meinem Wunsch nicht groß überzeugen. Für sie war trotz aller Skepsis klar, dass die junge Generation schon früh die Bedienung von Computern lernen müsse, da wir zukünftig mit diesem Medium arbeiten und leben würden. Wann ich aber meinen Cevi bekäme, das stand noch in den Sternen. (Die mir bis heute nicht besonders ratsam scheinen, sondern eher durch audiophobe Abwesenheit glänzen.) Um meinem Schicksal also auf die Sprünge zu helfen, kaufte ich mir auf einem Schul-Wandertag schon mal vorsorglich meine erste Originaldiskette (eine Ausgabe der MagicDisk 09/1989), um jederzeit gewappnet zu sein. Mein Klassen-/Mathelehrer spottete, ich hätte ja noch nicht einmal einen Computer und überhaupt würden die Dinger nur dumm machen. (Mir doch egal! Schlechter als die derzeitige Note konnte ich sowieso nicht mehr werden!)

Einige Blablas später staunte ich bei MT über das „magische" Computermagazin. Zum ersten Mal las ich längere, von Musik begleitete Texte auf einem Computer. Solche Art „elektronischer Musik" kannte ich bis dahin nur von Jean-Michel-Jarre-Schallplatten und von der Gruppe Kraftwerk aus dem Radio. Für den Zenith (wie auch für meinen erhofften C64) schenkte mir VB eine Menge gebrauchter 5¼"-Disketten, die ich in mühseliger Kleinarbeit mit einem Radiergummi von ihren alten Etiketten befreite. MT bat ich um das Kopieren meiner Lieblingsspiele. Er lieh mir auch sein Buch Programmieren für Kids, aus dem ich mir zuerst die wichtigsten Befehle (LOAD"$",8 / LOAD"*",8 / RUN etc.) säuberlich auf Karopapier abschrieb. Kein Diktat, kein Aufsatz und kein Brief haben jemals davor oder danach solch eine saubere Handschrift von mir gesehen. Es fehlte eben nur noch mein eigener Cevi!

Und dann kam Weihnachten 1989. Als sich die Wohnzimmertür öffnete, hatte ich die Bescherung: Da warteten ein neuer C64-II (Modell „Türkeil"), eine Floppy 1541-II und ein (bedauerlicher) Monochrom-Monitor nur noch darauf, endlich eingeschaltet zu werden! Floppy und Monitor sollte ich noch mit Hilfe meines Taschengelds abbezahlen. Noch an Heiligabend diskutierte ich mit meinem Vater den Umtausch des Monochrom-Monitors gegen einen günstigen Farbmonitor. Wie sollte ich sonst das Menü der MagicDisk steuern oder farbige Bilder malen können, wenn alles nur grau in grau wäre? Nur zu gern hätte ich einen Commodore-1084S-Monitor gekauft, der war aber teurer und zurzeit nicht vorrätig.

Mit dem gesparten Geld spendierte ich meinem Cevi (also mir) einen Competition-Pro-Joystick und die grafische Benutzeroberfläche (Uiiii, eine GUI) GEOS Zwopunktnull. Während des Winterurlaubs überzeugte ich meine Eltern außerdem vom absolut notwendigen Kauf einer Datassette. Auf die etwas zweifelnde Feststellung, dass ich doch schon ein Diskettenlaufwerk besäße – wozu ich jetzt noch ein Kassettenlaufwerk bräuchte – erklärte ich, dass man eine Datassette ja anders programmieren und ich doch den Umgang mit Computern in jedem Bereich lernen müsse. Vor allem aber fand ich das Bandlaufwerk irgendwie mystisch: Es gab kein Directory wie bei Disketten und der Inhalt einer Kassette blieb damit unsichtbar. Einfach genial, dass man auf langweiligen Hörspielkassetten nun prima Spiele abspeichern konnte! Abgesehen davon wollte ich überhaupt alles besitzen, was es an Hardware für den C64 gab und seine Möglichkeiten erweiterte. (Haben ist geil! Gibt es ein besseres Argument?)

Bald folgten eine Maus für GEOS („Ohne die kann man das nicht benutzen!") und als Programmierhilfe „Das große Commodore 64 Buch" von Data Becker. Vermutlich waren meine Eltern in der Verzweiflung über meinen kläglichen Klavierunterricht einfach nur froh, dass ich mich nun doch für ein Gerät mit Tasten interessierte. Sie hofften sicher auf einen Synergie-Effekt – der leider ausblieb. Nachdem ich meinen C64 erstmal grundsätzlich eingerichtet hatte, begannen die ersten Programmierversuche. Mein erstes Basic-Programm bestand – wie bei so vielen Anfängern – aus den Zeilen:

```
10 PRINT "HALLO"
15 GOTO 10
```

Als längere Listings folgten dann WÜRFELSPIEL und GUESS MY NUMBER aus dem C64-Handbuch und ein Kopierprogramm aus dem Computerbuch für Kids mit der umfassenden Bezeichnung MENUE (der Name ist Programm). Selbstständig programmierte ich eine Telefonliste und eine Art „Taschenrechner" für Grundrechenarten, den ich – wie sollte es anders sein – Little Professor nannte. Später folgten Listings aus dem 64'er Magazin. MT schenkte mir zu Beginn meiner Computerei eine zerlesene Ausgabe (09/1989).

Ich beschloss, die Kindheit endgültig hinter mir zu lassen und meine Eltern wieder mal von einem dringend notwendigen Schritt, in diesem Fall vom Abonnement der 64'er zu überzeugen – bei gleichzeitiger Kündigung des YPS-Abos, das ich erst ein paar Monate zuvor mühsam im Austausch gegen das Kindermagazin Flohkiste/Floh durchgedrückt hatte. Die neue Lektüre weckte auch neue Begierden: Die in jeder Ausgabe kaum übersehbare (weil doppelseitige) Werbung für das Action Replay VI war Vorlage für regelmäßige Tagträumereien während langweiliger Unterrichtsstunden. Ich malte mir aus, wie leicht und schnell ich mit diesem Modul Spiele laden, cheaten und „cracken" könnte. Und weil das alles irgendwie nicht mit Mädchen ging, setzte sich kurzzeitig eine Handvoll verdrahtetes Plastik gegen pubertierende Geschlechtshormone durch.

Ein halbes Jahr später schenkte mir mein Onkel die begehrte Plastikschachtel zur Einsegnung. Ich war entzückt! Weder Stereo-Anlage noch Bargeld konnten da mithalten! DOCH, es gibt die Computerliebe,von der Paso Doble singen.[3] Wie bei jeder jungen Liebe gab es aber auch einige Enttäuschungen: Tusker ließ sich nicht von Kassette auf Diskette kopieren. Als Lösungsweg blieb nur der moduleigene Freezer, mit dem ich die Level als selbststartende Files einzeln auf Disk abspeicherte. Wie bereitwillig Eltern und andere Erwachsene doch meine Computer-Romanze unterstützten! Sie wussten anscheinend nicht, was sie da taten. Das sollte sich ändern…

Voller Spieltrieb voraus!
Im ersten Jahr kopierte und spielte ich alles, was mir nur irgendwie in die Finger kam. Aber an einige Spiele kam man einfach nicht ran – es blieb nur Kaufen übrig. Durch Demoversionen und Longplays in der 64'er wusste ich von Spielen wie X-Out, Turrican und anderen Neuerscheinungen. Allein der hohe Anschaffungspreis von jeweils 50,- DM hielt mich vorerst ab. Zwar hatte ich meinen Eltern versprochen, nur mit ihrer Erlaubnis mein Sparbuch zu schröpfen – doch in diesem Fall ahnte ich die Absage… Das mit Schwitzehändchen abgehobene Geld brannte in der Tasche, aber das Begehren schrie dem schlechten Gewissen immer nur „Freude! Unendliche FREUDE!" entgegen.

Ich pilgerte zum bereits beschriebenen Konsumtempel meines Vertrauens, um der heißersehnten Reliquie dort habhaft zu werden. Doch statt Erlösung hieß es: „Ausverkauft!" Ich verlor ein Leben – und machte mich auf zur Quelle-Filiale in der Karl-Marx-Straße. Aber auch hier: Game Over! Es wäre eine Bestellung möglich, die würde aber zwei Wochen dauern… Das Schicksal schien sich gegen mich zu wenden, wie ich mich gegen die elterlichen Anordnungen. Ich fand Trost bei dem Gedanken, dass die Wartezeit wenigstens in die Zeit des Sommer-Zeltlagers fiel. Und mein Gewissen beruhigte ich damit, dass ich das Spiel ja auch immer noch nicht wirklich gekauft hätte… Noch mit Moos und Zecken behangen fuhr ich nach Ferienende gleich zu Quelle – und hielt fiebernd dann tatsächlich mein eigenes „Ixout" in der Hand.

Schon in der U-Bahn las ich die Spielanleitung für den U-Boot-Shooter durch. Als die animierte Startsequenz mit Sprachausgabe auf meinem heimischen Cevi erschien, verflog der letzte Zweifel an der Rechtschaffenheit meines Kaufs. Ab jetzt hatten MT und ich wieder viel zu tun – nämlich die Welt retten! Bei diesem noblen Ansinnen musste die Schule ganz klar auf Hausaufgaben warten! Am nächsten Tag spielten wir die ersten Level gemeinsam im Wechsel an. MT schaffte es als erster von uns beiden mit dem höchsten Highscore bis zum Ende – worum ich ihn sehr beneidete. Mit schweißnassen Händen gelang mir danach aber auch noch der Sieg über den Endboss.

Als zweites Originalspiel hielt Turrican Einzug in meine Sammlung. Auch diesmal ließ mich Karstadt wieder im Stich. Also fuhr ich mit meinem Freund „Zecke" zu einer weiteren Filiale in der Wilmersdorfer Straße am anderen Ende von Berlin. Das Kaufhaus lag ebenfalls auf seinem Heimweg nach Kladow. „Zecke" war ein großer Last-Ninja-Fan und wollte eines Tages selbst Ninja werden. Er besaß da-

■ Macht nicht einsam: Turrican

für auch schon einen der beiden schwarzen Ninja-Handschuhe, von denen der zweite erst nach einer besonderen Reifeprüfung verliehen werden würde, wie er mir unter dem Siegel größter Verschwiegenheit erzählte. (Wer sagt, dass Computerspiele die Fantasie zerstören?)

Zurück zum Glück: Nach langer U-Bahn-Odyssee angekommen, bat ich vor dem Kauf um eine Funktionsprüfung auf einem der ausgestellten C64. Der Verkäufer schaute uns misstrauisch über die Schulter, während ich souverän die Spiel-Box öffnete und selbstsicher LOAD"*",8,1 eingab. Der Bildschirm wurde schwarz – und blieb schwarz! Die Floppy hörte auf zu surren und wir dachten, das Spiel wäre abgestürzt. Schon wollte ich mich beim Verkäufer beschweren, aber der war gerade mit einem anderen Kunden beschäftigt. Wir starteten einen zweiten Versuch. Wieder stoppte die Floppy nach kurzer Ladezeit. Ich drehte den Monitor lauter – und ein hämisches Lachen dröhnte aus dem Lautsprecher durch die ganze Abteilung. („Another day, another cry – but remember: Shoot or die! HAHAHAHA!") Einige Kunden drehten sich verärgert zu uns um. Egal! Wer sagt, dass man Glück nicht kaufen kann, hat keine Ahnung von Shopping!

Nach kurzem Heimweg im Zickzack spielten wir bei Zecke das erste Level an. MT und ich beendeten dann nach einigen Tagen das Spiel gemeinsam. Einmal spielten wir zeitgleich auf unseren Rechnern und riefen uns dabei

über Telefon Tipps zu. Turrican war das erste Computerspiel, das wir „on-line" als „community" und ohne Modem spielten. Wer sagt, dass Computer einsam machen? Fakt ist, dass viele Freunde und Bekanntschaften gerade erst durch das gemeinsame Spielen und Diskettentauschen entstanden. Zu der Zeit hatte VK seinen Atari 2600 bereits eingemottet. Seine Konfirmation hatte ihm entgegen meiner nicht nur ein Modul, sondern gleich einen ganzen Amiga 500 eingebracht. Turrican II war der Hammer auf dem Amiga! Aber gegenüber der Cevi-Version war ich skeptisch. Doch nach der Lektüre des 64er-Longplays stand bald auch dieses Original in meinem Regal.

Einer anderen guten Tradition folgend fuhr ich im gleichen Jahr auch wieder ins Zeltlager. Da sich in MTs Cevi irgendein Bauteil ins Chip-Nirvana verdrückt hatte, lieh ich ihm meine komplette Anlage für die Dauer der Freizeit, inklusive meiner Neuanschaffung. Drei Tage später erreichte mich im Zeltlager ein Brief, in dem er mir stolz mitteilte, dass er das Spiel bereits geschafft habe und ich von dem Outro begeistert sein würde! Ich verwünschte meine Großzügigkeit! Schließlich war es MEIN Spiel, MEIN Geld, MEIN Computer mit dem ER mir zum Nulltarif den Rang ablief. Meins, meins, meins – alles meins! Mein Neid dauerte einen Tag lang... dann siegten Neugier und Ehrgeiz und ich freute mich auf die gemeinsamen Spielnachmittage nach Lagerende. Wieder daheim, holte ich mir so bald wie möglich meinen Cevi zurück.

Knapp zwei Wochen später, an einem Montagnachmittag um 17.45 Uhr, hatte ich mich nicht nur mit jedem voranschreitenden Level stärker gegen die an Hausaufgaben mahnende Stimme durchgesetzt, sondern auch erfolgreich Morguls Dunkelkammer in eine Freiluftterrasse verwandelt. Mit leichter Verspätung ging ich danach zum Jugendkreis. Es fiel mir schwer, den Bildschirm – aus dem schon eine halbe Ewigkeit lang die Schlussmusik in voller Lautstärke als Endlosschleife dröhnte – dafür verwaist zurückzulassen. Auf die Frage, warum ich denn so breit grinsen würde, versuchte ich die Rettung der Welt in sachlichen Worten zu beschreiben. Die Reaktion aus Unverständnis und Spott ertrug ich als Profi-Gamer souverän. Was wussten die anderen schon von den harten und einsamen Kämpfen mit verkrampften Fingern, der Sorge um das letzte Leben oder den möglichen Absturz des Computers kurz vor dem Sieg? In den nächsten Tagen deckte ich noch einmal Morguls Hütte ab, nur um die Musik des Outros von Anfang an auf Kassette aufnehmen zu können. VK hatte mir vorher schon ein „tape" mit den Soundtracks einiger Amiga-Spiele (Blood Money, Xenon II, Unreal u.a.) zusammengestellt, da passte die Mucke wunderbar hinzu.

Sechs – setzen – danke!

Einerseits war es die typisch pubertäre Null-Bock-Phase, die meine schulischen Leistungen negativ beeinflusste. Andererseits spielte ich auch während des Unterrichts heimlich unterm Tisch mit einem neu gekauften Game Boy. Zum Startset mit Tetris kam bald noch Super Mario Land hinzu, das ich in einer langweiligen Französischstunde bis zum Ende durchspielte. Entweder war meine Lehrerin damals zu beschäftigt – oder hatte mich als hoffnungslosen Fall bereits aufgegeben. Der Cevi daheim half auch nicht gerade bei den Hausaufgaben... Ein halbes Jahr später fielen meine Eltern aus allen Wolken, als sie mein Zeugnis sahen...! (Reinhard Mey mit seinem gleichnamigen Lied ist schuld![4]) Es gab nicht nur obligatorischen Ärger, sondern (wer hätte das gedacht?) auch noch Computerverbot, bis meine Schulnoten einen klaren Richtungswechsel (den einzig möglichen) aufweisen würden!

Die erste Runde ging also an den Endgegner Schule. Aber ich hatte ja noch ein Continue

übrig und kniete mich danach im Unterricht und mit Hausaufgaben ziemlich rein. Dennoch habe ich während der Zeit heimlich an meinem Cevi gespielt! Meine Eltern überredete ich, die Computeranlage nicht im Keller verstauen zu müssen, damit sie nicht unter Staub oder Feuchtigkeit litt. Den Monitor verpackte ich in seinen Karton, der aus „Platzgründen" weiter auf meinem Schreibtisch stehen durfte. Ich schnitt auf Höhe des Bildschirms eine Tür in U-Form hinein, die ich hinter sinnlosen Notizzetteln verbarg. Entspanntes Spielen war selten möglich, aber ohne meinen Cevi konnte und wollte ich nicht sein – man gönnt sich ja sonst nichts! (Rauchen, Alkohol oder Drogen wären sicher schlimmer gewesen!)

Hilfreich war dabei auch die intensive Computerfreundschaft mit GH aus meiner Klasse. Auf dem Schulhof diskutierten wir oft den Lösungsweg unserer Lieblingsspiele. Dass einige Klassenkameraden sich in den Pausen von uns genervt fernhielten, deuteten wir großmütig als ignorante Verweigerung von Wissensvermehrung. GH besaß neben seinem Cevi auch noch einen Super Nintendo, auf dem wir aber nur selten spielten. (In einem der damals typischen Neuköllner Ramsch-Läden entdeckte ich dafür eine Kopierstation, mit der man Spielmodule auf 3,5"-Disketten auslesen konnte. Die illegale Spielvervielfältigung hatte aber ihren Preis: Mit 300,- DM war das Laufwerk doppelt so teuer wie ein SNES. Wer konnte sich das damals leisten???) Als meine Schulnoten nach einem halben Jahr wieder besser wurden, hoben meine Eltern das Computerverbot auf und ich bog in die Zielgerade eines annehmbaren Schulabschlusses ein. ∎

Fortsetzung in der nächsten
Ausgabe von Lotek64.

[1] *Klassiker der Filmgeschichte*
[2] *Ein mathematischer Wettstreit, in dem*

vier Schüler gegeneinander im Kopfrechnen antreten. Bei richtigem Ergebnis darf der schnellste Ausrufer in die nächste Ecke aufrücken. Sieger ist, wer zuerst wieder in der Ecke steht, aus der er gestartet ist. Vermutlich war es der – aus dem Sportunterricht nicht minder bekannte – „olympische Gedanke", der diese vermeintliche Aufweichung vormalig mittelalterlicher Pädagogik hervorbrachte, die störende Schüler noch demütigend mit dem Rücken zur Klasse in die Ecke verfrachtete. Das vermeintlich aufgelockerte Präsentieren der eigenen Leistungsfähigkeit (ähnlich der öffentlichen Benotung von Hausgaben und schriftlichen Prüfungen) als Wettkampf vor der versammelten Klasse (also die Zurschaustellung am öffentlichen Pranger) wurde hier vom Irrtum abgelöst, dass man sich durch erbrachte Lösung von der Scham gegenüber der versammelten Lerngemeinschaft befreien konnte – sofern man des schnellen Rechnens unter solch

sozialem Druck überhaupt noch fähig war oder die Klassenprügel bei evtl. Sieg als „Streber" nach Schulschluss überlebte.

[3] Paso Doble, Computerliebe (1985): „Die Module spiel'n verrückt! Mensch, ich bin total verliebt. Voll auf Liebe programmiert, mit Gefühl. Schalt mich ein und schalt mich aus. Die Gefühle müssen raus…"

[4] Reinhard May, Zeugnistag: „So, jetzt ist es passiert, dacht' ich mir, jetzt ist alles aus, nicht einmal eine 4 in Religion. Oh Mann, mit diesem Zeugnis kommst du besser nicht nach Haus, sondern allenfalls zur Fremdenlegion…"

Hinweis
Die Namen aller genannten Personen wurden geändert, um die Unschuldigen zu schützen. Es wurden keine Tiere oder Menschen verletzt, dafür aber eine Menge Platinen, Gehäuse und elterliche Anordnungen.

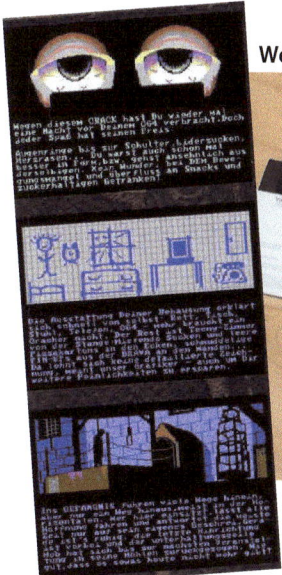

Wer mehr von mac of tugcs lesen will...

…wird unter http://tugcs.de/c64-games/ fündig. Dort gibt es auch das C64-Adventure „Methodist", das wir in Ausgabe #60 (März 2020) vorgestellt haben, sowie andere Adventures kostenlos zum Download. Von Methodist ist auf Anfrage eine Sammlerbox erhältlich.

BeamRacer

Ein Copper
für den C64

Eines hatte die 8-Bit-Reihe von Atari dem C64 immer voraus: Display-Listen.
Erst mit dem Amiga hielt diese Fähigkeit auch bei den Commodore-Rechnern
Einzug. Im Jahre 2020 soll nun eine Zusatzhardware erscheinen, die auch dem
C64 zu derartigen Fähigkeiten verhilft – der BeamRacer.

von Rainer Buchty

Rasterinterrupts sind das A&O, um den VIC-Chip maximal auszureizen und ihn zu Dingen weit jenseits der originalen Spezifikation zu nutzen. Das Öffnen der Bildschirmränder, Sprite-Multiplexing und der FLI-Grafikmodus sind nur einige Beispiele, welche zeilen- und zyklengenaue Manipulation der VIC-Register erfordern. Die Schwierigkeit liegt hierbei nicht nur im einzuhaltenden genauen Timing, sondern auch der oftmals resultierenden hohen CPU-Last. Der Zeitaufwand für rastersynchrone Programmierung wird daher in sogenannter Rasterzeit gemessen. Diese stellt das Maß dafür dar, wieviele CPU-Zyklen einer Routine überhaupt zur Verfügung stehen.

Bilddarstellung und Rasterzeit
Um das Konzept der Rasterzeit zu verstehen, müssen wir etwas tiefer in die Technik des C64 eintauchen: Ein PAL-C64 ist mit knapp 1 MHz, genauer 985,248 Hz getaktet. Dieser Takt bestimmt die Frequenz, mit der CPU und VIC auf den Systembus und damit das RAM zugreifen können.

Die PAL-Bildnorm schreibt eine Bildwiederholfrequenz von 50 Hz vor, wobei jedes Bild 625 Zeilen beinhaltet. Von diesen 625 Zeilen sind lediglich 576 Zeilen sichtbar, die verbleibenden Zeilen bzw. deren Zeit wird für den Strahlrücklauf klassischer Röhrenbildschirme, d.h. für das Rücksetzen des Elektronenstrahls von der Position rechts unten auf links oben, benötigt.

Der C64 nimmt es mit dieser Norm nicht ganz genau: Statt zweier Halbbilder mit 312,5 Zeilen und 25 Hz Wiederholfrequenz (was man früher als typisches Flimmern insbesondere bei horizontalen Linien wahrnahm) erzeugt er ein Vollbild mit 312 Zeilen und 50,35 Hz Wiederholfrequenz. Röhrenbildschirme waren gegenüber dieser Abweichung hinreichend tolerant, schlimmstenfalls musste der sogenannte Bildfang („Hold") über den bei jedem damaligen Monitor vorhandenen Einstellregler nachjustiert werden.

Aufgrund des interne Timings des C64 stehen für jede dieser 312 Zeilen prinzipiell 63 CPU-Zyklen zur Verfügung – allerdings nicht immer: Zwar erlaubt das Bustiming der 6510-CPU den verschränkten, kollisionsfreien Zugriff von CPU und VIC auf das RAM, allerdings benötigt der VIC zur Bilddarstellung mehr

Daten, als er im kollisionsfreien Zugriff heranschaffen kann. Wann immer Farbdaten zu holen sind, was typischerweise alle 8 Zeilen – den sogenannten Badlines – geschieht, wird die CPU für 40 Zyklen angehalten. In diesen Badlines stehen der CPU somit nur noch 23 Zyklen zur Verfügung. Für den genannten FLI-Modus, beispielsweise, muss jedoch für jede Videozeile eine Badline erzwungen werden – die resultierende Farbenpracht wird durch starke Einbußen auf Seiten der verbleibenden CPU-Zeit erkauft.

Da auch das Auslösen eines Interrupts bzw. das Betreten und Verlassen einer Interrupt-Routine Zeit kosten, sind Programmierer hier stark gefordert: Nicht nur müssen sie ihre Routinen möglichst kompakt und effizient, sondern im Zweifelsfall auch noch hinreichend zyklengenau formulieren. Dass relative Sprungbefehle (Branches) variable Ausführungszeit besitzen, je nachdem, ob der Sprung genommen wurde oder nicht oder ob er über 256-Byte-Grenzen (Pages) hinweg ausgeführt wird, kommt hierbei erschwerend hinzu, so dass zeitkritischer Code gerne als linearer Code formuliert wird: Statt einzelne Schleifen zu durchlaufen, werden die Schleifendurchläufe „ausgerollt". Dies vermeidet variable Laufzeiten, sorgt aber für deutlich erhöhten Speicherbedarf.

Display-Listen

Ein Konzept, die CPU hier von entsprechenden Arbeiten zu befreien, sind sogenannte Display-Listen. Diese stellen, vereinfacht gesagt, Anweisungen an einen Koprozessor dar, was in welcher Videozeile bzw. an welcher Position in derselben zu tun ist. Dinge, die mit klassischem Rasterinterrupt vergleichsweise schwierig und unter hoher CPU-Last zu realisieren sind, können mit Display-Listen idealerweise ohne jegliche CPU-Beteiligung erledigt werden.

Ein simples Beispiel sind hierbei Rasterbars:

In der Display-Liste wird die Zeile angeben gefolgt von entsprechenden Anweisungen zum Setzen der Bildschirmhintergrundfarbe. Auch das Umschalten von Grafikmodi, etwa zum Erzeugen von Split-Screens, kann auf ähnliche Weise erfolgen, oder aber auch Softscrolling.

Die Ataris 8-Bit-Familie hatte mit dem ANTIC-Baustein einen solchen Koprozessor, ebenso der Commodore Amiga mit dem sogenannte Copper als Teil des AGNUS-Chips. Für den folgenden Text soll daher die Bezeichung Copper für den Display-Listen-Koprozessor beibehalten werden.

Racing the beam – using hardware

BeamRacer [1] integriert nun einen ebensolchen Koprozessor in die C64-Hardware. Dies geschieht über eine kleine Platine, welche in den Sockel des VIC gesteckt wird und selbigen aufnimmt. Kern von BeamRacer ist der sogenannte VASYL-Chip, welcher den eigentlichen Copper darstellt. Er beinhaltet aktuell 21 Register [2] und versteht 17 Instruktionen [3].

Abbildung 2 illustriert den schematischen Aufbau von BeamRacer. Neben VASYL sind hier als zusätzliche Komponenten ein lokaler

■ Abb.1: Die BeamRacer-Platine

Speicher sowie Bus-Puffer erkennbar, die den Systembus des C64 vom nunmehr lokalen Bus des Videosubsystems bestehend aus VIC und VASYL isoliert. Der lokale Speicher beinhaltet hierbei die Display-Listen und ist über einen eigenen Bus an VASYL angeschlossen. Dies ermöglicht den kollisionsfreien Zugriff auf die

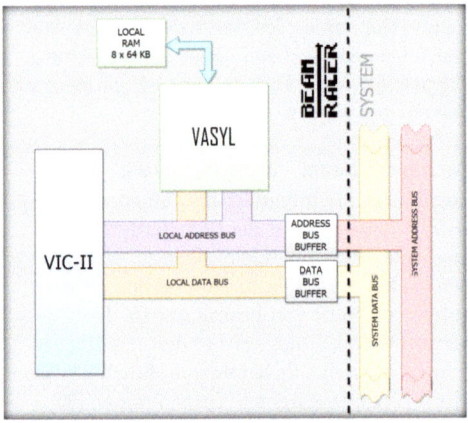

■ Abb. 2 : Die BeamRacer-Architektur

Display-Listen unabhängig vom Datenverkehr auf dem lokalen bzw. Systembus.

Die Trennung in lokalen und Systembus ist dem Umstand geschuldet, dass der VIC nur in der CPU-Busphase kontrolliert werden kann. Hier müssen sich also CPU und VASYL den Bus teilen, was potentiell zu Kollisionen führen kann, wenn CPU und VASYL gleichzeitig auf den VIC zugreifen wollen. Entsprechend werden CPU-Zugriffe gepuffert und im Kollisionsfall nachgelagert durchgeführt. Dies ist insofern unproblematisch, als die CPU nun nicht mehr zyklengenau auf den VIC zugreifen muss, da alle zyklengenauen Aktionen zuvor als Display-Liste verfasst wurden, welche anschließend von VASYL ausgeführt werden.

Als weitere Einheit beinhaltet BeamRacer

einen Bildverbesserer. Bekanntermaßen streuen diverse Bussignale in die Bilderzeugung des VIC [3], welche zu störenden Schwankungen der Bildhelligkeit, auch als Jailbars bekannt, führen. Diese können extern herausgefiltert werden, was allerdings auch zu einer gewissen Vermatschung des Bilds führt. BeamRacer adressiert dieses Problem über eine Lumafix Pro genannte Schaltung, welche zu einer drastischen Reduktion der Jailbars bei Beibehaltung eines hohen Schärfegrads führt.

Programmierung

Aufgrund der benötigten synchronen Programmierung waren klassische Rastereffekte nur unter Nutzung von Maschinensprache möglich. Die Hardwareunterstützung durch BeamRacer erlaubt dagegen auch eine Programmierung in BASIC. Hierzu dient die BASIC-Erweiterung VBASIC, welche entsprechende Befehle zur Erzeugung von Display-Listen bereithält.

Vermutlich jeder C64-Programmierer hat mindestens einmal versucht, Rasterbar-Effekte zu erzeugen. Oft genug mündete der Erstversuch in zitternde Resultate, die so gar nichts mit den aus diversen Demos bekannten

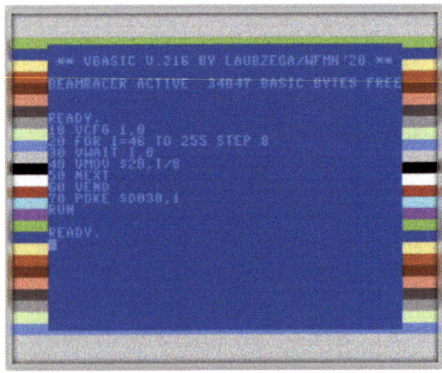

■ Abb. 3: Rasterbars in (V)BASIC

stabilen und schön anzusehenden Rasterbars gemein hatten.

Mit VBASIC sind derartige Effekte nun bequem auch aus BASIC heraus machbar, wie Abbildung 3 zeigt.

Informationen zur Programmierung des VASYL-Chips werden von den BeamRacer-Machern sukzessive veröffentlicht. Aktuell ist eine Einleitung verfügbar, welche das Ansprechen in Assembler sowie das Erstellen eigener Display-Listen illustriert [4]. Eher beiläufig findet man hier ein Beispiel, welches sich auf dem C64 mit klassischer Programmierung nicht erzielen lässt: echte Rastersplits mit einer Granularität von 8 Pixeln. Als nächster Teil wurde auf cbm-hackers ein Artikel über sogenanntes Self-Programming, d.h. die Manipulation von Display-Listen durch VASYL selbst, angekündigt.

Wann kann man's kaufen?
Nach einer längeren Beta-Phase mit umfangreichen Kompatibilitätstests gelangte BeamRacer im September 2020 in den Verkauf und ist für 148,80 Euro erhältlich. Kurz nach Verkaufsstart war die erste Charge – auch zur Überraschung der BeamRacer-Macher – bereits abverkauft, aktuell wird daher eine zweite Charge für den Verkauf vorbereitet. Wer auch ohne explizite Hardware den BeamRacer nutzen möchte, dann dies bereits jetzt mittels des C64-Emulators Kernal64 tun [6]. Kontakt zu interessierten Codern sowie zu den Machern von BeamRacer lässt sich über ein eigenes Forum [7] und BeamRacer-Kanal auf Twitter [8] herstellen.

Kompatibilität mit C128 und cOpperdragon C64 Video Enhancement
Aktuell ist BeamRacer nur für den C64 erhältlich. Bereits im Mai wurden konkrete Details wie die Register- und ISA-Beschreibung auf der cbm-hackers-Mailingliste veröffentlicht. Hier-

bei wurde eine Adresskollision mit den erweiterten Registern des VIC-IIe festgestellt, welche noch in der Beta-Phase zu einer Änderung im VASYL-Registerlayout führte. Derzeit wird geprüft, in wie weit BeamRacer kompatibel mit der C128-Hardware gemacht werden kann, insbesondere was den 2-MHz-Betrieb betrifft.

Die cOpperdragon-Videoerweiterung [9] unterstützt die BeamRacer-Hardware bereits, so dass auch unter Verwendung von BeamRacer die Ausgabe von RGB- und YPbPr-Videosignalen möglich ist. ∎

Referenzen

[1] Introducing the BeamRacer, https://beamracer.net/site/
[2] VASYL: List of Instructions (ISA), https://docs.beamracer.net/doku.php?id=isa
[3] VASYL: Registers, https://docs.beamracer.net/doku.php?id=registers
[4] Accurately reproducing the Video Output of a Commodore C64, http://hitmen.c02.at/temp/palstuff/
[5] Introduction to programming the BeamRacer, https://docs.beamracer.net/doku.php?id=introduction_to_programming_the_beamracer
[6] A Scalable C64&128 emulator, https://github.com/abbruzze/kernal64
[7] BeamRacer Forum, https://forum.beamracer.net/
[8] @beam_racer, http://twitter.com/beam_racer
[9] cOpperdragon C64 Video Enhancement, https://github.com/cOpperdragon/C64-Video-Enhancement

Illustrationen: https://beamracer.net/

Elektronische Schreibmaschine

Commodore SQ-1000

Wenn ein Commodore-Produkt schon mit den Initialen des eigenen Namens benannt ist, muss man es doch einfach haben… selbst wenn es nur eine elektronische Schreibmaschine ist.

von Simon Quernhorst

■ „SQ-1000" ist auf der Maschine zu lesen…

Zu Beginn der Firmengeschichte von Commodore wurden zunächst mechanische Schreibmaschinen gewartet und später dann eigene Geräte hergestellt, bzw. in Lizenz durch andere Firmen bauen lassen. Nach der erfolgreichen Zeit der Commodore-Homecomputer wurden dann Mitte der 1990er Jahre wieder Schreibmaschinen unter dem Markennamen Commodore verkauft, z.B. das Modell SQ-1000.

Die einzige Jahresangabe, welche man in der beiliegenden Bedienungsanleitung findet ist „1984". Aber 1984 ist mitnichten das Herstellungsdatum dieser Schreibmaschine. Es ist lediglich das Jahr der einzuhaltenden Bestimmungen der Deutschen Post „DBP Vfg. 1046 / 1984", welche die „Elektronische Typenradschreibmaschine SQ-1000" dann später bestanden hat. Einen ersten Hinweis auf das tatsächliche Erscheinungsdatum gibt die „Service-Adresse", denn hier wird die Firma „RULAG W. Hirschmann KG" aus 76227 Karlsruhe genannt und die fünfstelligen deutschen Postleitzahlen wurden erst Mitte 1993 eingeführt. Kleiner Rückblick: Nach der Commodo-

re-Insolvenz wurde die Marke durch ESCOM übernommen und nach deren Konkurs gingen die Commodore-Rechte 1997 an die niederländische Firma Tulip Computers. In diesen wechselhaften Jahren wurde die Firma RULAG Lizenznehmer der europäischen Namensrechte für die Produktion von Elektroartikeln wie z.B. Sprechfunkgeräte und DECT-Telefone.

Doch zurück zur Schreibmaschine mit den folgenden technischen Daten laut Bedienungsanleitung: Typenrad mit 100 Zeichen, Druckgeschwindigkeit bis zu 12 Zeichen pro Sekunde, eine Zeile Korrekturspeicher, Gewicht 5 Kg. Besonders schön ist der Hinweis „BEACHTE: Diese Schreibmaschine ist nicht für den professionellen Einsatz im Büro geeignet." Dies

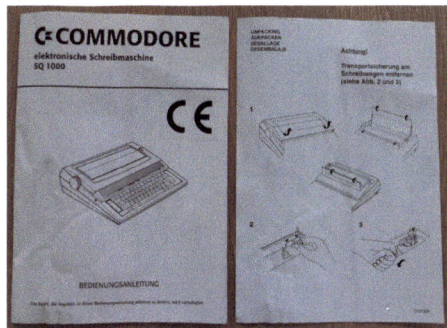

■ ...die Anleitung meint hingegen „SQ 1000"...

spricht nicht gerade für ein hochwertiges Gerät und Vertrauen in die eigenen Produkte.

Tatsächlich ist die Schreibmaschine kein eigenständiges Produkt, da es sich lediglich um das umbenannte Samsung-Modell SQ-1000 handelt. Es ist „Made in China". Weitere elektronische Commodore-Schreibmaschinen wurden übrigens als „SQ-2000", „Fashion Typeline Style 12" und „Fashion Typeline Style 32" angeboten. Die beiden Letzteren waren sogar „Made in Germany", als umbenannte Modelle des Optima Büromaschinenwerks in Erfurt (Thüringen). ■

■ ...und laut Karton heißt sie „SQ-1000".

Schwestern-Sichtung – *Eines der 34 Hefte des diesjährigen Gratis-Comic-Tags heißt „Der Club der drei Schwestern, Band 1: Sarahs Traum" (von Di Gregorio und Barbucci, Splitter Verlag, 2020) und beginnt mit der namensgebenden Traumsequenz. Auf der dritten Seite der Geschichte kann man am Bildrand eine von Ranken durchwachsene Atari-VCS-Konsole entdecken. Ein Zusammenhang mit der Geschichte ist in diesem Heft nicht erkennbar, allerdings scheint die Konsole früher eine (Neben-)Rolle im Leben der Mutter der drei Schwestern gespielt zu haben, denn im Zentrum von Seite 18 finden sich unter weiteren Andenken auch noch ein Pac-Man- sowie ein Atari-Button... dass Details wie die Schalterausrichtung nicht stimmen, übersehen wir geflissentlich.*

Simon Quernhorst

Interview mit PETSCII-Künstler Andy AKA Shine

„Einfach anfangen und nicht aufgeben"

ASCII-Art gibt es seit langer Zeit. Einzeilige Bilder sind in Form von Emoticons, den Vorläufern der Emojis, Teil der Alltagskultur geworden. PETSCII, die auf vielen 8-Bit-Computern von Commodore zum Einsatz kommende Version von ASCII, erfreut sich wachsender Beliebtheit. Lotek64 hat mit Andy AKA Shine gesprochen, der erstaunliche Bilder aus PETSCII-Zeichen zaubert.

■ Andy AKA Shine

Vor fast 60 Jahren, im Jahr 1963, wurde in den USA ein Standard für die Codierung von Zeichen des lateinischen Alphabets inklusive Sonderzeichen im Rahmen der elektronischen Datenverarbeitung eingeführt. Dieser hilft – mit Modifikationen – bis heute beim Austausch von Text zwischen unterschiedlichen Systemen. Auch IBM-kompatible Computer von Commodore sowie der Amiga verwendeten ASCII. Auf vielen 8-Bit-Rechnern setzte Commodore jedoch auf eine angepasste Version des ASCII-Standards, die auf den Namen CBM-ASCII hört und auch PETSCII genannt wird.

PETSCII umfasst 256 Zeichen. Neben den Buchstaben des lateinischen Alphabets sind dies Sonderzeichen und Grafikelemente, die jedem, der einmal einen Commodore 64 benutzt hat, bekannt sind. Viele einfache Spiele bedienten sich einfach bei diesen Grafikzeichen. So konnten aus vorgefertigten Bausteinen Spielegrafiken, Tabellen und andere grafische Elemente in BASIC-Programme eingebaut wer-

den, für die keine tiefergehenden Kenntnisse über Grafikmodi und deren Programmierung nötig waren.

Wer PETSCII-Bilder, auch Blockgrafik genannt, designt, ist mit technischen Einschränkungen konfrontiert: Es gibt lediglich eine globale Hintergrundfarbe und eine Rahmenfarbe, dazu die Farbe des Zeichens selbst, die aus der 16 Farben umfassenden Palette des C64 gewählt werden kann. Der Bildschirm umfasst 40 x 25 Zeichen, also in Summe 1000 Zeichen. Die Zeichen selbst nutzen eine 8 x 8 Pixel große Matrix, die jedoch auch den Abstand zwischen zwei Buchstaben beinhalten muss, da diese sonst aufeinander kleben würden. Bei grafischen Zeichen ist jedoch oft genau das erwünscht, um zum Beispiel eine durchgehende Linie zeichnen zu können.

Lotek64: Andy, PETSCII-Grafiken erfreuen sich erstaunlicher Beliebtheit. Anfang 2020 rief die C64-Szene-Datenbank CSDb zu einem Grafikwettbewerb in diesem Format auf, der zu über

■ Armakuni Returns 2020

300 Einreichungen führte. Dabei gibt es PETSCII-Compos seit vielen Jahren. Wie erklärst du dir die Popularität dieses doch sehr speziellen Genres?

Andy: PETSCII gibt es seit Einführung des PET-Computers im Jahre 1977. PETSCII auf dem C64 gibt es logischerweise seit 1982, also quasi seit Einführung des C64. PETSCII auf dem C16 oder PLUS/4 ist sehr ähnlich, nur dass man mehr Farben zur Auswahl für die Zeichenfarbe hat. Auf dem C64 sind das exakt 16 frei wählbare Farben.

PETSCII-Editoren für jeden Geschmack
PETSCII (PETSCII-Editor) von Marq (Markku Reunanen) *System: Windows, Mac, Linux*
Petmate von nurpax (Janne Hellsten) *System: Windows, Mac, Linux*
PETSCII Editor v2.0 von krissz *System: Webbrowser*
lvllvl alpha von James *System: Webbrowser*
PETSCII Edit 4.61 von fieserWolf *System: Commodore 64*

Die Popularität von PETSCII wurde im Jahre 2013 wieder neu aufgefrischt. Es gab in diesem Jahr einen sehr erfolgreichen Wettbewerb auf CSDb. Auch dank des Programms PETSCII (Marq's PETSCII Editor) von Markku Reunanen, welches sich großer Beliebtheit erfreute und erfreut. Es ist ein Programm, das für Windows, Apple und Linux zur Verfügung steht und stetig weiterentwickelt wird.

Das Interessante an PETSCII ist, dass quasi jeder User schnelle Fortschritte und Erfolge erzielen kann. Ein Bildschirm ohne Rahmen besteht aus 40x25 Zeichen. Das ist im Vergleich zu anderen Grafikformaten sehr überschaubar.

Lotek64: Du hast selbst viele Bilder entworfen, von denen wir hier einige abbilden. Wie lange brauchst du durchschnittlich für eine solche Grafik?

Andy: Das ist nicht leicht zu beantworten. Jeder hat so seine Vorlieben und Kenntnisse. In der Regel brauche ich für den ersten Entwurf bis zu vier Stunden. Danach folgen etliche Stunden für den Feinschliff. Insgesamt habe ich für einige PETSCII Bilder schon ein bis zwei Wochen gebraucht. Manchmal ist es besser, ein Bild erstmal nach dem Rohentwurf liegen zu lassen und etwas später nochmal zu begutachten und gegebenenfalls nachzubessern.

Lotek64: *Für C64-Laien erklärt: Welche Besonderheiten muss man berücksichtigen, wenn man*

■ Stormlord – PETSCII'ed

ein PETSCII-Bild erstellt? Was ist der Unterschied etwa zu einem typischen Ladebildschirm eines kommerziellen Spiels?

Andy: Der Standard unter den Grafikformaten auf dem C64 ist zweifelsfrei „Multicolor". Das bedeutet, dass man pro Zelle (Char) – einem definierten Bereich von 8 x 8 Pixeln – drei frei wählbare Farben zur Auswahl hat und die globale Hintergrundfarbe. Da man auf der X-Achse nur sogenannte Doppelpixel zur Verfügung hat, sind es quasi pro Zelle 4x8 Pixel. Die meisten Grafiken auf dem C64 sind in diesem Format erstellt worden und auch heute noch ist es am weitesten verbreitet. Ohne den Rahmen sind das dann 320 x 200 = 64000 Pixel bzw. unter Beachtung der Doppelpixel 160 x 200 = 32000 Pixel.

- California Gamescii

Ein PETSCII-Bild besteht, wie bereits angesprochen, aus 40 x 25 = 1000 Zeichen pro Bildschirm. Ergänzend ist es ein markanter Unterschied, dass man nur bereits fertig definierte Zeichen hat, die man verwenden kann. Jedes dieser Zeichen ist in eine 8x8-Pixelmatrix eingebettet. Das bedeutet, dass man sich der Abstraktion von grafischen Elementen bedienen muss. Letztendlich meint man damit das Herunterbrechen von grafischen Formen, um Teilelemente zu erzeugen.

Lotek64: Verwendest du Hilfsmittel oder arbeitest du nur auf Original-Hardware bzw. einem

Emulator? Wie kann man sich den Arbeitsprozess vorstellen, ist das ein endloses Ausprobieren von Grafiksymbolen oder stellt sich da schnell eine Routine ein und man weiß schon, wie man etwa ein Gesicht oder ein Tier am besten darstellen kann?

Andy: Es gibt sogenannte native Programme, die man direkt auf dem C64 respektive im Emulator ausführen kann. Als Beispiel möchte ich „PETSCII Editor 4.61" von fieserWolf erwähnen. Es gibt weitere Programme, die auf unterschiedlichen Systemen laufen. (Ein Überblick folgt am Ende des Interviews. Die Red.) Ich verwende seit 2013 ausschließlich den PETSCII-Editor von Marq. Dieses Programm finde ich einfach perfekt für meine Bedürfnisse. Da die Vorlieben unterschiedlich sind, muss jeder diese Programme ausprobieren und sich dann entscheiden.

Erfahrung bei der Erstellung von Bildern im Allgemeinen ist natürlich sehr hilfreich und sinnvoll. Am Anfang muss man immer genau schauen, welches Zeichen die beste Wahl ist, um ein grafisches Element nachzubilden. Dieses ändert sich aber mit der Zeit und man hat so seine Auswahl an entsprechenden Zeichen. Vieles lernt man aber durch einfaches Ausprobieren und Testen.

Vorteilhaft ist es, sich erst einmal für gewisse Teilgrafiken zu entscheiden und diese dann nach Gefallen zusammenzusetzen. Teilweise erinnert das Erstellen auch an ein Puzzle. Das Wichtigste ist jedoch: Einfach anfangen und nicht aufgeben!

Lotek64: PETSCII-Bilder können nicht unbeschränkt zwischen verschiedenen Commodore-Modellen austauschbar sein, das scheitert schon an der unterschiedlichen Zahl von Zeichen, die auf dem Bildschirm darstellbar sind, und an der Farbpalette. Gibt es auch auf anderen Commodore-Modellen PETSCII-Kunst?

Andy: Auf jedem Computer, der mir bekannt ist, gibt es Zeichen. Das bedeutet, dass man quasi auf jedem System diese definierten Zeichen als Grafik einsetzen kann. Ich habe ja bereits erwähnt, dass sowohl auf dem C16 als auch PLUS/4 PETSCII-Kunst zum Einsatz kommt.

Lotek64: Gibt es so etwas wie Vorbilder oder besonders legendäre PETSCII-Grafiker, die dich inspiriert haben?

Andy: Vorbilder im PETSCII Bereich sind ganz besonders Mermaid und Redcrab, auch auch ilesj, Electric und Dr. TerrorZ.

Lotek64: Du warst laut deiner Webseite zwischen 1989 und 1993 in der C64-Szene aktiv. Was hast du damals gemacht, war Grafik schon dein Spezialgebiet?

Andy: Meine Lieblingsgebiete waren damals das Erstellen von Logos (mit dem nativen C64-Programm PaintMagic) und das Cracken von Spielen. Meine Assemblerkenntnisse waren jedoch so rudimentär, dass ich Intros nicht selbst coden konnte. Jedenfalls nicht in dem Stil, wie er wohl allen bekannt ist. Ich habe auch FLI-Logos mit FLI Designer 2.0 erstellt. Allerdings fanden diese keine öffentliche Verwendung.

Lotek64: Mit PETSCII-Bildern beschäftigst du dich erst seit 2013. Was war für dich ausschlaggebend, dich wieder mit dem guten alten C64 zu beschäftigten?

Andy: Das ist in diesem Fall eine sehr persönliche Frage. Ich habe 2012 wieder mit dem C64 angefangen, weil ich private Probleme hatte und meine Begeisterung von den nostalgischen Erinnerungen so stark war, dass ich mich 2012 auf CSDb angemeldet habe, um meine alten

Grafiken zu archivieren. Die Faszination war extrem ausgeprägt bei mir und anderen Freunden, man wollte wieder etwas Produktives auf dem C64 machen!

Dieses Interview ist meiner geliebten und verstorbenen Katze ,Nevchen' gewidmet, die mich am 2.2.2020 verlassen hat! <3 :(

Lotek64: Danke für das Gespräch! ∎

∎ Katakiscii

Über Andy

Ich wurde am 08.09.1975 in Lebork (Polen) geboren. Allerdings habe ich dort nie gelebt. Meine Familie väterlicherseits ist deutsch und mütterlicherseits polnisch. An Weihnachten 1987 bekam ich meinen allerersten Computer, einen C16 mit Datassette. Meine Freude war etwas geteilt, da ich lieber einen C64 gehabt hätte.
Weihnachten 1988 bekam ich dann endlich einen C64. Einen C64c und zwei 1541 II. Ein Monitor war nicht unter dem Tannenbaum, so musste mein damaliger Fernseher benutzt werden. Ich lebte damals in einem kleinen Ort im Kreis Segeberg (Schleswig-Holstein). Aktiv in der C64-Welt war ich dann von 1988 bis 1993. Danach hatte ich dann andere Hobbys. Mittlerweile wohne ich in einer Stadt am Rande Hamburgs.

Webseite von Andy AKA Shine

http://www.petscii.de/

Das Interview führte Georg Fuchs.

Super Mario Lego

Wir klempnern uns durch die Landschaft – im Blaumann und mit Bluetooth!

von Marleen

Als ich vor sechs Jahren ausgewandert bin, musste ich meine Kindheits-Lego-Sammlung leider in Deutschland lassen. Gott sei Dank habe ich hier in Kanada aber Kumpeline Jada, die von Lego regelrecht besessen ist und eine riesige Sammlung besitzt. Und so hat sie vor Kurzem mal wieder einen Großeinkauf getätigt und einfach jedes einzelne verfügbare Super-Mario-Set auf einmal bestellt. Als sie vorschlug, wir könnten das „Unboxing" gemeinsam angehen, konnte ich nicht Nein sagen. Wir haben uns dann einen Freitagnachmittag ausgeguckt, Masken auf, und ran an den Speck!

Unter anderem hatte Jada Tütchen mit Sammelfiguren bestellt, und mit denen fingen wir an. Insgesamt hatten wir neun von diesen Tütchen zum Öffnen; das waren immerhin sechs der zehn möglichen Sammelfiguren – und die sind wirklich niedlich gemacht. Jeder dieser Mario-Gegner steht auf einem Stückchen der passenden Landschaft und hat oben, hinten oder seitlich einen bunten Barcode aufgeklebt (dazu später mehr).

Folgende Komponenten sind erhältlich:
• Starterset mit Mario (das man auf jeden Fall braucht) – 59,99 EUR
• Expansion-Packs unterschiedlicher Größen – zwischen 19,99 und 99,99 EUR
• Neue Hosen & Mützen für Mario – je 9,99 EUR
• „Blind Bags" mit Sammelfiguren – je 3,99 EUR

Bestellen kann man sie hier:
https://www.lego.com/de-de/themes/super-mario
Alle Komponenten, Foto oben: ca. 600 EUR

mehr beiliegen. Das Ganze wird jetzt komplett auf dem Handy oder Tablet gemacht – wo man sich jeden Schritt in 3D von jeder Seite ansehen kann, was auch gar nicht so schlecht ist. So waren die einzelnen Landschaftskomponenten und Gegner dann auch schnell zusammengefummelt.

Weiter ging es mit dem Starterset – dem einzigen Paket, welches eine Mario-Figur beinhaltet. (Und auch die einzige Box, die komplett asymmetrisch und nicht so recht stapelbar ist.)

Mario hat es in sich. Zunächst war die Überraschung groß, denn Mario braucht zwei AAA-Batterien, die wir gerade nicht da hatten, und einen Mini-Schraubendreher für das Batteriefach braucht man auch. Also mussten wir noch mal eben vor Ladenschluss in den Drogeriemarkt und schnell Batterien und eine Pinzette kaufen. Wenn man sich das Kleingedruckte auf der Unterseite (!) der Verpackung auch nicht ganz genau durchliest...

Als wir dann fertig ausgestattet waren, gab es die nächste Überraschung – Mario erwachte, und wollte aber erstmal ein Firmware-Update. Das Ganze lässt sich mit den gängigen Smartphone-Modellen auch sehr einfach bewerkstelligen, Mario kann nämlich Bluetooth.

Überraschung Nummer drei war, dass den Boxen gar keine ausgedruckten Anleitungen

Es gab dazu dann auch noch Videos, die zeigen, wie das mit dem Spielen gedacht ist:

Kommunikativer Mario

Mario kann nicht nur per Bluetooth mit dem Smartphone kommunizieren, sondern mit seinen Füßen auch die vormals erwähnten bunten Barcodes lesen. Mario weiß also, wenn er auf einem Gegner oder einer Fragezeichenbox steht, oder auf der Farbe blau (Wasser) oder der Farbe rot (Lava), und reagiert entsprechend mit Soundeffekten und Musik, digitaler Mimik, und, naja, seinem Gesundheitszustand.

Auch wichtig: es gibt ein Plättchen mit „Start"-Barcode und eines mit „Ende"-Barcode, die man entsprechend in seinem Parcours verbauen kann. Ab „Start" läuft Marios interne Uhr für genau eine Minute. (Es sei denn, Mario springt auf einen Barcode, der mehr Zeit gibt – diese sind aber nur in manchen Expansion-Sets enthalten.)

Mario weiß auch, wenn er umfällt, und so stellt man sich gleich die Frage, was man denn sonst noch so alles anstellen könnte – auf den Kopf stellen? Schütteln? Es lädt jedenfalls zum Experimentieren ein!

Das Level-Design gestaltet sich recht simpel. Anstelle eines 2-D-Platformers, in dem man sich nur rechts und links bewegt und vielleicht eher in die Höhe baut, ist es hier eher so gedacht, dass sich das ganze Level zu ebener Erde befindet. Die Verbindungsstege zwischen den einzelnen Gras-, Wasser- oder Lava-Inseln sind minimalistisch gehalten. Dafür baut man dann eher nicht-lineare Level mit Verzweigungen.

Wer noch etwas Spannung hinzufügen möchte, muss sich an den Expansion-Sets bedienen.

Wir haben am gleichen Abend auch noch das Set mit Baumhaus und Piranha-Pflanze geschlachtet, eines der größeren Sets. Wir waren zwar schon einigermaßen müdegespielt, aber die Piranha-Pflanze wollte ich doch sehr gerne noch mit eigenen Augen sehen!

Was diese zusätzlichen Sets auszeichnet, sind aber nicht nur mehr Landschaftsteile und Bauanleitungen für andere Gegner, sondern mechanische Spielereien. Man hat sich Mühe gegeben, alles Mögliche zum Wippen, Drehen, Schwingen, Klappen und Katapultieren zur Verfügung zu stellen, damit den Leuten nicht ganz so schnell langweilig wird. So hat die Piranha-Pflanze (zum Beispiel) einen Teleskop-Hals und einen Trittstein, mit dem Mario ihr per Hebelwirkung ordentlich einen vors Kinn zimmern und sie so zurück in die Röhre befördern kann. Als Belohnung wird so der Barcode zum Scannen freigelegt.

Das Expansion-Set enthält leider keine zusätzlichen Start- und End-Plättchen und auch keine zweite spielbare Figur.

Es existieren zwar ein Set mit Yoshi und eines mit Toad – dies sind aber reine NPCs, also ohne den ganzen digitalen Schnickschnack. Vielleicht wird ja auch irgendwann auch ein spielbarer Luigi oder Wario veröffentlicht.

Von den Prinzessinnen Peach und Daisy fehlt bisher weit und breit jede Spur – nichtmal als NPC zum Retten, und schon gar nicht als spielbare Figur, was ja noch viel besser wäre.

Und dass es die einzige Spielfigur nur im Box-Set gibt, ist schon ein bisschen Beutelschneiderei.

Die Zehn-Euro-Päckchen mit Feuerblumen-Outfit, Katzen-Outfit und so weiter sind nämlich auch nur das: Hosen und Mützen in anderen Farben. Die Hosen stellen auch noch geringfügig andere Animationen für Mario zur Verfügung. Viel Zeit haben wir damit an dem Abend aber nicht verbracht.

Insgesamt bin ich, was Spielzeuge betrifft, ja eher digital-kritisch eingestellt. Ich finde Lego einfach super, ganz ohne Displays, Musik und Bluetooth. Ich hatte an der ganzen Sache dann aber doch viel mehr Spaß, als ich erwartet hatte. Ist schon putzig, was Lego sich da ausgedacht hat.

Der Preis der einzelnen Sets scheint angemessen. (Zumindest habe ich bei Lego für das gleiche Geld schon weniger im Paket gehabt.)

Was geht:
• Fragezeichen benutzen (mit Zufallsbonus – Unbesiegbarkeitsstern, Pilz und so weiter)
• Münzen sammeln (automatisch, irgendwie –

die Münzen muss man sich selbst vorstellen)
• Auf Zeit spielen
Was im Moment leider (noch?) nicht zu gehen scheint:
• Mehrere, in Reihe schaltbare Levels mit unterschiedlichen Start- und Endplättchen.
• Bonuslevels per grüner Röhre!
• Und natürlich das Prinzessinnenretten (oder Prinzessin-sein)

... aber das kann ja noch kommen. Die Lego-Leute haben da bestimmt noch große Pläne. Aktuellen Informationen zufolge wird es 2021 allerdings keine neuen spielbaren Charaktere geben – und keine Prinzessinnen. ∎

Alternativen zu Super Mario Lego

Wer wie Marleen eher am Leveldesign als am Spielen interessiert ist, der kann statt Legos auch Kühlschrankmagnete kaufen. Die gibt es entweder in der günstigeren 2D-Variante, oder für etwas mehr Taschengeld in der Luxus-3D-Ausführung. Die Soundeffekte muss man dann halt selbst beisteuern!

3D-Magnet-Set (17-62 Euro):
https://www.amazon.de/JINMENHUO-K%C3%BChlschrankmagnete-Kinderspielzeug-Geburtstagsgeschenk-Kombinationen/dp/B086PZQWLQ/

2D-Magnet-Set (9 Euro):
https://www.amazon.de/Unbekannt-Super-MS65081-Magneten-Mehrfarbig/dp/B07X2QX76D/

C64-Shooter, vertikal: Neutron

Guter vertikaler Shooter, komplett programmiert von Sarah Jane Avory, inspiriert von Star Force (1984). Das Projekt wurde in den 80ern begonnen, aber erst 2019 fertiggestellt. Neun Levels mit steigendem Schwierigkeitsgrad, Waffen-Upgrades und abwechlungsreiche Gegner sorgen für kurzweilige Ballerei.

Link
https://www.protovision.games/games/neutron.php?language=de

Games That Weren't in Buchform

Die verdienstvolle Webseite *gamesthatwerent. com* hat ihre Suche nach verlorenen (und oft wiedergefundenen) Spielen in Buchform gegossen. Für ca. 35 Euro gibt es ein sehr schön produziertes, hochwertiges Hardcover-Buch mit 644 Seiten.

Link
https://www.bitmapbooks.co.uk/products/the-games-that-werent

C64-Shoter, horizontal: Relentless

Relentless von Paul ‚Axelay' Kooistra, Harris ‚rexbeng' Kladis und Pierre ‚Cyborgjeff' Martin (2019) ist ein horizontaler Shooter. Das Original erschien 2013 für Amstrad CPC. Das Spiel ist flüssig, rasant und hat einen wählbaren Schwierigkeitsgrad, dafür gibt es keine Upgrades und eher wenig Abwechslung.

Link
https://www.bitmapbooks.co.uk/products/the-games-that-werent

C64-Shooter, S.E.U.C.K.: Byte Fighter

Ben Vinzenz Gratzl ist seiner S.E.U.C.K.-Leidenschaft treu geblieben und hat sein bisher umfangreichstes C64-Spiel mit dem Editor erstellt. Eine kleine Story ist auf der Website und in der Anleitung enthalten.

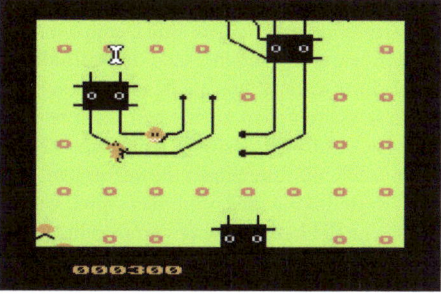

Download
https://ogy.de/bytefighter

Cubic Ninja (Nintendo 3DS)

Die Serie Retro Treasures beschäftigt sich mit seltenen oder ausgefallen Produkten der Video- und Computerspielgeschichte und befasst sich in dieser Ausgabe mit dem temporären Sammlerstück Cubic Ninja.

von Simon Quernhorst

D as Spiel wurde 2011 von Ubisoft für das ebenfalls gerade erst erschienene Handheld-System Nintendo 3DS herausgebracht. Die Mixtur aus Plattformspiel und Gravitationspuzzle setzt neben dem 3D-Display auf eine innovative Steuerung mittels der neuen technischen 3DS-Features wie Beschleunigungssensor und Gyroskop. Durch Drehen der ganzen Konsole versucht man einen eckigen Ninja-Würfel namens CCM an Hindernissen vorbei zum Levelausgang zu manövrieren. Leider war die Steuerung ziemlich frustrierend und das Spiel wirkte damals nicht wie ein Vollpreistitel sondern eher wie eine Demo der neuen Hardwarefunktionen. Auch der enthaltene Leveleditor samt Möglichkeit, eigene Level an Freunde weitergeben zu können, konnte darüber nicht hinwegtrösten. Dementsprechend fielen auch die damaligen Bewertungen nur sehr mittelmäßig aus und das Spiel wurde recht schnell über Angebote verramscht.

■ Der originalverpackte Ninja

Preisexplosion

Doch Ende 2014 explodierte der Preis des Spiels plötzlich, allerorten war das Spiel ausverkauft und einzelne Exemplare wurden plötzlich für mehrere Hundert Euro bzw. Dollar angeboten. Was war geschehen, wurde das innovative Spielprinzip nun doch endlich wertgeschätzt? Mitnichten. Ursache war, dass der

■ Der Menüpunkt „QR Code"…

Amerikaner Jordan „Smealum" Rabet heraus-
gefunden hatte, dass sich durch die enthaltene Spielfunktion des Weitergebens von Levels
mittels QR-Code (Quick Response Code) auch
ein eigenes Programm auf der eingelegten SD-
Karte starten ließ, welches dann den Aufruf
anderer Anwendungen erlaubte.

Dieser Hack wurde als „NINJHAX" bekannt
und seine Veröffentlichung extra um einige
Monate verzögert, damit Nintendo nicht vorher reagieren konnte und somit die damals
in Entwicklung befindliche neue Geräteserie
„New 3DS" noch gegen den Hack hätte schützen können.

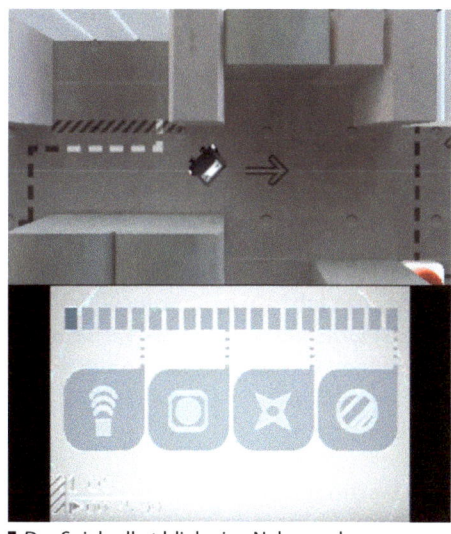

■ Das Spiel selbst blieb eine Nebensache.

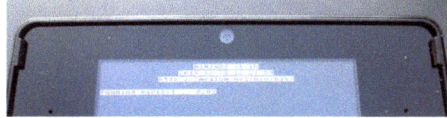

■ …ruft mittels „NINJHAX"…

■ …den Homebrew-Launcher auf.

Nintendo nahm das Spiel aus seinem japanischen Download-Shop und aktualisierte in
der Folge mehrfach die 3DS-Firmware, entsprechend erschienen dann auch wiederum
angepasste Versionen von Ninjhax. Nach und
nach wurden auch weitere 3DS-Titel entdeckt,
mit deren Hilfe man Homebrew-Code starten
konnte, z.B. das Downloadspiel „IronFall: Inva-
sion". Heutzutage gibt es verschiedene Wege,
um eigene Programme auf dem 3DS auszuführen und dementsprechend ist auch der Wert
von „Cubic Ninja" wieder auf einen normalen
Preis für gebrauchte Spiele gesunken. Aber
kurzfristig – ja, da war Cubic Ninja mal eine
echte Sensation.   ■

Der Autor
Simon Quernhorst, Jahrgang 1975, ist begeis-terter Spieler und Sammler von Video- und Computergames und Entwickler von neuen Spielen und Demos für alte Systeme. Zuletzt durchgespielter Titel: Resident Evil Revelations (3DS).

Vier Werbespiele aus dem Österreich der 90er-Jahre

Bahn, Bank und Bundesheer-Zoo

In den 90er-Jahren programmierte die Firma „Top Job" ein paar Point&Click-Adventures, die man als Gratis-Werbespiel bekommen konnte. Das bekannteste war vermutlich Arnie Goes 4 Gold für die Bank Austria.

von Martin Brunner

D rei andere Titel, die wir uns hier ansehen wollen, waren Lion's Help für das Österreichische Bundesheer, Börnie's Journey für die ÖBB und Courage! für das Bildungsministerium. Alle drei sind solide Adventures, allerdings mit ein paar Mini-Spielen, die heutzutage in manchen Fällen Anforderungen an die richtige Konfiguration der DOS-Box stellen.

Lion's Help...
...bringt das Thema Bundesheer sehr dezent auf die Bühne. Wir spielen einen Löwen, der

sich mit anderen Tieren in einem Wald befindet. Dieser ist von bösen Baggern bedroht, die schon die Tiere aus dem Nachbarwald vertrieben haben. Doch der Rat der Tiere, dem aktuell die Schildkröte vorsitzt, hält das alles nur für ein Gerücht und will von uns zunächst mal Beweise, bevor Verteidigungsmaßnahmen aufgestockt und andere Waldbewohner als Rekruten einberufen werden. Nebenbei erfahren wir die Aufgaben des Bundesheeres und müssen die Tiere den entsprechenden Abteilungen zuordnen.

Für ein Gratis-Spiel ist es ganz in Ordnung und ließ sich für mich bis auf zwei etwas versteckte Objekte und eine an einer Stelle leicht inkonsistente Steuerung gut durchspielen. Bei der Ausbildung der Rekruten gibt es die besagten Mini-Spiele, wobei man bedenken muss, dass man für das Orientierungsspiel damals weder einen digitalen Fotoapparat noch die Möglichkeit eines Screenshots zur Verfügung hatte. Zu viel sei hier nicht verraten!

Lion's Help: Download und Video
Beispielvideo: https://youtu.be/xBI_4Ckjr60 Das Spiel: https://werbespiel.blogspot.com/2010/09/ lions-help.html

Börnie's Journey...

...kam als Werbung für die Österreichischen Bundesbahnen (ÖBB). Ich fand zunächst eine Demo-Diskette mit einer Vorschau und dem Hinweis, dass das Spiel ab Juni 1995 erhältlich sei und man es schon jetzt beim Marketing (vermutlich kostenlos) bestellen kann. Nachdem dieses Datum nun mittlerweile überschritten ist, wurde ich im Internet fündig. Im Spiel geht es darum, mit der Bahn schneller zu sein als der autofahrende Freund, gegen den man gewettet hat.

In jeder österreichischen Landeshauptstadt muss eine Aufgabe erledigt werden, mal in Form eines klassischen Point&Click-Adventures und mal als Spiel. Dabei geht es durchaus humorvoll zur Sache, die Handlungen und das Stadtbild sind relativ frei erfunden. Auch hier ließ sich das Spiel gut spielen (sieht man von der DOS-Box-Konfiguration ab), nur an einer Stelle mussten etwas langwierig Zutaten miteinander ausprobiert werden. Dazwischen lässt

sich immer ein Blick darauf werfen, welches Ärgernis den Autofahrer nun wieder ereilt. 25 Jahre später sind die Großprojekte Semmering- und Koralmtunnel weit fortgeschritten, vielleicht lässt sich so eine Wette nun bald in der Realität gewinnen.

Börnie's Journey: Download und Video
Video: Komplettdurchlauf des Spiels https://youtu.be/ObaykSd1oV8 Das Spiel: https://werbespiel.blogspot.com/2017/06/ bornies-journey.html

Arnie Goes 4 Gold

Das bekannteste Spiel dieser Reihe, Arnie Goes 4 Gold, wurde 1994 veröffentlicht. Der junge Arnie tritt die Erbschaft seines berühmten Onkels an, der in den USA zu einem bekannten Musiker wurde. Behilflich ist ihm dabei natürlich die Bank Austria mit Bankomatkarte und

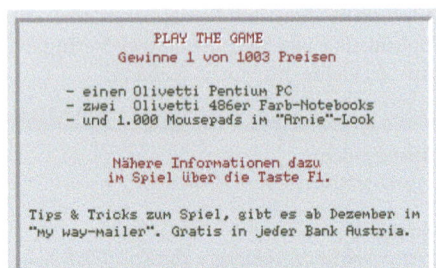

■ 486er-Farb-Notebook und Pentium PC: Die Preise sind bereits vergeben.

Online-Banking. Im Foyer kann er nicht nur schlechte Anmachsprüche loswerden, sondern auch Gratis-Konzertkarten über den Bonusclub erhalten – was für das Fortkommen im Spiel natürlich wesentlich sinnvoller ist. Auch damals wurden Autos schon als CO_2-Schleuder bezeichnet. Nett dargestellt ist auch der Ort in Tirol, wo der selbe Einheimische abwechselnd das Geschäft und das Tourismusbüro offen hält.

Arnie Goes 4 Gold: Download und Video
Video: https://youtu.be/XUovttTjEUk
Das Spiel: https://werbespiel.blogspot.com/2010/07/arnie-goes-4-gold_15.html

Im Infokasten ist der Link zum Video zu finden – bizarrerweise gab es da prompt einen Content-ID-Anspruch, das Midi-Gedudel im Spiel klang verdächtig nach Out of the Blue von Debbie Gibson. Dagegen kann man dann bei YouTube zwar Einspruch erheben – in diesem Fall hat der Urheberrechtseigentümer den Einspruch nicht anerkannt. Das Video ist nach wie vor online, Auswirkung dürfte maximal eine Werbeeinblendung sein, von der die Wise Music Group mitnascht.

Courage

Das Spiel wurde vom österreichischen Bundesministerium für Unterricht und Kultur herausgegeben (das 1991 bis 1994 so benannt war) und hat nun bereits 25 Jahre auf dem Buckel. Dafür ist umso erstaunlicher, wie aktuell der Themenbereich ist, um den es bei Courage geht: Umweltschutz, Überwachungsstaat, Flucht und Asyl. Selbst die Art und Weise, wie

■ Altwarenhändler in der Zukunft

■ Beim Raumschiffhändler

■ Übersichtskarte eines Planeten

die Themen behandelt werden, ist immer noch passend. In Zeiten vor der Cloud, Facebook & Co. war der Überwachungsstaat vielleicht gar nicht so aktuell wie heute. Aber das Spiel spielt schließlich auch in der Zukunft! Es ist ebenfalls ein solides Spiel, bei dem vielleicht der Schweregrad etwas unbalanciert erscheint. Das Schwierigste kommt gleich am Anfang, hier ist einmalig eine Kombination der Gegenstände aus dem Inventar erforderlich. Da das später nicht mehr vorkommt und man aber einen Haufen unnützer Gegenstände aufnehmen kann, wird man eventuell dazu verleitet, hier unnötig herumzuprobieren. Personen tauchen an manchen Orten erst auf, wenn bestimmte Aufgaben gemacht wurden. Außerdem kann und man hier auch Dinge falsch machen und dauerhaft im Gefängnis landen. Dazwischen gibt es auch wieder Geschicklichkeits- und Denkspiele, sowie eine halbgare Variante von Mäxchen, mit der man entweder Geld gewin-

■ Nachdem ihm auf einem anderen Planeten die Weltherrschaft misslungen war, findet sich ein Tentakel im Flüchtlingsheim wieder.

nen oder die Tage verstreichen lassen muss, ein Labyrinth à la Zak McKracken darf natürlich nicht fehlen. Je nach Sichtweise geht in der Geschichte entweder der Faden etwas verloren, oder die Story nimmt überraschende Wendungen.

Spiel und Idee sind trotzdem gut, eine grafisch überarbeitete Version 2.0 mit ein paar Nachbesserungen hätte heute durchaus Potenzial und vor allem überraschend viel Aktualität. ■

Courage: Download und Video
Video: https://youtu.be/soSOG_FKbi8
Das Spiel: https://werbespiel.blogspot.com/2010/10/courage.html

■ Diskussion mit den Einheimischen

30 Jahre TRSI – eine echte Szene-Größe

Am 29. Juni 1990 schlossen sich die beiden Gruppen Tristar und Red Sector zu TRSI zusammen. Über viele Jahre hinweg dominierte man auf dem C64, Amiga und dem PC die Releaser-Szene. Später erfand sich die Gruppe neu, was ihr ein dauerhaftes Überleben zu sichern scheint.

von Lars „Ghandy" Sobiraj

Am 29. Juni 2020 war es so weit. Die plattformübergreifende Szene-Gruppe Tristar Red Sector (TRSI) feiert dann ganz offiziell ihr 30-jähriges Bestehen. Sieben Jahre vorher, also im Jahr 1983, fing der Düsseldorfer Szener Dirk aka Irata auf dem C64 an. Wir haben kürzlich ausführlich mit diesem Szene-Urgestein telefoniert, um ein paar Hintergründe in Erfahrung zu bringen.

Vom Großhändler auf den Schulhof: der damalige Weg eines Cracks

Vor 30 Jahren gab's in Deutschland für Privatpersonen noch kein Internet. Die normalen User tauschten die Disketten auf dem Schulhof aus oder lernten sich im PC-Geschäft ihrer Wahl kennen, wo die Jugendlichen bei den damals modernen Computern herumlungerten.

Die Elite hat die Disketten von Mailswappern per Post verschicken lassen. Wer das tat, besaß eine PLK, eine Postlagerkarte. Die Einrichtung verlief anonym und hatte den Vorteil, dass man innerhalb der Szene seine tatsächliche Anschrift nicht preisgeben musste. Riskant war dann irgendwann das eigentliche Abholen der ganzen Briefe beim Postamt, weil man dafür seine Postlagerkarte vorlegen musste und somit zugab, Besitzer dieser PLK zu sein. Doch riskant war das sowieso nur für ganz wenige hyperaktive Mailswapper.

Die Polizei hatte das Thema Urheberrechtsverletzungen bis 1992 eher selten auf dem

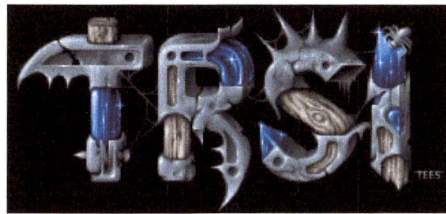

Schirm. Es gab auch Geschichten von Polizei-beamten, die die 5,25"-Disketten in die Ermittlungsakten getackert haben ohne zu wissen, dass sie damit kaputt waren. Andere Mitarbeiter haben angeblich ganze Stapel von Disketten gelöscht, weil man die Disketten in der Asservatenkammer direkt neben einem starken Magneten deponiert hat. In den Niederlanden wurden aber schon mal komplette Copy-Partys von der Polizei hochgenommen. Praktisch jeder aus der alten Garde hatte irgendwann mal Berührungspunkte mit dem Gesetz.

Teilweise ging das ganze Gehalt für Originalspiele drauf

Natürlich hat sich in den letzten 30 Jahren viel verändert. Doch Irata brennt noch immer für die Szene. Er hat damals Originale von einem Software-Distributor abgeholt, bis zu acht Stück täglich. Glaubhaft erzählt er: „In einigen Monaten habe ich für Originale meinen kompletten Lohn ausgegeben." Wer Originalspiele für den C64, Amiga oder MS-DOS abholen wollte, brauchte dafür einen Gewerbeschein. Bei den Großhändlern dürfen nur Einzelhänd-

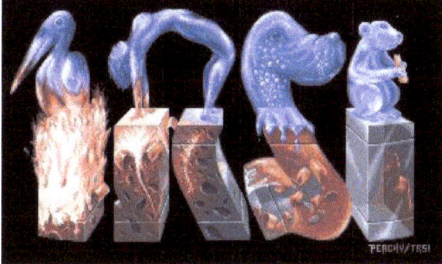

ler einkaufen, dafür kommt man zeitnah an die ganz neuen Spiele heran. Beim täglichen Anruf bei Leisuresoft, Rushware & Co. prüfte man, ob an diesem Tag Neuerscheinungen ankommen würden, die noch niemand gecrackt hatte. Nach dem Abholen begann das eigentliche Rennen. Der Inhalt der Disketten musste irgendwie so schnell wie möglich zum Cracker transferiert werden.

Zu Modem-Zeiten kamen auf dem Amiga mitunter Tools wie der Rob-Northen-Reader zum Einsatz, der den Inhalt der kopiergeschützten Disketten ausgelesen hat. Hatte der Cracker endlich alle Daten daheim, (das Archiv vom Reader war wegen der Analyse ein Vielfaches größer als der tatsächliche Inhalt der Diskette), fing er an, den eingesetzten Kopierschutz zu erkennen und zu entfernen. Last, but not least baute er ein Cracktro ein und lud den Crack dann bei einem Bulletin Board System (BBS) der eigenen Gruppe hoch. Eine BBS oder Board genannt, war nicht etwa ein Forum, sondern eine Mailbox mit einer Software, die nur Szener bedienen konnten.

Modems & das Internet machten alles hektischer und kälter

Der Organisator der Gruppe musste in regelmäßigen Abständen auf den schnellsten Boards (zumeist in den USA) nachschauen, ob eine andere Gruppe vielleicht schon schneller war. Wenn nicht, konnte die eigentliche Distribution der Schwarzkopie vonstattengehen. Mithilfe von Bluebox-Frequenzen oder Calling Cards haben die Modemtrader die Releases innerhalb von etwa einer Stunde verteilt. In den ersten Jahren ging es da viel gemütlicher zu. Bis Cracks die PLK der Kontakte in ganz Europa erreicht hatten, vergingen gleich mehrere Tage. Heutzutage geht das mithilfe der FTP-Sites von der Eintragung in der Datenbank bis zur vollständigen Verteilung auf dem ganzen Globus innerhalb weniger Minuten. Da

■ TRSI Recordz – Irata (links), Spotter (rechts)

zählt quasi jede Sekunde. Außer natürlich bei Windows-Spielen, die mit Denuvo extrem gut geschützt werden.

In den 90er Jahren war TRSI unter anderem in Deutschland sehr aktiv. Die Amiga-Section wurde damals sehr erfolgreich von einem Wuppertaler Mitarbeiter der Telekom (damals Deutsche Bundespost) organisiert. Dieser fuhr bei Bedarf mit seinem Mercedes von Elberfeld nach Bönen, um Originale bei Leisuresoft abzuholen. Doch die Gruppe hatte damals sowohl mehrere Original-Supplier als auch Cracker an der Hand. Parallel existierte die Demosection von TRSI, die ebenfalls sehr erfolgreich war. Unvergessen bleibt beispielsweise Wicked Sensation, womit man im November 1992 einen Demo-Wettbewerb gewann, den der Hersteller des Amiga, Commodore, selbst für eine Messe organisiert hatte. Damit war es den Machern sogar gelungen, den Branchenprimus Sanity zu schlagen.

TRSI heute eine reine Demogruppe
2003 besuchte Irata gemeinsam mit dem Grafiker H20 die Demoparty Breakpoint. TRSI

suchte nach einem neuen Tätigkeitsfeld, weil man den Anschluss an die illegale Szene irgendwann verloren hatte. Dazu kommt die Grundeinstellung, die in der Releaser-Szene vorherrscht. „In der heutigen Szene geht es nur noch um Business. Wenn Du einen Account auf einem ftp-Server brauchst, musst Du gleich entsprechende Gegenleistungen vorweisen. Man wird direkt gefragt: Kannst Du Originale besorgen? Kannst Du jeden Monat genügend hochladen?" Dieser Egoismus, das habe nichts mehr mit dem Verhalten von damals gemeinsam. Heute geht's nur noch ums liebe Geld. „Können die heutzutage überhaupt noch cracken? Die meisten Leute benutzen dafür doch nur noch Tools", glaubt Dirk zu wissen. In der illegalen Szene kämpft jeder nur für sich. Das alte Feeling ist im illegalen Bereich irgendwann komplett verloren gegangen. Früher dominierte das Gemeinschaftsgefühl der wenigen Aktiven, die etwas konnten.

Große Geburtstagsfeier ausgefallen
Auf jeden Fall wechselte man das Tätigkeitsfeld und suchte sich neue Ziele. TRSI macht heutzutage auf allen möglichen Geräten Demos. Der Unterschied: Innerhalb einer Demogruppe muss man kooperieren und produziert etwas Kreatives. An Tristar oder Red Sector kann sich von den heutigen Mitgliedern der

Releaser-Szene sowieso niemand mehr erinnern. Red Sector Incorporated (RSI) hat man 1985 gegründet. Da waren die meisten Leute noch gar nicht geboren, die heutzutage Cracks erstellen oder auf den ftp-Servern unterwegs sind. Wer von denen erinnert sich schon an das Red Sector Megademo (Video)!?? Dieses Amiga Demo war 1989 der Schritt weg vom reinen Crackintro mit nur einem Effekt zu einer Produktion, wo mithilfe vieler verschiedener Effekte so etwas wie eine Geschichte erzählt wurde.

Irata hat noch bis zum Jahr 2010 die Gruppe geleitet, um dann die Organisation an Spotter abzugeben. Spotter, der in Berlin in einem Tonstudio arbeitet, erzählt uns, er hatte für Ostern ein großes Event für alle jetzigen und ehemaligen Member organisiert. Es sollte ein Treffen auf der Revision in Saarbrücken geben, doch wegen der Virus-Pandemie fand die Party nur auf dem Sofa statt. Das verpasste Wiedersehen stimmte ihn sehr traurig.

Wir sind wie eine große Familie!

„Das ist wie eine große Familie. Man besorgt sich u.a. Jobs und hilft sich gegenseitig, wo man kann", erzählt Irata. Im Zuge der Corona-Krise habe ein Mitglied seine Anstellung verloren. Ein anderes Mitglied hat das gehört und sich dafür stark gemacht, dass er in seinem Unternehmen angestellt wird. Beide arbeiten nun für eine Bank im Bereich IT-Security. Der neue Kollege müsse jetzt nur noch umziehen. So muss das laufen, man hält halt zusammen. In TRSI sei man außerdem offen für alles und jeden. „Das haben uns die Kanadier von Red Sector vorgelebt", erinnert sich Dirk. Rassismus oder Rechtsradikalität war nie ein Thema bei uns. Ein Cracker aus alten Tagen lässt sich gerade operieren. Er möchte auch körperlich zu einer Frau werden. „Das hat hier niemand negativ aufgenommen. Es ist doch die Hauptsache, dass sie sich damit gut fühlt", resümiert Irata.

Telnet-Boards kommen wieder

Derzeit kommen mehrere Telnet-Boards wieder hoch, die deren Betreiber schon vor Jahren geschlossen hatten. Per Telnet kann man sich dort einloggen und über das Internet simulieren, wie der Login damals mit einem regulären Modem ablief. Wer die Kommandos von Amiexpress (bzw. PC-Board, PC-Express) nicht kennt, hatte damals und hat auch heute keine Chance. Doch es geht dabei nur noch um den Spaß an der Sache. Mit der Geschwindigkeit und Aktualität von ftp-Sites werden die Telnet-Boards nie mithalten können. Das ist ja auch nicht das Ziel. Aber man trifft dort halt virtuell den einen oder anderen Vertreter aus der Vergangenheit, mit dem man schon lange keinen Kontakt hatte. Es geht mehr darum, dass alte Gefühle und Erinnerungen reaktiviert werden.

Statements mehrerer TRSI-Mitglieder

Man könnte noch so viel mehr über TRSI erzählen, das würde den Rahmen aber sprengen. Wir haben als Resümee ein paar frühere bzw. heute Aktive um einen O-Ton gebeten.

Der ehemalige Sysop **Hamster** skizziert für uns die Historie der Gruppe in wenigen Schritten:

1988 Red Sector. Alles über Modem.
1990 Tristar und Red Sector. Geile Truppe.
1992 World of Commodore (Video). Auf einmal wollen sie alle in TRSI sein.
1995 Endlich macht TRSI mal eine Produktion, die Hand und Fuß hat. Rebecca :-)

Ein anderer Ex-Sysop, also Betreiber einer illegalen BBS aus NRW, möchte lieber **anonym** bleiben. Vielleicht liegt es daran, weil er seinerzeit gleich mehrfach Besuch von der Polizei bekam. Doch das ist alles schon sehr lange her und strafrechtlich gesehen längst verjährt.

„TRSI war die Gruppe, mit der man als erstes auf dem C64 und auf dem Amiga durch Intros, Demos und auch Cracks in Kontakt kam. Ich habe dann eine Zeitlang ein Amiexpress BBS als GHQ für TRSI betrieben. Damals war ich stolz, diese große Gruppe auf der BBS zu haben. Ich bin dann aber irgendwann aus der Szene ausgestiegen, verfolge aber ab und an, dass es TRSI noch gibt. Habe aber jetzt andere Prioritäten."

Warhead von der legalen Section aus Österreich ergänzt: *„TRSI und deren Vorläufer waren bereits eine Institution als ich (noch minderjährig) ein Jahr nach Gründung dazukam und beitragen und später von der alten Garde übernehmend mitgestalten durfte. 30 Jahre waren nur möglich durch Willen, Leidenschaft, Style, Treue, Experimentierfreude und vor allem Freundschaften, die mich bis heute dankbar machen für Erfolge, Niederlagen und die Menschen hinter dem Namen."*

„Große Jungs mit Spaß am Chaos, aber eben am Kreativen!"

Lincoln, der als Original-Supplier in NRW eine Legende war, schrieb uns: *„Ohne TRSI wäre ich eventuell nie in der Szene gelandet und bestimmt auch nicht so lange so gerne dabeigeblieben. TRSI hatte damals für mich die Anziehungskraft der Szene stark geprägt durch viele coole Cracks mit catching Crackintros und dazu die super Demos.*

Dass viele bedeutende TRSI Member zufällig aus meiner Region kamen und die menschlich auch super korrekt sind, hat meinen Einstieg sehr erleichtert. Auch wenn ich nur recht kurz als aktives Mitglied damals dabei war, ist TRSI immer meine Familie geblieben mit real life friends seit nun auch fast 30 Jahren."

Der aktuelle Organisator **Spotter** schließt die Statements ab. Laut seiner Aussage sitzen die Mitglieder von heute und früher überall auf der Welt im Management des Who-is-Who der IT-Branche. Aber im Herzen seien sie natürlich immer noch die „großen Jungs mit Spaß am Chaos, aber eben am Kreativen!"

„Für mich als Orga ist es eine sehr große Ehre, Teil von TRSI zu sein, denn wir haben es über mehrere Generationen der Technik-Entwicklung geschafft, im Geiste der Hacker immer wieder neu kreativ zu sein. Wenn wir es dadurch schaffen, junge Technik-Nutzer zu motivieren, gestalterisch kritisch mit Technologie in der Gesellschaft umzugehen, dann war das jede wache Nacht und jedes graue Haar wert! spotter^TRSI"

Wer zum Jubiläum gratulieren oder sich weitergehend informieren möchte, kann dies hier in dieser Facebook-Gruppe tun. Daneben ist TRSI auch bei Twitter und Instagram vertreten. Wem das noch immer nicht reichen sollte: Eine endlos lange Liste an Produktionen ist hier bei Pouet verfügbar. ∎

Quelle
Dieser Artikel ist zuerst im Juni 2020 auf tarnkappe.info erschienen und wird mit freundlicher Genehmigung des Autors abgedruckt.
https://tarnkappe.info

Lesenswert

Computer in der DDR

Ein 2019 erschienenes Buch von René Meyer fasst die Geschichte der Computertechnik in der DDR auf 150 Seiten zusammen.

von Georg Fuchs

Als nach dem Zweiten Weltkrieg die Entwicklung von Computern Fahrt aufnahm, war die Halbleitertechnik in der DDR eine Randerscheinung. 1957 gelang der UdSSR mit dem Sputnik der erste erfolgreiche Start eines Satelliten, ein Jahr zuvor war in Moskau ein Ministerium für Automation eingerichtet worden. Das bedeutete eine grundlegende Abkehr von der Politik Stalins, der die Kybernetik als „bourgeoise Pseudowissenschaft" ablehnte, in der Einflusssphäre der Sowjetunion.

1964 wurde in der DDR ein Programm ins Leben gerufen, um die elektronische Datenverarbeitung zu fördern. In den 70er-Jahren kommt es aber zur Stagnation, die Produktion von Konsumgütern rückt in den Vordergrund. Oft werden westliche Produkte nachgebaut, zuerst die Pong-Konsole, später PCs und Heimcomputer.

Da die DDR einen mehrjährigen technologischen Rückstand aufzuholen hatte, wurde in den 80ern wieder viel Geld in die Entwicklung elektronischer Komponenten gesteckt – zu spät: 1989, kurz vor dem Ende der DDR, wurden etwa 14 Milliarden Mark (DDR) investiert, um einen 64-Kbit-Schaltkreis zu bauen. Die

Herstellung kostete pro Stück 40 Mark, der Weltmarktpreis belief sich auf 1,50 Mark.

In sieben Kombinaten wurden in der DDR Computerkomponenten hergestellt. Dabei war die DDR von Importen aus dem Westen abgeschnitten, musste also vieles selbst entwickeln oder nachbauen. Grund dafür war das Technologieembargo, mit dem die NATO-Staaten seit 1947 die Sowjetunion und ihre Verbündeten belegten. Weder Computerteile noch Fertigungsanlagen konnten in die DDR eingeführt werden. Oft versorgten Mittelsmänner aus der Schweiz oder aus Österreich die Kombinate mit Komponenten, nicht ohne sich für ihre Dienste gut bezahlen zu lassen. Das trieb die Kosten in die Höhe.

Am 15. August 1989 wurde der erste 32-Bit-Prozessor angekündigt. Die Jubelmeldung veranlasste Erich Honecker zu seinem berühmten Ausspruch: „Den Sozialismus in seinem Lauf halten weder Ochs noch Esel auf." Zwei Monate später wurde er abgesetzt.

23 Jahre zuvor sah die Welt aus DDR-Sicht noch besser aus: 1966 wurde der erste lauffähige Robotron 300, dem IBM 1401 nachempfunden, vorgestellt. Ein ganzes Gebäude ist

nötig, um die 6000 Kilogramm schwere und mindestens 150 Quadratmeter große Anlage aufzunehmen. 1973 wird die Produktion von Taschenrechnern gestartet, die Geräte werden allerdings erst im Schuljahr 1987/88 durchgängig im Unterricht eingesetzt.

Die Produktion von Heimcomputern braucht bedeutend länger: Während in den USA bereits 1977 erste betriebsfertige Modelle wie der Apple II verkauft werden, dauert es in der DDR bis 1985, bis fertige Geräte im Handel sind. Vorher gab es bereits Bausätze und eine kleine Serie von ZX-Spectrum-Nachbauten.

Großer Beliebtheit erfreute sich der Bausatz Robotron Z 1013, der preiswert und nach „nur" einem Jahr Wartezeit verfügbar war: 25.000 Stück wurden insgesamt verkauft, damit war er der verbreitetste Heimcomputer im Osten. Erwähnenswert ist, dass der Bausatz persönlich im Robotron-Geschäft in Erfurt abgeholt werden musste. Jeder Käufer musste sich selbst um ein Gehäuse kümmern, schwieriger war es aber, an eine Tastatur zu kommen.

In diese Zeit fällt auch die Fertigstellung des legendären Poly-Play, des einzigen Spielautomaten, der in der DDR hergestellt wurde. Aufgestellt wurden die Geräte in Freizeiteinrichtungen und Ferienheimen. 16 Spiele entstanden insgesamt für das Poly-Play, wobei ein Automat zwischen acht und zehn Programme fassen kann. Nur wenige der 2000 produzierten Modelle sind erhalten, heute begehrte Sammlerstücke.

Nach und nach wurden Peripheriegeräte und neue Modelle entwickelt, in Zeitungen erscheinen BASIC-Programme und Computerklubs entstanden. DDR-Versionen von im

robotron

VEB Robotron-Elektronik Riesa

Mikrorechnerbausatz Z 1013

Westen verbreiteter Bürosoftware und sogar CAD-Systeme wurden entwickelt. Diese sind allerdings deutlich weniger leistungsstark als ihre westlichen Gegenstücke und werden deshalb bereits Mitte der 80er auf West-Computer umgestellt. Die Bauakademie der DDR verwendet aufgrund der grafischen Fähigkeiten zwei Commodore 64.

1988 wird einem ausgewählten Kreis von Armeeangehörigen ein Amiga 500 vorgestellt, geboten wird bei der Vorführung durch einen Kulturoffizier der Nationalen Volksarmee der Kampfflugsimulator F/A-18 Interceptor. Zu einem Amiga haben nur sehr wenige Zugang, doch „normale" PCs stehen immer mehr DDR-Bürgern zur Verfügung: Immerhin jede fünfte Schule hat 1986 einen Rechnerpool, an Volkshochschulen werden ab 1986 Computerkurse angeboten. Dort kann man neben den Grundlagen die Programmierung in BASIC und Turbo Pascal lernen.

Abgerundet wird die ausgesprochen kurzweilige, aber nie oberflächliche Darstellung durch Erzählungen von Zeitzeugen. Als Zugaben gibt es kleine Kapitel über Schachcomputer, LCD-Spiele, utopische Literatur und Filme sowie elektronische Musik in der DDR. Der 1970 geborene Autor René Meyer kann auch auf eigene Erinnerungen zurückgreifen: Er war „computerbegeisterter Schüler in der DDR" und nimmt an den Jahrestreffen des KC-Clubs teil. ∎

Infos
René Meyer, Computer in der DDR Erfurt 2019, ISBN: 978-3-946939-74-0 148 Seiten, ca. 16 Euro

Buchtipps

Christian Pfeiler, Selene

In diesem interessanten, abgefahrenen SciFi-Roman aus der Feder des Computernerds Christian Pfeiler geht es um Aliens, Götter, Philosophie und Quantenphysik – eine ziemlich wilde Mischung.

Die Geschichte hat zwar nichts mit dem C64 zu tun, aber die vielen Bezüge auf 80er-Jahre-Filme und -Kram sind definitiv Stoff für Fans pixeliger „Lo-Tech".

Das Buchprojekt wurde in Digital Talk #107 und #108 vorgestellt und zu 100% auf alten DOS-Rechnern geschrieben.

Die beiden Bände sind auf Anfrage beim Autor Bluesman.BGM@t-online.de gedruckt (Hardcover) erhältlich bzw. stehen auf dessen Webseite im PDF-Format kostenlos zum Download zur Verfügung.

Download
http://www.bruchbach.de/selia5.pdf http://www.bruchbach.de/band2.pdf

Oliver Uschmann & Sylvia Witt, Lost Levels

Seit 15 Jahren kennt das Publikum die Bücher rund um zwei Männerfreunde, die ihr Dosenbier wie Revolver in der Seitentasche tragen und zugleich über Zwölftonmusik philosophieren. Sechs Teile erschienen bei S. Fischer und verkauften insgesamt 350.000 Exemplare, vier Hörbücher folgten.

Lost Levels erzählt nun die Vorgeschichte und spielt zwischen 1995 und 2005. Hartmut und ich lernen sich in der Schule kennen. Der eine ein Stoiker, der andere ein Revolutionär, der von der Tischtennisplatte herab das Volk mit Fischbrötchen speist und den Menschen die Vernunft mit dem Kantholz einbläuen will. Abitur. Wilde Campingreisen mit dem VW-Bus. Zivildienst und Armee. Erste Liebe. Und schließlich: Der Entschluss, eine WG zu gründen und aus Wesel nach Bochum zu ziehen. Die Handlung zwängt sich chronologisch zwischen die Zeitebenen der ersten beiden Romane *Hartmut und ich* und *Voll beschäftigt* und berichtet von bislang ungeahnten Geschehnissen.

Generelle Themen, die das Buch anschneidet, sind ferner: Freundschaft, Liebe, (misslingender) Sex, Ruhrgebiet, Niederrhein, Videospiele, Political Correctness, Söhne & Mütter, Männlichkeit, Identitätssuche.

Edition Hombrede
252 Seiten, Paperback
ca. 12 Euro bzw.
ca. 6 Euro (eBook)

Webseite
https://hombrede.de

Bücher über U.S. Gold und Ocean Software

Aufstieg und Fall zweier Imperien

Zwei Bücher gewähren tiefe Einblicke in die Funktionsweise von Softwarehäusern in den 80er-Jahren. Die beiden Werke sind schon von mehreren Jahren erschienen, zählen aber noch immer zu den besten Quellen für die Geschichte von C64- und Spectrum-Spielen.

von Georg Fuchs

Fusion Retro Books ist ein britischer Verlag, der auf Veröffentlichungen rund um Spiele und Computer aus den 80er- und 90er-Jahren spezialisiert ist. Neben dem seit 2018 alle zwei Monate erscheinenden Fusion-Magazin gibt es eine Reihe von Büchern, die sich ganz um die Hard- und Software dieser Ära drehen. Die Bücher können entweder gedruckt oder als PDF erworben werden, wobei die PDFs sehr günstig sind und in hoher Auflösung zum Download angeboten werden. Die hier vorgestellten Bücher kosten umgerechnet je ca. 2,40 Euro.

U.S. Gold. A very American, British software house von Chris Wilkins und Roger M. Kean erschien 2015. Bereits 2013 schrieben die beiden Autoren mit Ocean. The History die Geschichte eines weiteren bedeutenden Unternehmens. Die beiden Häuser haben vieles gemeinsam: Sie wurden in England gegründet, erlebten ihre Blütezeit in der 8-Bit-Ära und kämpften jahrelang um einen Spitzenplatz im britischen und internationalen Spiele-Busi-

ness. Als in den frühen 1990er-Jahren Konsolen eine Renaissance erlebten und die Epoche der Heimcomputer endete, gingen beide sang- und klanglos unter, indem sie von aufstreben den Konzernen geschluckt wurden, die einen ebenso kometenhaften Aufstieg erlebten wie Ocean und U.S. Gold ein Jahrzehnt zuvor.

U.S. Gold wurde 1984 von Geoff Brown ge gründet, als Ergänzung zu der bereits ein Jahr zuvor gegründeten Vertriebsfirma CentreSoft. Die Geschäftsidee bestand darin, Computerspiele aus den USA in Großbritannien zu verkaufen, wo sie keinen Vertrieb hatten. Das Konzept erwies sich als so erfolgreich, dass das Mini-Unternehmen in kürzester Zeit mehrfach umziehen musste, weil eine Lagerhalle nach der anderen zu klein wurde, um die Atari-Cartridges und C64-Kassetten aufzunehmen, die aus Übersee geliefert wurden. Aus dem ersehnten Umsatz von einer Mio. Pfund im ersten Geschäftsjahr wurden drei Millionen. So entstand spontan die Idee, nach dem Vorbild

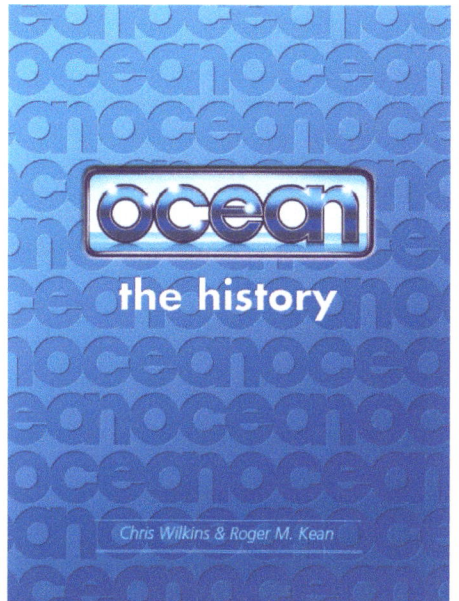
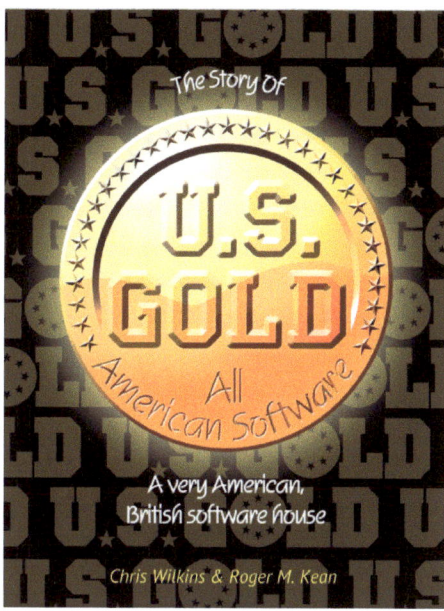

■ Zwei Bücher über zwei Softwarehäuser, die den Spielemarkt in Europa jahrelang geprägt haben

der Musikindustrie ein eigenes Label zu gründen. Es hieß „U.S. Gold – All-American Software". Die Logos von MicroProse oder Cosmi verblieben auf der Verpackung, wurden jedoch um das bekannte goldene Logo im Stil einer Goldmedaille ergänzt.

Die Lizenzgebühren betrugen anfangs 20 Prozent pro verkaufter Einheit. Bei einem typischen Preis von 5,95 Pfund für ein Spiel in Großbritannien gingen somit 1,20 Pfund an Access, Cosmi und Co. Dafür wurde eine Mindestabnahmemenge garantiert. Um profitabler zu werden, wurde der Preis pro Spiel jedoch bald auf 9,95 Pfund erhöht, was damals als großes Risiko betrachtet wurde. Schließlich mussten die Programme erst an die europäische PAL-Norm angepasst werden, was einen gewissen Aufwand bedeutete.

Die Spiele wurden mit professionell gestalteten Anzeigen in Computerzeitschriften beworben, oft auf Doppelseiten. U.S. Gold wollte Eindruck schinden und war damit erfolgreich, ohne ein eigenes Spiel auf den Markt bringen zu müssen.

Nicht nur Heimcomputertitel, auch Hits aus der Spielhalle wurden bald an U.S. Gold lizenziert. Dafür mussten sie erst heimcomputertauglich abgespeckt werden, was den Verkaufszahlen selten abträglich war. Eine wesentliche Rolle dabei spielte modernes Marketing, worin eine Stärke von U.S. Gold lag. Neuveröffentlichungen wurden nicht nur durch aufwendige Inseratenkampagnen vorbereitet, es gab auch Partys für die Spielepresse, auf denen weitere Werbedeals abgeschlossen wurden. Nicht selten waren euphorische Reviews die Folge. Auch die Idee, Spiele nicht nur in Computershops, sondern über den Zeitschriften- und Buchhandel zu vertreiben, erwies sich als profitable Idee.

■ Die kalifornische Cosmi Corporation gehörte zu den frühesten Lizenzpartnern

Erfolg mit Arcade-Titeln

Konvertierungen von populären Arcade-Automaten wurden für den Umsatz immer bedeutender, nicht nur für U.S. Gold. Absprachen mit dem Hauptkonkurrenten Ocean verhinderten, dass sich die beiden Firmen gegenseitig ins die Quere kamen und die Preise für Lizenzen in die Höhe trieben. So bot U.S. Gold für Spiele von Sega, Ocean hingegen für Automaten von Taito, Nintendo und Williams.

Neben der PAL-Konvertierung zahlreicher US-Spielen waren die Arcade-Umsetzungen bald das Kerngeschäft von U.S. Gold: 720°, Gauntlet und Out Run sind noch immer fast allen C64-Besitzern ein Begriff. Diese Spiele entstanden unter nicht ganz einfachen Bedingungen, da zur Lizenz oft keine weiteren Informationen geliefert wurden. Zuerst musste deshalb der entsprechende Automat oder das Board angekauft werden, dann wurde das Spiel einfach so gut wie möglich nachprogrammiert. So fielen viele Details weg, selbst wenn sie technisch umsetzbar gewesen wären. Levels wurden oft einfach fotografiert oder vom Bildschirm abgezeichnet. Vieles wurde einfach dem Zufall überlassen.

Auch in personeller Hinsicht war nicht immer ein Plan erkennbar, denn U.S. Gold ver-

fügte über kein hauseigenes Entwicklerteam, sondern griff auf externe Teams und Programmierer zurück. Aus Zeit- und Kostengründen arbeiteten bis zu vier Teams gleichzeitig an Konvertierungen ein- und desselben Spiels für verschiedene Systeme. Diese unverbindliche Arbeitsweise bedingte, dass die Qualität der Spiele stark schwankte. Als 16-Bit-Systeme kommerziell immer bedeutender wurden, konnten einfach neue Programmierer angeheuert werden, ohne Rücksicht auf Mitarbeiter nehmen zu müssen.

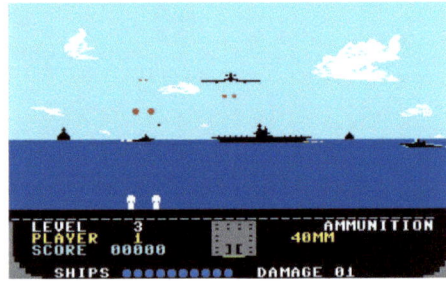

■ Beach-Head von Access Software aus Salt Lake City verkaufte sich auch in Großbritannien gut.

U.S. Gold fehlte eine Kreativabteilung, die eigenständige Spiele entwickeln konnte. Im Vordergrund standen immer US-Lizenzen und Arcade-Konvertierungen. Da es im Haus keine Programmierer gab, war der Firmenalltag rein auf Geschäftliches ausgerichtet. Dazu kam, dass viele der führenden Köpfe des Firmengeflechts persönlich kein Interesse an Computerspielen hatten.

Weltmeister im Marketing

U.S. Gold konnte viele Erfolge feiern, allerdings finden sich in der Geschichte der Firma auch einige veritable Flops. Einen besonderen Tiefpunkt markiert das offizielle Spiel zur Fußball-WM 1986 in Mexiko. England rechnete sich Chancen auf den Weltmeistertitel aus und erwartete, im fußballbegeisterten

Mutterland dieses Sports viele Exemplare absetzen zu können. Nach Kauf der kostspieligen Lizenz kam es zu einem Missverständnis, als ein Mitarbeiter mit der Umsetzung des Spiels beauftragt werden sollte, davon aber nichts erfuhr. U.S. Gold hatte zu dieser Zeit so viele Spiele in Arbeit, dass das lange Zeit nicht auffiel. So vergingen Monate, bis im Januar 1986 bekannt wurde, dass mit der Arbeit noch gar nicht begonnen worden war. Aus dem Plan, ein modifiziertes Spiel von Ocean zu verwenden, wurde nichts. Nun verblieben nur noch drei Monate bis zum Beginn der WM. Entwickler wurden wahllos mit großzügigen Angeboten überhäuft, um doch noch ein Spiel anbieten zu können. Das einzige Unternehmen, das darauf einstieg, war die in Schwierigkeiten geratene Firma Arctic, die ein zu diesem Zeit-

■ World Cup Carnival hatte das Potenzial, den Ruf von U.S. Gold zu ruinieren.

punkt bereits zwei Jahre altes Fußballspiel im Portfolio hatte – in diesen Tagen eine halbe Ewigkeit. Dieser technisch und spielerisch äußerst bescheidene Oldie wurde nur geringfügig überarbeitet, damit das Spiel noch rechtzeitig erscheinen konnte. Um den Ruf von U.S. Gold nicht komplett zu ruinieren, wurde das Spiel mit einer beeindruckenden Verpackung und mehreren Goodies versehen, um Käufern nicht das Gefühl zu geben, viel Geld für ein unbrauchbares Spiel ausgegeben zu haben. Nichtsdestotrotz gilt das Ergebnis, das un-

ter dem Namen World Cup Carnival verkauft wurde, vielen als das schlechteste Fußballspiel aller Zeiten. Zzap!64, die sonst eher großzügig wertende britische C64-Zeitschrift, gab dem Titel nur 11 Prozent. Das Spiel kann als Musterbeispiel dafür betrachtet werden, was mit Marketing möglich ist, denn trotz durchwegs unterirdischer Reviews verkaufte sich das Spiel gar nicht so schlecht.

Verflechtungen

1986 zeigte sich, dass die großen US-Softwarehäuser kein Interesse hatten, sich durch eigene Niederlassungen am europäischen Markt zu etablieren. U.S. Gold und CentreSoft füllten die Lücke und eröffneten Filialen in Deutschland, Italien, Portugal, Frankreich, Spanien und Österreich. Das Firmengeflecht wurde dabei immer unübersichtlicher. Über eine Beteiligungsgesellschaft wurde die Mehrheit an Gremlin Graphics übernommen, dazu kamen Anteile an einer Werbefirma, die auch für den Hauptkonkurrenten Ocean die Werbung gestaltete.

Als wahre Goldgrube erwies sich die Idee, erfolgreiche Spiele von Ocean und U.S. Gold gebündelt unter dem Titel „They Sold a Million" zu verkaufen. Damit wurden auch ältere Spiele noch einmal zu Goldeseln.

1987 kam ein weiteres Label für Vollpreistitel ins Portfolio, „GO!", das jedoch nach we-

■ Das Recycling von Bestsellern (hier: Match Point) war finanziell äußerst einträglich.

nigen Veröffentlichungen, darunter Trantor, wieder aus dem Verkehr gezogen wurde. Das Unterfangen wurde intern als Fehlschlag eingeschätzt. Ein Jahr später folgte ein weiteres Label namens „Kixxx", mit dem das Billig-Segment bedient wurde. Spiele von U.S. Gold und Gremlin Graphics wurden für 2,99 Pfund (4,99 Pfund für Disketten) auf den Markt geworfen. Dass es einen Markt für Billigspiele gibt, hatte das britische Label Mastertronic bereits bewiesen.

■ Unter dem Label Go! wurden auch Spiele von Rainbow Arts veröffentlicht.

Ocean setzt auf Entwicklungsabteilung
Einen ähnlichen Weg wie U.S. Gold ging Ocean. Das Unternehmen aus Manchester wurde 1982 als „Spectrum Games" gegründet, als es bereits einen kleinen Markt für Heimcomputersoftware gab. In den USA beherrschten Konsolen den Spielemarkt, während in Großbritannien die billigen Heimcomputer aus dem Hause Sinclair die Spieleszene dominierten. Aus Spectrum Games wurde 1983 die Firma Ocean, an der in den 80ern kein C64- und Spectrum-Spieler vorbeikam. Wie U.S. Gold expandierte auch Ocean nach Frankreich und in andere europäische Staaten, später auch nach Amerika.

In der Anfangszeit wurden oft Schüler angeheuert, um Spiele zu programmieren. Manchmal ging das gut, manchmal blieben Projekte unvollendet liegen. Deshalb wurde systematisch eine Entwicklungsabteilung aufgebaut. Bald arbeiteten 40 Coder im Keller des Ocean-Gebäudes in der Innenstadt von Manchester. Obwohl Ocean auf eigene Ressourcen zurückgreifen konnte, plagten das Unternehmen ähnliche Probleme wie U.S. Gold: Projekte mussten unter einem enormen Zeitdruck abgeschlossen werden, etwa weil Spiele bereits in Zeitschriften beworben wurden, bevor sie auch nur annähernd fertig waren. Neben dem eigenen Team wurden auch externe Programmierer oder Teams eingebunden.

Ocean übernimmt Imagine
In Liverpool war die kleine Firma Bug-Byte bereits seit 1980 im Geschäft. Einige Mitarbeiter gründeten 1982 ihr eigenes Softwarelabel mit dem Namen Imagine. Ein Markenzeichen von Imagine war ein großspuriger öffentlicher Auftritt, Geld schien keine Rolle zu spielen. Die Beschäftigten fuhren teure Sportwagen, sogar

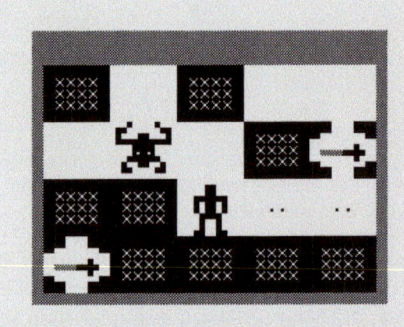

■ Ein frühes Spiel von Bug-Byte: Mazogs für den Sinclair ZX81

ein Sponsoringvertrag mit einem Rennsportteam wurde abgeschlossen. Doch das Glück währte kürzer als zwei Jahre. Imagine kündigte mehrere sensationelle „Megagames" an, die alles bisher Dagewesene weit in den Schatten stellen sollten. Psyclapse für den Commodore 64 und Bandersnatch für den Spectrum wurden bereits mit ganzseitigen Anzeigen beworben, obwohl beide Spiele nur als Ideen existierten. Gekonnt wurde in der Fachpresse ein Hype aufgebaut, jedoch schlitterte Imagine bald darauf in den Konkurs und keines der Spiele wurde fertiggestellt. (Wer ein Netflix-Abo hat, findet in der „interaktiven" Black-Mirror-Folge Bandersnatch eine spannende, wenn auch nicht allzu nah an der Realität orientierte Verfilmung vor.)

Einige Programmierer gründeten nach dem Ende von Imagine andere einflussreiche Softwarehäuser wie Denton Designs und Psygnosis. Der Name wurde 1984 jedoch von Ocean übernommen und fortan als Label für Spiele wie Mikie, Green Beret, Arkanoid oder Target:

■ Von Imagine blieb im Ocean-Imperium nur der Name, der aber bis 1989 viele Spielehits zierte.

Renegade verwendet. Mit dem klingenden Namen Imagine in der Tasche ging Ocean nun auf die Jagd nach Lizenzen für Spiele zu Kino-Kassenschlagern sowie für Arcade-Konvertierungen.

Lizenz-Pionier Ocean

Lizenz-Titel waren die wichtigste Einnahmequelle für Ocean. Das Potenzial wurde früh erkannt, so war Ocean vermutlich das erste Softwarehaus, das für das Spiel Daley Thompson's Decathlon die Rechte am Namen einer prominenten Persönlichkeit erwarb. Für das Textadventure „The Neverending Story" wurde die erste Filmlizenz erworben und einige der frühesten legalen Automaten-Umsetzungen stammen ebenfalls von Ocean. Frankie Goes to Hollywood, von Denton Design für Ocean geschrieben, war eines der frühesten Spiele, für das der Name einer Musikgruppe lizenziert wurde. (Das erste war übrigens „Journey Escape" aus dem Jahr 1982, ein Spiel zur Band Journey, das in Lotek64 #31 ausführlich vorgestellt wurde.)

Erst mit dem Erfolg des Spiels zum Film Platoon wurde den großen Filmstudios klar, dass mit Spielelizenzen auch Geld zu verdienen war. Platoon (1987) war eine Eigenentwicklung von Ocean, die sich sehr gut verkaufte. Um die Spiele gleichzeitig mit dem entsprechenden Film veröffentlichen zu können, erhielt Ocean vorab die Drehbücher und entschied, was Erfolg versprach und wovon man besser die Finger ließ. Auf Grundlage der Drehbücher musste auch entschieden werden, wie das Spiel aussehen sollte. Zu diesem Zeitpunkt war oft noch nicht abschätzbar, ob ein Film auch erfolgreich sein würde. Deshalb waren viele Filmlizenzen auch riskante finanzielle Abenteuer. Dennoch wurde aus einer solchen Lizenz das erste Spiel, von dem über eine Million Exemplare verkauft wurden: RoboCop. Es war so erfolgreich, dass danach japanische Arcade-Giganten bei Ocean

■ Filmlizenzen versprachen hohe Verkaufszahlen: Platoon (1987, hier auf einem Apple II)

■ Die C64-Fassung des Spielhallenhits Arkanoid (1987) ist auch für seine Titelmusik im Gedächtnis geblieben. An die Filmlizenz Highlander (C64-Fassung, 1986) erinnert sich niemand gerne.

eine Lizenz erwarben, um einen Automaten zu produzieren.

Hits und Flops

An Hits mangelte es Ocean nicht, auch nicht im Bereich der Arcade-Lizenzen. Gelungene oder zumindest als gelungen empfundene Heim-Versionen von Spielhallenklassikern wie Arkanoid, Hunchback, The New Zealand Story, Toki, Rainbow Islands, Chase HQ und Operation Wolf trugen zum guten Ruf der Firma bei und brachten viel Geld ein. Eine kurze Geschäftsbeziehung mit Nintendo bestand 1986, als Ocean Heimcomputer-Versionen von Donkey Kong und Mario Bros. veröffentlichte.

Weniger überzeugend waren in vielen Fällen die Filmlizenzen, die oft uninspiriert waren. Bei diesen Spielen konnte Ocean nicht auf bewährte Spielkonzepte zurückgreifen, sondern musste selbst kreativ werden. Natürlich sollten jene Elemente nicht fehlen, die dem Fernseh- oder Kinopublikum besonders in Erinnerung geblieben waren. Oft waren die Ergebnisse trotz klingender Namen enttäuschend (Highlander, Red Heat) oder uninspiriert (Miami Vice, Knight Rider). Die Spiele verkauften sich gewöhnlich trotzdem gut.

Zu einem der größten Flops der Firmengeschichte kam es, als eine Lizenz für die US-Action-Fernsehserie Street Hawk erworben wurde. Ein Programmierer wurde abgeheuert und erhielt einen Vorschuss, lieferte in der vereinbarten Zeit aber kein Spiel ab. Da vertraglich vereinbarte Fristen einzuhalten waren, wurde schließlich als Notlösung ein Defender-Klon präsentiert, welcher fristgerecht ausgeliefert wurde. Ein etwas besseres Spiel kam erst später in den Handel, allerdings nur für Spectrum. Die mit Inseraten breit beworbene C64-Fassung war beinahe fertig gestellt, als die Entwicklung beendet wurde. Die Fernsehserie wurde übrigens nach nur einer Staffel eingestellt und geriet in Vergessenheit.

Kreative Leistungen abseits von Lizenzen

Einige der besten Spiele von Ocean waren Eigenentwicklungen ohne Film- oder Arcade-

■ Meisterwerk ohne Arcade- oder Kinovorlage: Wizball (1987)

Vorlage. Das im Vietnamkrieg angesiedelte Survival-Spiel Lost Patrol ist einer der spannendsten Amiga-Titel, während Parallax und Wizball zu den unsterblichen C64-Klassikern gezählt werden können. Mit Martin Galway steuerte einer der größten Stars der SID-Programmierung regelmäßig Musik zu den C64-Versionen der Ocean-Spiele bei, wodurch auch das eine oder andere fragwürdige Programm noch einen bleibenden Wert behält – vergleichbar mit Rob Hubbards unsterblichen Soundtracks zu längst vergessenen Spielen.

Zeitdruck als ständiger Begleiter
Typisch für U.S. Gold und Ocean gleichermaßen war der extreme Zeit- und Kostendruck, unter dem die Entwickler standen. Oft wurden jugendliche Kinderzimmer-Coder angeheuert, die für wenig Geld aufwendige Spiele schreiben sollten. Die Vorgaben waren vage, und während das Spiel noch im Anfangsstadium war, wurde schon an der Verpackung und der Werbung gearbeitet. Kein Wunder, dass viele Produkte unausgegoren erschienen. Musik und Titelscreens werden oft extern zugekauft und dienten als Verkaufsargument, etwa wenn Stars wie Martin Galway oder Rob Hubbard den Soundtrack schreiben.

Offensichtlich unfertige, nicht ausreichend getestete Spiele sorgen heutzutage regelmäßig für Kritik. Käufer fühlen sich als Betatester missbraucht, die dafür bezahlt haben, ein fehlerhaftes Produkt erworben zu haben. Damals war das Problem aber weitaus größer: Während heute die Möglichkeit besteht, über das Internet Bugfixes und Updates nachzuliefern, waren Fehler in einem Spectrum- oder C64-Spiel nicht mehr zu korrigieren. Unfertige, halbherzige, fehlerhafte, bug-verseuchte, unspielbare und nicht abschließbare Spiele gab es wie Sand am Meer.

Da aus Rücksicht auf den britischen Markt fast alles zuerst für den Spectrum entwickelt wurde, wurden Grafiken einfach auf den C64 portiert, ohne dessen spezifische Möglichkeiten zu nutzen. Spielemechaniken, die schwer auf einem Heimcomputer umsetzbar waren, aber den Reiz eines Programms ausmachten,

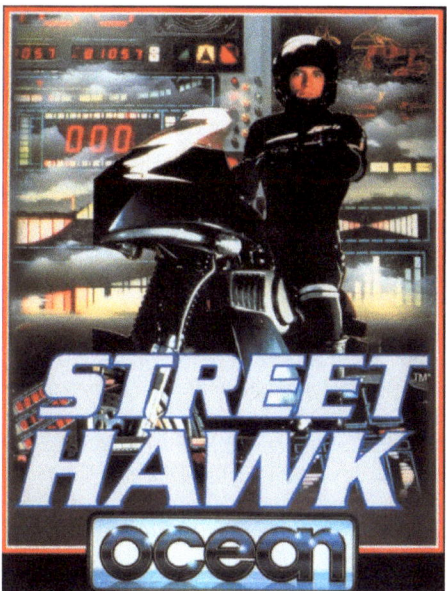

■ Die C64-Fassung von Street Hawk wurde bereits beworben, das Spiel erschien allerdings nie.

wurden ersatzlos weggelassen, man verließ sich auf klingende Namen, die potenzielle Kunden aus der Spielhalle kannten. Spiele waren ohne Cheats oft gar nicht durchspielbar, oder sie stürzten an bestimmten Stellen ab. Programme mit klangvollen Arcade- oder Kino-Referenzen im Titel waren in zahllosen Fällen so schlecht, dass sie durchaus dazu geeignet waren, der Vorlage einen Imageschaden zuzufügen.

Das Ende ist nah

Der Beginn der 16- und 32-Bit-Ära machte allen etablierten Softwarehäusern das Leben schwer. Die Entwicklungszeit für Spiele stieg, der technische Aufwand wuchs enorm. Besonders der PC war ein Sorgenkind, da auf unzählige Hardwarekonfigurationen Rücksicht genommen werden musste. Dafür konnten ganz neue Zielgruppen erschlossen werden, die nicht an Heimcomputern oder Konsolen interessiert waren.

Mit der Renaissance der Konsolen in den 90er-Jahren stiegen die Entwicklungskosten weiter, aber auch die Qualitätsansprüche. Während bei 8-Bit-Spielen zwischen Idee und Veröffentlichung nur wenige Wochen lagen, dauerte es bei Konsolenspielen, die auf Cartridges erschienen, mindestens neun Monate länger. Mit reiner Masse konnte man nicht mehr marktbeherrschend bleiben.

Die 8-Bit-Systeme, mit denen U.S. Gold und Ocean groß geworden waren, spielten wirtschaftlich keine Rolle mehr. Neue, finanzkräftige Giganten machten den Dinosauriern der 80er das Leben schwer und verschluckten sie schließlich, manchmal über Umwege. U.S. Gold machte seine Türen 1996 zu und wurde zusammen mit CentreSoft von Eidos Interactive übernommen. 2005 wurde das Unternehmen zu Square Enix Europe, nicht ohne zuvor mit Domark und Core Design weitere Größen der Heimcomputer-Ära verschlungen zu haben.

Ocean existierte zwar technisch betrachtet noch bis 2009, wurde aber bereits 1996 von Infogrames gekauft und in „Infogrames UK" umbenannt. 2001 schluckte Infogrames in der Folge Hasbro Interactive, den Inhaber der Namensrechte an Atari. 2003 benannte sich Infogrames, Inc. dann in Atari, Inc. um und aus Infogrames UK wurde schließlich Atari UK.

Fazit

Die Darstellung der alltäglichen Realität in der Frühzeit der Softwareindustrie straft sämtliche Klischees Lügen. Das vermeintlich romantische Zeitalter der Spieleentwicklung war wohl für einige Unter-20-Jährige ein spannender und manchmal auch finanziell einträglicher Ausflug in die Branche. Endlose Arbeitstage bei schlecht bezahlten All-in-Verträgen, um ein formelhaftes, uninspiriertes Spiel gerade noch rechtzeitig fertigzustellen, damit der bereits angekündigte Erscheinungstermin eingehalten werden kann, sind alles andere als ein neues Phänomen. Das ist eine wichtige Erkenntnis, die beide Bücher vermitteln.

Die ausführlichen und schön gestalteten Bände geben tiefe, wenn auch durch subjektive Darstellungen der Protagonisten gefärbte Einblicke in die Welt der (vor allem britischen) Softwarehäuser in den 1980er-Jahren. Abgerundet werden die Bücher durch eine umfangreiche Zusammenstellung von Interviews mit Personen, die damals im Zentrum des Geschehens standen: Programmierer, Manager, PR-Leute, Grafiker, Musiker. ∎

Fusion Retro Books
PDF-Download https://fusionretrobooks.com/collections/pdf
Bücher https://fusionretrobooks.com/collections/ retro-books

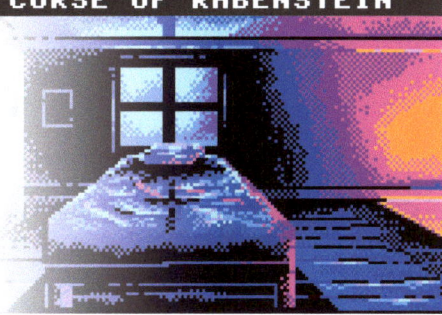

Text/Grafik-Adventure im Retro-Format

The Curse of Rabenstein

Im März 2020 ist ein Adventure erschienen, das aus mehreren Gründen verblüfft.

von Georg Fuchs

Textadventures gehörten in den 80er-Jahren zu den populärsten Genres auf Heimcomputern und PCs. Sie liefen auf Systemen, die nicht auf die Wiedergabe von Grafik ausgerichtet waren, boten oft langes Spielvergnügen und wurden immer besser darin, die Eingaben der Spieler zu deuten. Während das US-Softwarehaus Infocom auf Purismus setzte und den Kauf seiner Titel mit fantasievollem Zubehör versüßte, spendierten viele andere Firmen ihren Abenteuern Illustrationen. Das half bei der Orientierung im Spiel und bot eine zusätzliche Motivation, selbst wenn es sich um einfache Grafiken handelte. Manche Softwarefirmen boten optische Meisterwerke, um sich von der Konkurrenz abzuheben, es sei an die englischen Studios Level 9 Computing und Magnetic Scrolls erinnert.

Die kommerzielle Ära dieser Spiele endete, als Point-&-Click-Adventures ihren Siegeszug antraten. Text/Grafik-Adventures sind heute selten gesehene Ausnahmeerscheinungen, und wenn plötzlich eines auftaucht, bei dem Genre-Fans mit etwas weiter zurückreichendem Gedächtnis sofort Magnetic Scrolls in den Sinn kommt, dann sind Vorfreude und Begeisterung durchaus angebracht.

The Curse of Rabenstein, das im April am Radar auftauchte, überrascht nicht nur durch seine klassische Aufmachung. Das von Stefan Vogt – ihm verdanken wir auch das hochgelobte Textadventure Hibernated (2018) – programmierte Spiel läuft nicht nur auf dem guten alten C64, sondern auf einer Reihe klassischer Systeme: Neben der C64-Fassung gibt Versionen für Plus/4, Sinclair ZX Spectrum, Schneider CPC, MS-DOS, Atari ST und Amiga. Wer keines dieser Geräte sein Eigen nennt und sich nicht mit Emulatoren beschäftigen möchte, kann auch auf eine Version zurückgreifen, die in jedem Browser (mit Javascript) läuft.

The Curse of Rabenstein erinnert optisch tatsächlich stark an die Spiele von Magnetic Scrolls. Der obere Teil des Bildschirms wird von stimmungsvollen Bildern eingenommen, der untere Bereich gehört dem Text. Wie man aus dem Namen schließen kann, ist das Spiel in englischer Sprache gehalten, spielt aber in Deutschland – genauer gesagt im Schwarzwald, und das in einer Zeit, in der man noch mit Pferdekutschen reiste.

Über die Handlung wird vor Spielbeginn nichts verraten, man wird ins Geschehen gestoßen und muss sich dann orientieren. Das ist Teil des Spielerlebnisses, deshalb wird an dieser Stelle auch nicht mehr verraten – außer dass es ein düsteres Spiel mit düsteren Bildern ist, die meisterhaft in Szene gesetzt wurden, besonders auf den 8-Bit-Computern. Mir persönlich haben von den angespielten Versionen (Browser, C64, Plus/4, Amiga) die Bilder der Plus/4-Fassung am besten gefallen: Der TED-Chip lässt mit seiner größeren Farbpalette in diesem Fall nicht nur den C64 hinter sich, sondern auch sämtliche jüngeren Computer.

Anders als die Spiele von Magnetic Scrolls ist der Parser nicht immer sehr entgegenkommend. Er hört auf Zwei-Wort-Sätze und ist wählerisch, die richtige Idee führt nicht immer sofort zum Erfolg. Das ist aber nicht weiter schlimm, denn der größte Stressfaktor klassischer Adventures fällt weg: Obwohl The Curse of Rabenstein ein Horror-Adventure ist, kann man in diesem Spiel nicht sterben. Das macht es auch überflüssig, ständig Spielstände zu sichern, was besonders auf 8-Bit-Systemen viel Wartezeit spart.

Auch wenn das Spiel nicht allzu groß dimensioniert ist, sollte man nicht damit rechnen, es schnell durchspielen zu können. Die Rätsel sind, soweit das im Test zu beurteilen war, lösbar, aber nicht ohne Mühe. Sackgassen, das verspricht der Autor, gibt es keine.

The Curse of Rabenstein gibt es für alle genannten Systeme in einer schön gestalteten Box. Wer sich mit einer rein digitalen Version begnügt, darf das Spiel auf der unten genannten Webseite kostenlos herunterladen oder einen Preis nach eigenem Ermessen festlegen. ∎

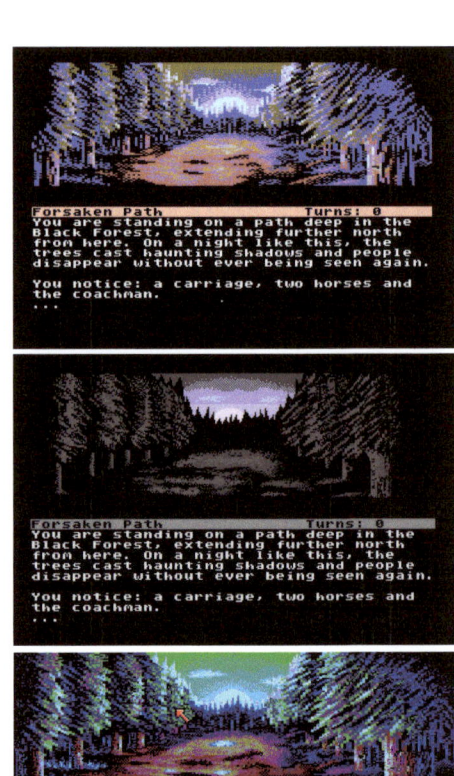

Links: The Curse of Rabenstein

Seite des Spiels
https://8bitgames.itch.io/rabenstein

Puddle Software
http://puddlesoft.net

Collector's Edition:
https://www.polyplay.xyz/navi.php?qs=Rabenstein

∎ Das erste Bild im Vergleich:
C64, Commodore Plus/4, Amiga, Browser

Quellcode einrücken in C64-BASIC V2

Auf den Doppelpunkt gebracht

In vielen modernen Programmiersprachen ist es üblich, dass Quellcode zur besseren Les- und Wartbarkeit eingerückt wird. In Python ist es Pflicht. Durch einen simplen Doppelpunkt erreicht man das Einrücken von Quellcode auch auf dem C64 mit V2-Basic.

Gastbeitrag von Holger Vehrs

Ungewohnt war das Bild, das sich mir beim Anblick eines V2-Basic-Listings mit eingerücktem Quellcode plötzlich bot: Zu sehr hatten sich die Bilder von Listings mit vollgestopften Zeilen, wie es sie seit nunmehr 38 Jahren auf dem C64 gibt, in mein Gedächtnis eingebrannt.

Eher durch Zufall fiel mir kürzlich beim Nutzen des VICE-Emulators ein Verhalten des V2-Basic auf, das mir persönlich bislang völlig unbekannt war: Durch einen simplen Doppelpunkt nach der Zeilennummer lässt sich der darauffolgende Quellcode mit Leerzeichen einrücken. Ganz entgegen meiner Erwartung werden diese Leerzeichen beim erneuten Auflisten nicht ignoriert. Ebenso „überlebt" die eingerückte Formatierung das Speichern und neu Laden.

Sofort begann ich mir vorzustellen, wie wohl ein V2-Basic-Listing der 80er-Jahre damit ausgesehen hätte. Mangels Schleifen-

befehle müsste eher nach Bezug eingerückt werden. Der FOR-Befehl ist ja „von Haus aus" mehrzeilig darstellbar, hier ergibt sich eingerückt sofort ein Aha-Effekt.

Noch interessanter wird es beim Versuch, einen IF/THEN/ELSE-Befehl mehrzeilig mit FOR-Schleife im TRUE-Bereich eingerückt abzubilden. Der IF-Befehl ist im V2-Basic nur einzeilig ausgelegt. Auch gibt es kein ELSE. Dies lässt sich dennoch ganz gut simulieren. Man muss dem Ganzen hier natürlich mit (in moderneren Programmiersprachen meist unnötigen oder gar nicht erst existierenden) GOTO-Befehlen auf die Sprünge helfen (denn ein ENDIF gibt es ebenfalls nicht):

```
10 :IF X=1 THEN 12
11 :  GOTO 18
12 :  PRINT "HURRA X IST 1"
13 :  FOR M=1 TO 20
14 :    PRINT "M IST JETZT ";M
15 :  NEXT
16 :  GOTO 21
17 :
18 :  PRINT "--FALSE/ELSE BEREICH--"
19 :  PRINT "X IST LEIDER NICHT 1"
20 :
21 :PRINT "IF/ELSE BEREICH ZU ENDE"
```

Laut Wikipedia sind die möglichen Leerzeichen nach dem Doppelpunkt schon bekannt. Dennoch frage ich mich, ob Commodore sie überhaupt auf dem Schirm hatte. Im Handbuch wird es nicht thematisiert. Es wäre aber auch nicht das erste Mal, dass sich ein Bug in der Commodore-64-Architektur früher oder später als nützliches Feature erweist. ∎

Commodore-Treffen Graz $32

Ein Mehrfachjubiläum

Wie mit 8 Bits und 2 Carrys vielerlei runde Anlässe gefeiert und freudig zelebriert wurden – zehn Jahre CTG

von Martinland

Zehn Jahre nach dem ersten Commodore Treffen Graz (CTG) am österreichischen Nationalfeiertag 2010 konnte am 24. Oktober 2020 das CTG$32, somit gleichzeitig das 50. seiner Art, in gewohnt entspannt-gemütlicher Weise stattfinden (wie auch das Treffen im Juni und Ende August das C=-Meeting/Grillen in Wien). Während des üblichen (diesmal faszinierend reibungslosen) Aufbaus ab 16:00 Uhr erschienen bereits die ersten Besucher, lauschten dem C64 beim „Commodore-Café" beziehungsweise stießen auf's Wiedersehen und Kommendes an.

Diesem würdigen Auftakt folgte die Darbietung von LMans „SID Chip Club", währenddessen per „Crudla"-Taxi unsere gleichnamige, jahr-zehntelange Spielkameradin beim CTG (sowie in den eigenen vier Wänden) eingeflogen, so-dann als Ehrengast willkommen geheißen und sogleich in einer nostalgischen Runde Lotus Esprit Turbo Challenge mit Flexman involviert ward. Anschließend an die ebenso traditionelle Pizza-Bestellung in der nun vollzähligen Runde aus 8 Grazer „Bits" und 2 „Carrys", welche dank Flexman nahtlos aus Kärnten zugeschal-tet waren, wurde das Koalamin V2.0 passend zum 100-jährigen Geburtstag des Theremins aus der Taufe gehoben und demonstriert.

Daraufhin erlebten wir erstmalig ei-nen spannenden, da knapp entschiedenen PETSCII-Bewerb und den Crack (!) eines „Bratwurst"-Bildes; den emotionalen Kern jedoch bildete das Anschneiden der CTG/ML-Geburtstagstorte samt einer „C"-Wachskerze vom CTG-Grillen aus den ersten Jahren. Nach der unvermeidlichen Sichtung historischen Bildmaterials ließ eine Lieblingsrunde „Quad-tron" für und mit Crudla den Abend allzu kurz-weilig ausklingen...						∎

■ Crudla und Flexman im Spie(ge)l der Jahrzehnte

Commodore Meeting Wien 2020

Freilufttreffen trotz(te) Corona

Es ist traurig: Durch Covid-19 konnten in den letzten Monaten auch die meisten Veranstaltungen der Retro-Szene nicht stattfinden. Das C=Meeting in Wien, das älteste Treffen dieser Art in Österreich, fand am 29. August 2020 dennoch statt. Möglich wurde das durch die Umwandlung in eine Freiluftveranstaltung.

Statt die Köpfe hängen und die Computer im Keller zu lassen, wurde hin- und hergetüftelt, wie ein Treffen dennoch zu arrangieren sein könnte. Die Teilnehmer waren angehalten, sich bei zu großem Andrang einen Mund-Nasen-Schutz anzulegen und sich für den Fall der Fälle in eine Tracing-Liste einzutragen. Da Indoor-Veranstaltungen einer Beschränkung auf zehn Personen unterlagen, wurde das C=Meeting einfach ins Freie verlegt.

So wurde es trotz aller Einschränkungen wieder ein schönes Erlebnis, 8-Bit-Freunde nicht nur im Rahmen einer Videokonferenz zu treffen. Thomas Dorn, der seit vielen Jahren Organisator und Gastgeber der jährlich stattfindenden Veranstaltung ist, sorgte ab 14 Uhr für zwei große, luftige Zelte, die Schutz vor der Witterung boten. Das stellte sich auch als

dringend nötig heraus, denn an diesem durchwachsenen Sommertag wechselten sich Sonnenschein und Regen mehrfach ab, dennoch blieben Besucher und Geräte trocken.

Ein Grill stand ebenso bereit. So wurde auch kulinarisch einiges geboten, damit die Besucher Kraft für Fachsimpelei und Höchstleistungen bei Spieleklassikern tanken konnten. Um 21 Uhr wurden die Zelte wieder abgebaut, bald verließen die letzten Gäste die Kerpengasse. Kurz darauf folgte ein heftiges Gewitter, aber da waren die meisten auf dem Heimweg und die Computer im Trockenen. ∎

Fotos: Peter Urban (l.), Thomas Dorn (u.)

Januar 2020

06.01.2020

Nach acht Jahren Entwicklungszeit wurde das Fan-Adventure **Zak McKracken goes looking for Hot Coffee** (in several wrong places) veröffentlicht, ein Nachfolger von Zak McKracken and the Alien Mindbenders sowie ein Prequel von Zak McKracken – Between Time and Space. Das Spiel kann kostenlos heruntergeladen werden (1 GB).

https://ogni-xr21.itch.io/zak-mckracken-goes-looking-for-hot-coffee-in-several-wrong-places

Die Macher des Fan-Adventures „Indiana Jones – Raiders of the Seven Cities of Gold" haben ein neues Mini-Game mit dem Titel „**Indiana Jones and the Relic of the Viking**" veröffentlicht.
https://www.raidersofthesevencities.com/

07.01.2020

Der Wiener Gaming-Shop **Subotron** sperrt nach 15 Jahren zu.
https://www.derstandard.at/story/2000113000347/wiener-gaming-shop-subotron-sperrt-nach-15-jahren-zu

Technische Informationen über den Amiga-Klassiker **Another World**:
http://fabiensanglard.net/another_world_polygons/index.html

14.01.2020

„Es gab nicht nur Atari" – Mattel **Intellivision**:

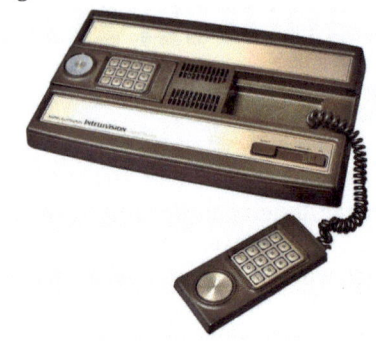

https://blog.hnf.de/es-gab-nicht-nur-atari-mattel-intellivision/

27.01.2020

Katabatia, ein C64-Spiel im Rogue-Stil, ist erschienen:
https://www.lemon64.com/forum/viewtopic.php?p=901373

28.01.2020

ReDoomEd für Mac/Linux/BSD (BETA) – eine Portierung von „DoomEd", dem Map-Editor von id Software, für NeXTSTEP (1993):
http://twilightedge.com/mac/redoomed/

Februar 2020

03.02.2020

The Lords of Midnight und **Doomdark's Revenge** gibt es jetzt kostenlos auf GOG.

https://www.gog.com/news/bzwei_klassiker_ab_jetzt_gratis_auf_gogcom_erhaltlichb

04.02.2020
Nach 20 Jahren ist der „**Madden-Fluch**" endlich Geschichte.
https://www.derstandard.at/
story/2000114150259/nach-20-jahren-ist-
der-madden-fluch-endlich-geschichte

„Big Brother mit Tastatur": 20 Jahre **Die Sims**
https://www.heise.de/newsticker/
meldung/20-Jahre-Die-Sims-Big-Brother-mit-
Tastatur-4652533.html

09.02.2020
Von Bodyman 1, ein US-amerikanisches Lernprogramm mit Informationen zur menschlichen Anatomie für den C64, wurde ein Crack mit PAL-Fix veröffentlicht.

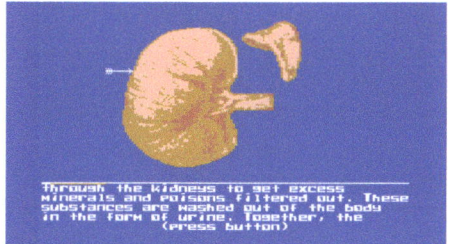

https://www.forum64.de/index.
php?thread/98554-bodyman-1-1985-
nanosec/

Mit einem Tool kann mit den Originaldisketten die C64-Version von **Ultima V** in ein Easy-Flash- oder 1581-Image umgewandelt werden. Damit entfallen die vielen Diskettenwechsel und lange Ladezeiten. Es funktioniert nur mit der nicht kopiergeschützten PAL-Version.
https://www.lemon64.com/forum/viewtopic.
php?t=74029

Relentless 64, eine C64-Konvertierung des CPC-Shoters Relentless aus dem Jahr 2013, kann kostenlos heruntergeladen werden:
https://rgcddev.itch.io/relentless-64

V1541Commander V1.1, ein Tool zum Bearbeiten von 1541-Diskettenimages für Windows:
https://www.forum64.de/index.
php?thread/98773-v1541commander-tool-
f%C3%BCr-1541-disk-images-d64/

Fire!, eine C64-Konvertierung des Game & Watch-Klassikers aus dem **Jahr** 1980, wurde mit Trainer und Hiscore-Saver veröffentlicht.

https://csdb.dk/release/?id=187347

22.02.2020
BBC-Artikel über die chinesische Informatikerin **Xia Peisu (1923-2014)**, die 1958 die Entwicklung von Chinas erstem Computer leitete und als „Mutter der Informatik in China" gefeiert wurde.
https://www.bbc.com/future/
article/20200219-xia-peisu-the-computer-
pioneer-who-built-modern-china

März 2020

03.03.2020
45 Jahre Homebrew Computer Club, der Club der selbstgestrickten Computer:
https://blog.hnf.de/der-club-der-
selbstgestrickten-computer/

Im VHS Vault des Internet Archive wurden bereits über **20.000 digitalisierte VHS-Kassetten** hochgeladen.
https://www.heise.de/newsticker/meldung/

Internet-Archive-Ueber-20-000-digitalisierte-VHS-Kassetten-hochgeladen-4671926.html

18.03.2020
The Curse of Rabenstein, ein neues C64-/Plus4-/Spectrum-/Amiga-/ST-/PC-Adventure im Stil der Spiele von Magnetic Scrolls: https://8bitgames.itch.io/rabenstein

25.03.2020
Ein Paar für Angestellte angefertigte **Apple-Turnschuhe** aus den frühen 1990er-Jahren wurden um umgerechnet etwa 9.200 Euro versteigert.

https://www.derstandard.at/story/2000116161289/fuer-angestellte-angefertigte-apple-turnschuhe-um-10-000-euro-versteigert

Ein **NES-Motherboard** für die Open-Source-Generation: https://hackaday.com/2020/03/22/a-nes-motherboard-for-the-open-source-generation/

Dem Shooter **Doom Eternal** liegt ein Remake von Doom 64, der exklusiven Nintendo-64-Version, bei. Das Remaster bleibt dem seinerzeit eher ungeliebten Original treu.

https://www.heise.de/newsticker/meldung/Doom-64-Eine-Nacht-im-Shooter-Museum-4689805.html

April 2020

05.04.2020
Das an Ultima erinnernde C64-Spiel **Hired Sword 2** ist bei Doublesided Games als Download erhältlich und kostet, je nach Variante, zwischen 9 Euro (Download) und 33 Euro (Box mit Stoff-Karte).

https://doublesidedgames.com/shop/commodore/commodore-64/hired-sword-2/

Ghost Town 64, eine Konvertierung des C16/116/Plus4-Spiels aus dem Jahr 1985, wurde vom Coder kostenlos zum Download bereitgestellt.

https://www.forum64.de/index.php?thread/101200-ghost-town-64/

Giana Sisters Junior +2, eine aufgrund ihres geringen Schwierigkeitsgrades entspannende Variation des Klassikers:

https://csdb.dk/release/?id=189511

14.04.2020
Kobo64, ein Retro-Shooter mit von Lightforce inspiriertem Soundtrack und verbesserungsfähiger Scrolling-Routine, wurde veröffentlicht.
https://rgcddev.itch.io/kobo64

15.04.2020
Finnland nimmt die **Demoscene** in der nationalen UNESCO-Liste des immateriellen Kulturerbes auf.
http://demoscene-the-art-of-coding.
net/2020/04/15/breakthrough-finland-accepts-demoscene-on-their-national-list-of-intangible-cultural-heritage-of-humanity/

17.04.2020
Das Spiel **Amok** wurde im Rahmen der CSDB C64 Lockdown 2020 Fun Compo veröffentlicht. Es besteht aus Demoeffekten und ist „irgendwie mal etwas ganz anderes".

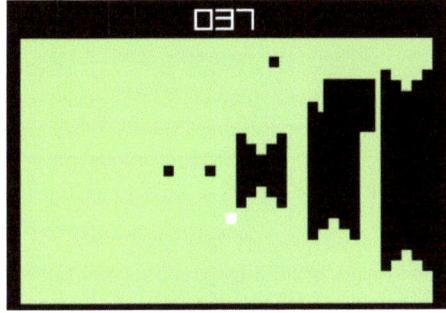

https://csdb.dk/release/?id=190005

Mai 2020

05.05.2020
Die Geschichte von **Lochkarten** und -streifen:

https://blog.hnf.de/loecher-im-streifen/

Der Quellcode der **Wii- und N64-Konsolen** von Nintendo ist im Netz aufgetaucht.
https://www.heise.de/newsticker/meldung/
Nintendo-Leaks-Code-von-Wii-und-N64-im-Netz-aufgetaucht-4714173.html

Vor 20 Jahren sorgte der „I LOVE YOU"-**Wurm** weltweit für Angst und Schrecken.
https://www.heise.de/newsticker/meldung/
Vor-20-Jahren-Ein-verliebter-Wurm-umrundet-die-Welt-4713566.html

Die **Playstation Classic** als Universal-Retrokonsole:
https://www.heise.de/ct/artikel/Playstation-Classic-als-Universal-Retrokonsole-4704916.
html

06.05.2020
Fans veröffentlichten eine PC-Version des Nintendo-64-Kultspiels **Super Mario 64**.
https://www.derstandard.at/
story/2000117296624/fans-veroeffentlichen-pc-version-von-kultspiel-mario-64

Dosbox-Staging 0.75.0 ist eine Entwicklerversion/Fork der Dosbox, die neue Funktionen einführt.
https://dosbox-staging.github.io/v0-75-0/

12.05.2020
Vor 79 Jahren stellte Konrad Zuse seine **Rechenmaschine Z3** vor, die als erster Digitalcomputer gilt. Sie wurde 1943 bei einem Bombenangriff zerstört.
https://www.heise.de/newsticker/
meldung/Zahlen-bitte-Z3-Eine-Tonne-Fortschritt-4719212.html

Pi-Dentity, ein Spiel für den Sinclair ZX Spectrum, kann kostenlos heruntergeladen werden.

https://fusionretrobooks.com/products/pi-dentity

19.05.2020
Die 100 Auftritte der blinkenden Lichter, oder:
die Filmkarriere von **IBM AN/FSQ-7**:
https://www.heise.de/newsticker/meldung/
Zahlen-bitte-Die-100-Auftritte-der-
blinkenden-Lichter-4723998.html

22.05.2020
Pac-Man feiert seinen 40. Geburtstag mit neu-
en Spielen.

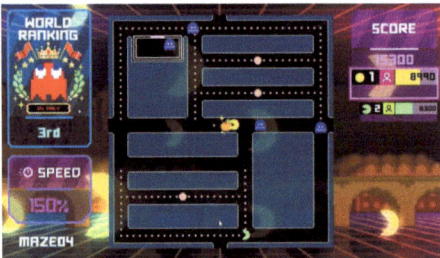

https://www.heise.de/news/40-Geburtstag-
Pac-Man-wird-auf-Twitch-zum-Multiplayer-
Spiel-4726559.html
https://www.golem.de/news/twitch-
amazon-legt-pac-man-mit-level-editor-und-
mehrspieler-neu-auf-2005-148649.html
https://www.derstandard.at/
story/2000117642113/pac-man-feiert-
seinen-40-geburtstag-mit-neuen-spielen

Nach 30 Jahren spielen noch immer 35 Millionen Windows-Nutzer **Solitaire**.
https://www.golem.de/news/microsoft-
solitaer-wird-30-solitaer-stiehlt-
seit-30-jahren-mittagspausen-in-
bueros-2005-148663.html
https://www.derstandard.at/
story/2000117635511/microsoft-solitaire-
30-jahre-alt-und-noch-immer-35-millionen

Microsoft legt den Quellcode für **GW-BASIC**-
Interpreter aus dem Jahr 1983 offen.
https://www.heise.de/news/Microsoft-
legt-Sourcen-fuer-GW-BASIC-Interpreter-
offen-4726428.html
https://www.golem.de/news/computer-
geschichte-microsoft-veroeffentlicht-gw-
basic-quellcode-von-1983-2005-148653.html
https://devblogs.microsoft.com/command-
line/microsoft-open-sources-gw-basic/

EA veröffentlich den Quellcode von **Command
& Conquer: Remastered Collection**.
https://www.heise.de/news/EA-
veroeffentlich-den-Quellcode-der-Command-
Conquer-Remastered-Collection-4726262.
html

24.05.2020
KC compact, der letzte Heimcomputer der
DDR:

https://www.heise.de/news/KC-compact-Der-
letzte-Heimcomputer-der-DDR-4727438.html

1581replica, Gotek1581, 1581-PC-Drive-Ad-
apter:
https://www.forum64.de/index.
php?thread/102472-1581replica-gotek1581-
1581-pc-drive-adapter/&pageNo=1

1351 Adapter-Platine:
https://www.forum64.de/index.
php?thread/102536-1351-adapter-platine/

Commodore 64, „The C64" Maxi und C64Pi im Vergleich (Video):
https://youtu.be/7ROK3L04oH

26.05.2020
BeamRacer, eine neue Erweiterungskarte für den C64, kann für 149 Euro bestellt werden.

https://beamracer.net/site/

26.05.2020
350 Jahre **Dualsystem**
https://blog.hnf.de/350-jahre-dualsystem/

Juni 2020
01.06.2020
40 Jahre **ARD Text**:
http://www.tagesschau.de/multimedia/
bilder/teletext-geburtstag-101.html
https://www.heise.de/news/40-Jahre-
Videotext-Fakten-nichts-als-Fakten-4770509.
html

02.06.2020
Vor 20 Jahren ebnete die Absage der CeBIT Home 2000 der **Games Convention** den Weg.
https://www.heise.de/news/Vor-20-Jahren-
Die-Absage-der-CeBIT-Home-2000-ebnet-
den-Weg-zur-Games-Convention-4770549.
html

PowerPC Solaris auf einem RS/6000:
https://virtuallyfun.com/
wordpress/2020/05/28/powerpc-solaris-on-
the-rs-6000/

08.06.2020
Das verloren geglaubte Spiel **Sim Refinery** von Maxis aus dem Jahr 1992 ist wieder aufgetaucht.
https://www.golem.de/news/simrefinery-
verlorenes-sim-spiel-von-maxis-wieder-
aufgetaucht-2006-148944.html

16.06.2020
Der **Windows Explorer** im Wandel der Zeit:
https://gekk.info/articles/explorer.html

Erinnerungen an **Windows 2000**, Microsofts vergessenes Meisterwerk:

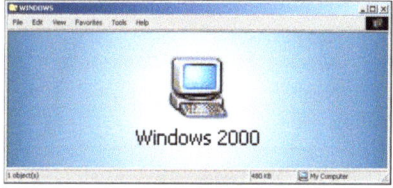

https://www.howtogeek.com/676095/
remembering-windows-2000-microsofts-
forgotten-masterpiece/

25.06.2020
The Last Amazon Trilogy, eine Sammlung von SEUCK-Spielen für den C64, kann kostenlos heruntergeladen werden.
https://psytronik.itch.io/amazon

Unix: „Ein Betriebssystem in 8 KByte"
https://www.golem.de/news/unix-wird-50-
die-wilde-jugend-von-unix-2006-149027.html

Ein **Computer nach Vorschrift**:
https://blog.hnf.de/ein-computer-nach-
vorschrift/

Juli 2020

01.07.2020
Wie schlägt sich die **Playstation Classic** als un-
vierselle Retro-Konsole im Vergleich mit einem
Raspberry Pi 4?
https://www.techstage.de/ratgeber/
Retro-Gaming-Playstation-Classic-oder-
Rasperry-4-4799961.html

Vor 50 Jahren eröffnete das Forschungszent-
rum **Xerox PARC**.
https://www.heise.de/news/Vor-50-Jahren-
Xerox-eroeffnet-das-Forschungszentrum-
PARC-4800890.html
https://blog.hnf.de/happy-birthday-xerox-
parc/

13.07.2020
Ein originalverpacktes Exemplar von **Super
Mario Bros.** wurde für umgerechnet etwa
98.000 Euro versteigert.
https://www.heise.de/news/Super-Mario-
Bros-Videospiel-fuer-Rekordsumme-
versteigert-4841624.html

**LEGO 71374 Nintendo Entertainment Sys-
tem**: Die Konsole wurde als exklusives Set veröffentlicht.
https://www.stonewars.de/news/lego-71374-
nintendo-entertainment-system-offiziell-
vorgestellt/

14.07.2020
Das verschollene C64-Version von **Joust** von
Atarisoft aus dem Jahr 1984 wurde gefunden
und über GTW64 veröffentlicht.
https://www.gamesthatwerent.com/gtw64/
joust/
https://csdb.dk/release/?id=193486

31.07.2020
Eine Reise durch vier Jahrzehnte Videospiel-
Cheats:

https://www.heise.de/tests/Von-XYZZY-bis-
IDKFA-Eine-Reise-durch-vier-Jahrzehnte-
Videospiel-Cheats-4857939.html

Beyond a Steel Sky, der Nachfolger von
Beneath a Steel Sky, wurde auf Steam
veröffentlicht.
https://store.steampowered.com/
app/1146310/Beyond_a_Steel_Sky/

August 2020

01.08.2020
Mit Outwars, The Immortal, Super 3-D Noah's
Ark, Pushover, Daemonsgate, Summer & Winter: Olympic Challenge sind einige **Spieleklassiker** wieder auf Gog.com erhältlich.
https://www.gog.com/news/b7_
spieleklassiker_fur_machtig_spass_am_pcb

15.08.2020
Das Projekt „**Portable Commodore 64**" macht
Fortschritte.
https://www.artstation.com/blockmind/blog/
Dyp3/portable-commodore-64-some-progress

Das katzenlastige Puzzlespiel **Boxymoxy** kann
im C64-Cartridge-Format kostenlos oder für
einen selbst bestimmbaren Preis heruntergeladen werden. Die Box ist bereits ausverkauft.

https://brokenbytes.itch.io/boxymoxy

24.08.2020
Vor 25 Jahren sorgte **Windows 95** für einen
PC-Boom.

https://www.heise.de/news/Start-Me-Up-Windows-95-loeste-vor-25-Jahren-den-PC-Boom-aus-4875101.html

---

31.08.2020
Für das in Lotek64 #60 vorgestellte Adventure **METHODIST** wurde eine Komplettlösung veröffentlicht:
https://www.forum64.de/index.php?thread/96266-methodist-l%C3%B6sungsweg/&pageNo=6

September 2020
04.09.2020
Vor 25 Jahren war **eBay** Pionier der Online-Handelsplattformen.
https://www.heise.de/newsticker/meldung/25-Jahre-eBay-Handelsplattform-mit-leichten-Gebrauchsspuren-4884377.html

---

„ZX Spectrum Next Issue 2" sammelte auf Kickstarter mehr als 1,8 Mio. GBP für einen vollständig mit den Modellen Spectrum 48, 128, +2, +3 und auch einigen Klonen kompatiblen Computer.
https://www.heise.de/news/Sinclair-ZX-Spectrum-als-Kickstarter-Projekt-4883876.html

---

06.09.2020
Die **Turrican Collectors Edition** erscheint zum 30. Geburtstags des legendären Shooters für Nintendo Switch und PS4, die Preise reichen von 35 bis 200 Euro.
https://www.eurogamer.de/articles/turrican-rueckkehr-30-geburtstag-nicht-guenstig-news

---

07.09.2020
Der Programmierer Foone hat einen **Schwangerschaftstest** modifiziert, um darauf Doom zu spielen.
https://mashable.com/article/pregnancy-test-doom/

14.09.2020
Erstmals seit den 80er-Jahren wurde in den USA mit **Schallplatten** ein höherer Umsatz erzielt als mit CDs.
https://www.golem.de/news/usa-erstmals-seit-den-80ern-mehr-umsaetze-mit-platten-als-mit-cds-2009-150843.html
https://www.derstandard.at/story/2000119983185/schallplatten-ueberholen-cds-erstmals-seit-den-1980ern

---

20 Jahre Microsoft **Windows ME** – ein Unfall der Geschichte:
https://www.heise.de/news/20-Jahre-Microsoft-Windows-ME-ein-Unfall-der-Geschichte-4892729.html

---

Auf GOG sind weitere Spieleklassiker erschienen, unter anderem die **Les-Manley-Reihe**:
https://www.gog.com/news/berlebe_unvergessliche_reisen_mit_diesen_7_neu_veroffentlichten_spieleklassikernb

---

Von **Jay Miner** wurde eine seltene Audio-Aufnahme aus dem Jahr 1990 gefunden.
https://www.youtube.com/watch?v=n-MqC35aWrQ
https://www.forum64.de/index.php?thread/106246-seltene-audio-aufnahme-von-jay-miner-gefunden/

Fallen, ein von Rogue inspiriertes C64-Spiel in BASIC:

https://zapakitul.itch.io/fallen-a-basic-roguelike-for-the-c64

Neues, kostenloses C64-Spiel: In **Freaky Fish DX** schlüpft man in die Rolle eines Fisches, der es mit einem Dynamit-Angler aufnehmen muss.

https://designchaos.itch.io/freaky-fish-dx

Planet Balls, ein kostenloses Puzzle-Spiel für den C64:

https://agpx.itch.io/planet-balls

Das C64-RPG **The Lord of Dragonspire** ist für ca. 4,50 Euro bei Psytronik erhältlich.

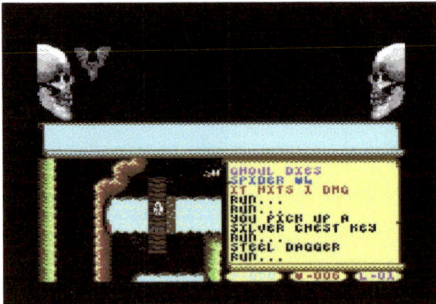

https://psytronik.itch.io/dragonspire

27.09.2020

Die neue Version 2.2.0 von **ScummVM** unterstützt weitere Spiele, darunter Eye of the Beholder (Sega-CD-Version), Police Quest: SWAT und die Ultima-Teile IV, VI und VIII.
https://www.scummvm.org/news/20200927/

29.09.2020

Am 29. September 1995 erschien die Playstation auf dem europäischen Markt.
https://www1.wdr.de/stichtag/stichtag-playstation-europa-100.html
https://www.heise.de/hintergrund/Zahlen-bitte-102-49-Millionen-Mal-Playstation-Geburt-einer-Konsolendynastie-4914017.html

Oktober 2020

01.10.2020

Vor 30 Jahren stieg der am 1. Oktober 1990 aus der Fusion der Nixdorf Computer AG und der Siemens-Datentechniksparte neu entstandene Konzern **Siemens Nixdorf** Informationssysteme zum Marktführer in Europa auf.
https://www.heise.de/news/Vor-30-Jahren-Siemens-Nixdorf-Informationssysteme-wird-Nr-1-in-Europa-4917677.html
https://blog.hnf.de/unterm-strich-ist-alles-gut/

12.10.2020

Eine Nachlese zum **Vintage Computing Festival 2020**:
https://www.heise.de/news/Vintage-Computing-Festival-2020-Fachsimpeln-in-Zeiten-des-Social-Distancing-4926641.html
https://media.ccc.de/c/vcfb20

13.10.2020

Retro Games plant einen **Amiga-500**-Nachbau:
https://www.golem.de/news/heimcomputer-retro-games-plant-amiga-500-nachbau-2010-151474.html

Myretrocomputer bietet **PC-Gehäuse** in Form eines C64 und eines VC-20 an. Die Gehäuse kosten etwa 210 Euro plus Versandkosten aus Großbritannien.
https://myretrocomputer.com/

24.10.2020
Bratwurst2+: Auf dem Grazer Commodore-Treffen $32 wurde als Weltpremiere ein Instant-Crack eines PETSCII-Bildes veröffentlicht, ein „Trainer" ist inkludiert.
https://csdb.dk/event/?id=3000

https://www.derstandard.at/story/2000121065479/game-gear-micro-sega-belebt-retro-konsole-im-miniatur-format

27.10.2020
Solitär, Minesweeper, Hearts, die ersten Games-Klassiker der Windows-Ära:
https://www.derstandard.at/story/2000121213173/solitaer-minesweeper-hearts-die-ersten-games-klassiker-der-windows-aera

Game Gear Micro: Sega belebt Retro-Konsole im Miniaturformat wieder.

20 Jahre **USB-Sticks**:
https://www.heise.de/hintergrund/Der-Speicher-fuer-die-Hosentasche-20-Jahre-USB-Sticks-4934047.html

Komplettausfall des **Arpanet**, ein Lehrstück von 240 Minuten:
https://www.heise.de/news/Zahlen-bitte-Komplettausfall-des-Arpanet-ein-Lehrstueck-von-240-Minuten-4939959.html

Versionscheck (Stand: 01.12.2020)			
Name	**Version**	**Emuliert**	**Webseite**
WinUAE	4.4.0	Amiga	http://www.winuae.net
VICE	3.4	C64, C128, Plus/4, PET, C64DTV	http://vice-emu.sourceforge.net
CCS64	V3.9.2	C64	http://www.ccs64.com
Hoxs64	v1.1.0.5	C64	http://www.hoxs64.net
Emu64	5.0.18	C64	http://www.emu64.de
Frodo	4.1b	C64	http://frodo.cebix.net
MAME/MESS	0.226	Automaten und Heimcomputer	http://mamedev.org
Z64K	1.0	C64, C128, VIC20, Atari2600	http://www.z64k.com
Yape	1.1.7	Plus/4	http://yape.homeserver.hu
ScummVM	2.2.0	Div. Adventures	http://www.scummvm.org
DOSBox	0.74 -3	MS-DOS	http://www.dosbox.com
Boxer	1.4.0	MS-DOS (unter Mac OS X)	http://boxerapp.com

Captain Pawstrong

von Georg Fuchs

Captain Rover Pawstrong ist ein Hund in einem Raumanzug, der auf dem Mond eines fernen Planeten 20 Griffins durch zielsichere Sprünge fangen muss. Griffins sind große, wohlschmeckende und pfeilschnelle Hühner. Ist diese Aufgabe erledigt, müssen weitere Griffins in einem nicht ganz einfachen Finale mit einem Katapult getroffen werden. Soviel zum Spielablauf, natürlich gibt es auch eine Geschichte dahinter, an die sich niemand erinnern kann. Der Reiz von Star Paws liegt im rasanten Scrolling, der mitreißenden Musik und der makellosen Aufmachung dieses einfachen, aber äußerst unterhaltsamen Actionspiels.

Der legendäre Spectrum-Coder Matthew Smith, bekannt für die Klassiker Manic Miner und Jet Set Willy, plante nach längerer Schaffenspause ein Road-Runner-Spiel für den Sinclair ZX Spectrum, bekam aber keine Lizenz dafür. Aus den Charakteren Road Runner und Wile E. Coyote wurden Rover Pawstrong und die Griffins, das Spiel sollte als Attack of the Mutant Zombie Flesh Eating Chickens From Mars (kurz: AOTMZFECFM) veröffentlicht werden. Smith verlor aber das Interesse an diesem Projekt, so wurde es im Juli 1987 von anderen Programmierern fertiggestellt und unter dem Namen Star Paws – zuerst auf dem C64 – veröffentlicht.

Titel: Star Paws (1987)
Genre: Action
Plattformen: Commodore 64, Sinclair ZX Spectrum, Amstrad CPC

Technisch bietet Star Paws in der C64-Originalfassung einiges. Die cartoonhafte Grafik und das ruckelfreie, superschnelle Parallax-Scrolling wurden von einem Team umgesetzt, dessen Mitglieder auch an Dragon's Lair, Dragon's Lair II, Rastan, Platoon, Target Renegade, Terminator 2, Arkanoid 2 und anderen mehr oder weniger prominenten Titeln beteiligt waren. Für den Soundtrack sorgte kein Geringerer als Rob Hubbard, der sich allerdings von dieser Komposition distanziert und sie „basically junk", also „im Prinzip Müll", nennt. Der Soundtrack sei für den Atari ST geschrieben worden, beim Komponieren sei er uninspiriert und müde gewesen. Das hört man dem SID-Stück allerdings nicht an, die Melodie passt perfekt zum rasanten Spielverlauf und ist, wie man es von Rob Hubbard erwartet, mit viel Liebe zum Detail umgesetzt.

Internet: http://www.lotek64.com
Twitter: http://twitter.com/Lotek64
Facebook: http://www.facebook.com/pages/Lotek64/164684576877985